紛争という日常

北アイルランドにおける記憶と語りの民族誌

酒井朋子

人文書院

はじめに

北アイルランドと聞いて多くの人はいったい何を思い浮かべるだろうか。アイルランドといえば、フィドルが独特の小気味よい旋律を奏でるケルト音楽、軽快なステップの民族舞踊、あるいはギネスビールで有名な土地でもある。日本でもアイリッシュ・パブが各地で人気を集めているだろう。小説好きの人であれば、ジェイムズ・ジョイスの『ユリシーズ』を片手にアイルランド共和国の首都ダブリンを歩き回ったことがあるかもしれない。あるいは神話の語り伝え豊かな土地、妖精の気配のいまだ残る土地としてのイメージをもつ人もいるだろう。峻厳な断崖にふちどられた丘陵に岩がごろごろと転がるアイルランド海岸線の風景は、曇天の裂け目から差し込む日光のなかで確かに荒涼とした神秘性を漂わせている。先史時代の遺跡が中世には〈異教〉の礼拝所となり、さらには近代の文芸復興運動のなかで妖精伝説と結びつけられていくさまは、神話と歴史の折り重なる時間の重層性を感じさせるものでもある。

ところでわたしは上に「北アイルランド」と書いた。この「北」は、たんにアイルランドの北部という意味ではない。全三二州のうち東北部にある六州、すなわち北部を確かにさす語ではあるのだが、「北部アイルランド（the North of Ireland）」と「北アイルランド（Northern Ireland）」は歴史的・政治的に異なる含意をもっている。

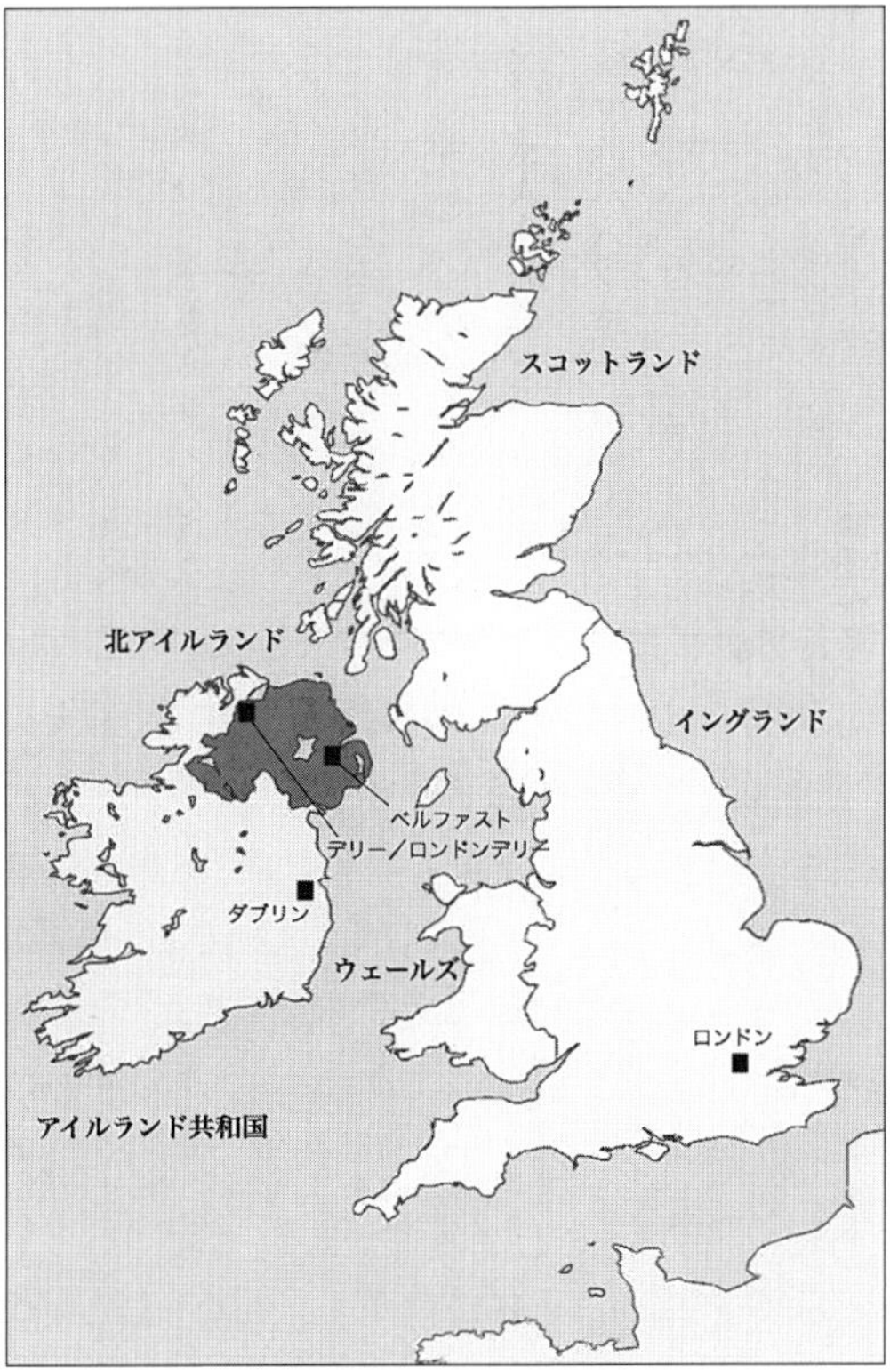

図1　イギリス連合王国およびアイルランド

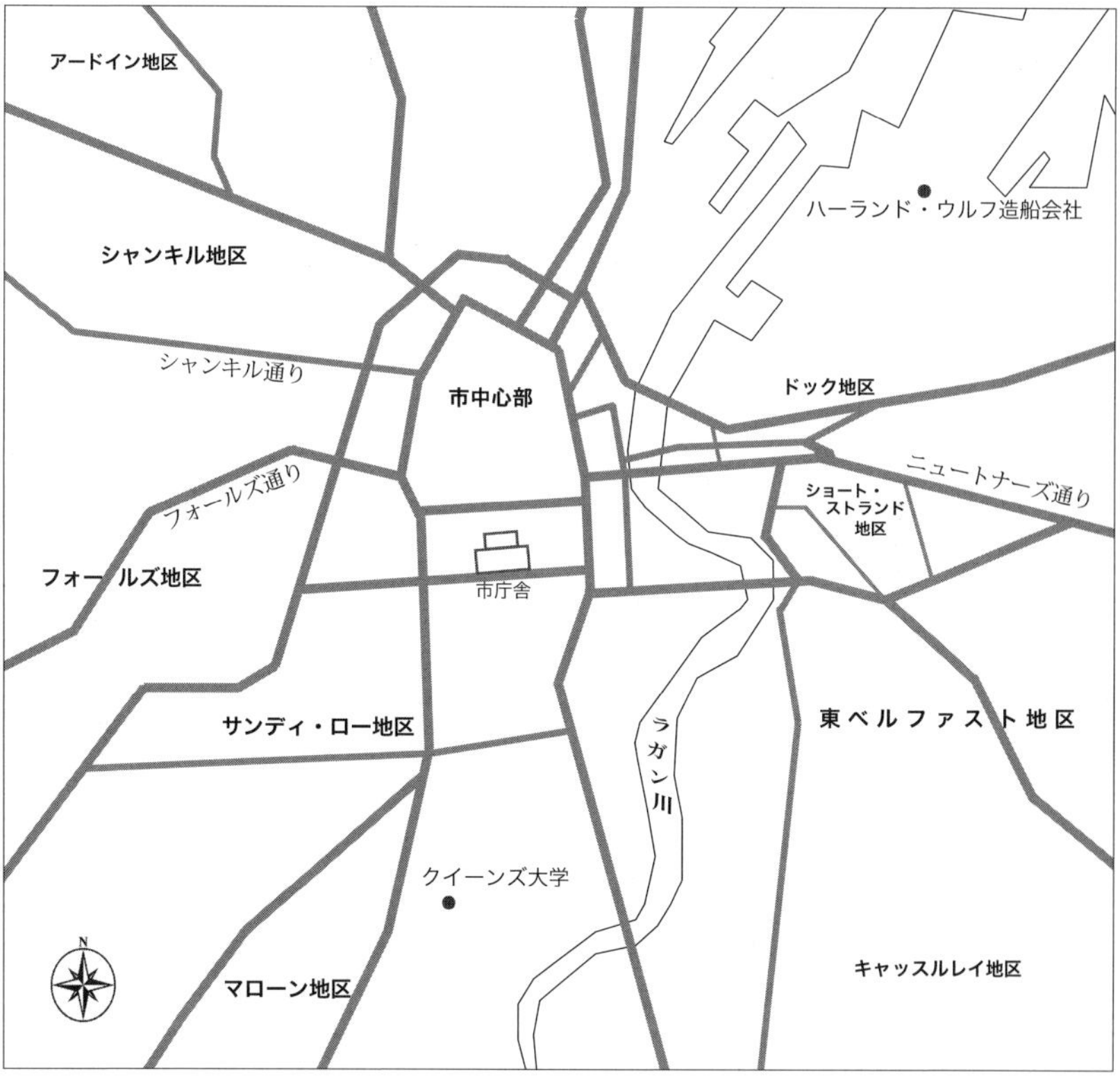

図2　ベルファスト市中心部

「北アイルランド」と呼ばれる土地は、公式には首都をダブリンにおくアイルランド共和国のなかに含まれない。われわれが「イギリス」として慣れ親しんでいる国家の正式名称は、「グレートブリテン及び北アイルランド連合王国（United Kingdom of Great Britain and Northern Ireland）」。「北アイルランド」はアイルランド島のうち隣国イギリス連合王国の一部となっている場所をさす語なのだ。それに対し「北部アイルランド」は、一九二〇年代初頭に南北分割がなされる以前の北部地域をさす語である。あるいは現在の北部六州をさすものとして使われるときには、アイルランド全体が一つの国で「あったならば」、ないし「本来は一つの国でありこれから統一されるべきなのだ」という未来への希望——そして現状の否定——が、発言の背景にある。

冒頭に書いたアイルランドのイメージは、北アイルランドと呼ばれる土地にもおおむねあてはまる。気候の性質や、それゆえに育った産業の特徴は南部とも似通っている。有名なケルトの英雄クーフーリンのゆかりの地であることからもわかるように、現在北アイルランドとなっている土地はケルト文化史において重要な位置を占めてもいる。しかしその領土的帰属ゆえに、この地はアイルランドの他地域とは異なる葛藤を抱え込んでいる。もっとも顕著なものは、歴史における暴力との結びつきである。

北アイルランドは、二〇世紀の後半に約三〇年間にわたる政治紛争を経験している。最大の争点は東北部六州がイギリス連合王国とアイルランド共和国のどちらに属するべきなのかという部分にあった。北アイルランド紛争はアイルランド共和主義の武装グループＩＲＡ（Irish Republican Army、アイルランド共和軍）がイギリス軍に対して展開した長いゲリラ戦として知られている。そのＩＲＡの活動を支えた行動理念と獲得目標は、北アイルランドにおけるイギリス統治の否定と南北アイルランド統一にあった。

ただし北アイルランド紛争の対立や暴力の構図を、イギリス国家に対するアイルランド民族主義の抵抗としてのみ単純化すると、問題を大きくとらえそこなう。紛争のなかで暴力の主要な担い手となったのは、ＩＲＡほかアイルランド共和主義の武装グループやイギリス軍のみならず、イギリスと北アイルランドとの連合継続を主張し、IRAらの活動を妨げようとするプロテスタント系の武装グループでもあった。また紛争が一九六〇年代末に勃発した背景には、北アイルランド住民間の深い溝、すなわちアイルランド系カトリック住民とイギリス系プロテスタント住民の間の分断と格差が存在した。現在もカトリックとプロテスタントの住民の多くは居住区を異にしており、とくに労働者階級地区ではゲットーとも呼べるような分住状況が育っている。これら労働者階級地区では、日常的なふれあいが遮断された社会環境と、民族意識・宗派・政治主張が重なり合って二極化する状況のなか、他の住民集団に対する恐怖と不信が長年にわたって育ってきたのである。

本書は、この北アイルランド紛争の記憶の民族誌である。描かれていくのは紛争の経験と歴史の記憶が地区コミュニティのなかで共有され語り継がれてきたしくみ、そして一九九八年の〈和平合意〉以降、その記憶と歴史が新しく語り直される様子である。とくに焦点が置かれているのは、三〇年続いた紛争の日常生活の記憶であり、また日々の人間関係のなかで形成され伝達されていく記憶である。それは言い換えれば、とらえがたく漠とした生活の記憶や、益体なきものに見える日々の噂話やおしゃべりが、いかに人とコミュニティの価値規範を根底において支え、ある政治経験・歴史経験が「共有されている」という意識を涵養してきたのかという関心である。

日常性への着目は、戦争や紛争の記憶を扱う研究としては異色なものと見えるかもしれない。けれども考えなくてはならないのは、どのような出来事の記憶であれ、文脈のなかに根ざしてはじめて意味を有するということだ。そして長期にわたって政治暴力や紛争、ないし地区コミュニティ間の暴力的な衝突を抱え続ける社会について考えるとき、その文脈そのもの——たとえば何が〈日常的〉であり何が〈逸脱的〉であるのか——を問いなおすことが必要になってくる。長期紛争とは、われわれが非常事態・緊急事態と見なすような政治状況、社会状態が土地の歴史における常態となっていくようなものだからである。本書で描かれていく記憶を通じて浮かび上がるのは、まさしくこの日常性をめぐる混乱でもある。

〈非常事態〉であるはずのものが日常化していくという転倒がイギリス連合王国の内部で経験されたという地理的な文脈は、北アイルランド紛争が興味をひく一つの要因でもある。近代市民社会制度が高度な発達をとげた国であり、人権思想や民主主義の理想の浸透した国と考えられているイギリス連合王国が、実のところ二〇世紀の後半、約三〇年という長期にわたって熾烈な武力の応酬をともなう民族紛争と政治暴力をその内部に抱えていたことは注目に値する。それは民族紛争というものが、近代市民社会という制度の枠組みや思想の外部、ないしその発達の途上で起こるものでは必ずしもなく、むしろその一つの所産として生み出されてきた可能性について考えさせる。人口わずか一七〇万のこの土地の紛争に、日本はいかなる形であれ国家として直接の介入をおこなった事はない。けれども、もしそれが「市民社会における安全保障」の理想と「民族自決」の追求とがからみあうなかで生まれた争いと暴力であるとしたら、われわれは果たしてその問題に無関心でいられるだろうか。

個人のなかにひっそりととどめられているものであれ、社会にむけて公にされたものであれ、記憶とは常に揺れ動くものである。大きな政治的・社会的変化の時代にあってはなおさらであろう。わたしがこの本のなかでおこなおうとするのは、過去の像がこのようにひっきりなしに形を変えつづけながら、かつ人間の新しい経験と未来の行動に影響を及ぼすさまを、歴史のある瞬間において記録することである。長期継続した政治暴力の記憶は、和平合意の後一五年という特定の歴史的ステージにおいてどのように思い起こされるのだろうか。いかなる行動や関係性がすぐれたものとして推奨され尊敬され、いかなる言動が非難され卑劣と見なされるのかという、行動と人間性をめぐる価値そのものが社会的に揺らぐなか、人は自分と家族の歴史を支配してきた暴力的な出来事や状況を、どのような物語に編んでいこうとするのだろうか。

本書で考えていきたいのはこうした問題である。

目次

紛争という日常

――北アイルランドにおける記憶と語りの民族誌

第一章　揺れる日常、変わりゆく記憶

わたしが北アイルランド紛争の記憶にまつわる聞き取りを本格的に開始したのは二〇〇六年のことである。二〇〇七年にベルファストに九ヶ月間滞在し、以後も年に一・二回、二週間から一ヶ月ほど滞在して、おもに労働者階級地区の住民の話を聞いている。

八年に及ぶこととなったこの調査のなかでも、とくに印象に残っている週がある。二〇一二年の春、わたしは東ベルファストの小さなカトリック地区で集中的に聞き取りを実施していた。地区の高齢者の昼食会に臨席させてもらったわたしは、そこで知り合った参加者の家を巡って話を聞いていた。このうち一人がマリーである。(1) 齢七〇をすぎ、ずいぶん耳が遠くはなっているが、音楽とダンスが大好きな女性である。昼食会のときにはいつもすぐに席を立ち、テーブルのそばで歌を歌いステップを踏みながら、苦笑して彼女を振り返る他の参加者たちと話をしていた。彼女の家に行く前日、参加者の一人がわたしに耳打ちしたのを覚えている。「あの人は辛い思いをしてきているのよ」。

翌日の午後、わたしはマリーの家を訪れた。話を聞くに、当時すでに亡くなっていた彼女の夫は、生前は頻繁に暴力をふるう人であったらしい。マリーは殴られてよく顔のあちこちを腫らし、病院に行かなくてはならないこともしばしばだった。骨を折ったこともあったという。「本当にひどい人で、まともな顔をしている日のほうが少なかったくらいだよ」とマリーは言った。そしてその夫の前に結婚していた前夫リアムのことを懐かしそうに口にするのだった。リアムは優しく、彼女に手を上げたことなど一度もなく、とても美男子だったという。

いったいリアムはどうなさったんですか、病気で亡くなったんですかとわたしは尋ねた。マリーは即座に答えた。「どうなったですって? 爆弾で粉々に吹き飛ばされたのよ」。わたしが返す言葉を見つけられないでいるうちに、彼女はなかば叫ぶように「リアムさえ生きていたら、私もあんな思いをしなくて済んだのに」と言い、あふれる涙をぬぐった。

マリーの死んだ前夫リアムがＩＲＡのメンバーであり、市街地に仕掛けるはずだった爆弾を移動中に誤って爆発させ死亡したことを知ったのは翌々日のことである。教えてくれたのはマリーよりやや年長の、同地区に住む女性ドリーンで、そのときわたしはやはり彼女の家で聞き取りをおこなっていた。一九歳のときに早々と結婚してしまったというドリーンも、また夫からの暴力に耐える結婚生活を送ったという。「母さん、口答えするからいけないのよと娘には言われ続けていたわ」と彼女は言った。夫ポールは外では人好きのする人間で、優しく誰にでも親切であり、彼女が毎日のように殴打され蹴られていることは地域のなかでも知られていなかった。すらりと長身だったポールは小柄なドリーンを長い腕で押さえ、彼女が反撃しようと必死に腕を振り回すのをにやにや笑って見ていたのだという。

「紛争中はね、いろいろなことが起きるんです。ある日出かけた家族が帰ってくる保証なんてないんです。どこで何に巻き込まれるかわからないんですよ」。そうドリーンが言ったとき、ポールが地元の自警団に属していたと聞いていたわたしは、それでは彼の安否についての心労も大変なものだったでしょう、と言った。夕暮れ時に少しずつ暗くなっていくリビングで、ドリーンは一瞬目を光らせ、「とんでもない、楽しみにしてましたよ。

毎日毎日誰かが呼び鈴を鳴らすたびに、もしかしてその知らせなんじゃないかって、もしかして今日で全部終わるんじゃないかって」と言った。そしてやはり激しく泣き出したのである。どれだけひどい暴力を受けていてもやはり夫の安否が心配だったのだ、などというわたしの安直な予想をみごとに裏切る回答だった。

ドリーンの嗚咽をわたしはなすすべもなく聞いていた。自分の軽卒さに対する罪責感がまずあった。そして紛争の記憶というものの深度と射程にわたしは震撼してもいた。かくも対極にある形で、しかし双方極限まで日常的なありかたで家庭生活と紛争の暴力が直結しているさまを、二人の語りは示していた。一人の涙は紛争によって奪われた愛する前夫を思ってのものであり、もう一人の涙は、紛争が夫をなきものにし自分の苦しみを終わらせてくれればいいと願っていたことを告白してのものだった。そして二人の感情は双方、夫からの家庭内暴力という経験に深く根ざしている。

先夫リアムの死がマリーにとってもつ意味は、その後の長期の生活のなかで生まれてくるものであっただろう。記憶のなかのリアムは失われた理想の位置で輝き、その後数十年の影をいっそう暗く濃いものとしている。彼が命を落としたときに自分の人生は定められてしまったとマリーは思っている。彼女はリアムがどのように死んだのかは語ったが、なぜそのように死んだのかは語らなかったということも注記しておかなくてはならない。リアムの運ぶ爆弾がもし早期爆発せず、作戦が成功裏に終わっていたら、かわりに起きていたのはどんな事態だったか、想像にかたくない。対するドリーンのなかでは、夫からもたらされた深い痛みと彼に対する強い怒りが数十年の生活のなかで蓄積されていったのだろう。自分のもとをいつ訪れるかわからない死の知らせを数多くの住民が不安とともに思い描くなか、ドリーンは紛争の暴力が戸口に立つことをむしろ心待ちにしていた。より正しく言えば、それが彼女にとっての紛争の記憶のあり方なのである。

二人の記憶は、社会科学的なものであれ日常的なものであれ、何らかの概念やフレーズを用いてひとまとめにできるようなものとはほど遠い。それは要約や総括をけして許さず、具体をもって語られることしかできないたぐいのものである。そしてこのような語りに遭遇したとき、わたしたちは紛争経験とは何であるのかを問い直さざるをえない。そこにおいて苦しみ、被害、暴力、希望とは何をさすのだろうか。その苦しみと希望が立脚する日常は、わたしたちが見知った日常と果たしてどこまで同じで、どこから異なるのだろうか。そして武装闘争と武力防衛の理想が過去のものとなった今、紛争経験とそのなかでの日常性をめぐる感覚を、人びとはわがこととしていかに振り返るのだろうか。

イギリス領北アイルランドにおいて一九六〇年代から約三〇年にわたって継続した政治紛争は、人口一七〇万人前後が暮らす当地から三六〇〇人あまりの死者を出した。本書はこの紛争経験の記憶について論じていくものである。内容の多くは一九九八年の〈和平〉合意から一〇～一五年後という時期に現地でおこなったフィールドワークにもとづいている。紛争経験や家族史について現地住民が語った内容を、集合的記憶すなわち社会的に共有された記憶にまつわる議論や、経験の物語化による意味と感情の構築にかかわる議論を参照しながら分析していく。

「はじめに」にも記したように、本書が鍵とするのは、記憶が形成され、伝播し、共有されていくその基盤として横たわる日常である。すなわち紛争下の日常生活や人間関係、日常生活の舞台としての空間、ならびに暴力の日常化などの主題をめぐって議論が展開していく。紛争時代の北アイルランド都市部では、市街地が突発的に戦場となるような状況が二〇年、三〇年にわたって継続した。武装グループによる爆破襲撃事件や、彼らと軍の銃撃戦などの出来事が、自宅や職場近く、あるいは子どもの通う学校の近くの通りといった生活空間のなかで目撃され体験されてきた。軍・警察による〈治安維持〉のための種々の行動は、多数の人間を巻き込んで長期的に展開された。さらには広い範囲の世代の人びとが、思春期、結婚、就職、子・孫の育児といった人生の大きなステージを紛争のなかで迎えてきたのである。暴力への予感は日常生活の一部であり、人間関係や日々の行動の基盤を形作る要素でもあった。そうした意味では、通常、暴力の当事者と見なされるであろう範囲をはるかに超えた数の人びとが〈紛争という日常〉を生きつづけてきたのである。であるからこそ、〈紛争時代〉から〈紛争後の時代〉への社会移行を生きる経験は、けして単純なものではない。日々の生活を取り巻き、支えていたそれまでの常識や価値観を過去のものとしていくこの作業は、葛藤や二面性に満ちた複雑な過程としてあるのだ。

第一節　聖金曜日の〈和平〉合意後の北アイルランド

一九九八年四月の聖金曜日、北アイルランドの中心都市であるベルファストにおいて、イギリス、アイルランド両政府、ならびに北アイルランドの当時の主要二政党であるアルスター・ユニオニスト党（Ulster Unionist Party, UUP）と社会民主労働党（Social Democratic Labour Party, SDLP）を含む八政党のあいだで一つの合意が調印された。後に「和平合意」とも呼ばれることになる、この「聖金曜日合意」ないしベルファスト合意は、北アイルランドがイギリス連合王国領土内にある現状には当分の間変更はないとしながらも、将来住民の多数がアイルランド共和国との統一を望むようになった場合にはその領土的帰属の変更がありうるという方針を示したものだった。この合意は、北アイルランドの二大住民集団であり、長らく対立関係にあったイギリス系プロテスタントとアイルランド系カトリック双方から大きな不満が出ないよう、慎重に設計された合意であった。そしてこの合意をもって、北アイルランドの三〇年に及ぶ紛争が「一段落した」というのが、現在の南北アイルランドならびにイギリスでは一般的な見方である。

聖金曜日合意は二大住民集団の権力分有体制を構築するためにも大きな一歩を踏み出すものだった。一九七二年に紛争の激化を受けて停止された北アイルランド地方議会が再建されることが、まず定められた。もともと北アイルランドで長らく支配政党であったのは、イギリス系住民の支持を受けるユニオニスト、すなわちイギリスの他地域との連合（ユニオン Union）継続を主張する党であり、アイルランド系住民が支持する（アイリッシュ・）ナショナリスト系列の政党が政権を握ることはなかった。しかし聖金曜日合意の結果、第一党と第二党がそれぞれ地方行政の長・副長を出すことになる。

アイルランド系カトリック住民がこうむる様々な社会的不利益や差別的な待遇は長らく大きな社会問題であったが、これに対処する人権委員会と平等委員会の設立も約束された。また武装グループの武装解除や警察機構の再編などの項目も聖金曜日合意の内容には含まれていた。一九九八年五月におこなわれた住民投票の投票率は八〇％を超え、投票者の七割以上が合意を支持した［松井 2008: 49］。紛争の政治的調停の試みはそれ以前にもなされてきているが、(2) いずれも北アイルランド住民多数の支持をえるにいたっていなかった。その意味で、聖金曜日合意は北アイルランド紛争史における重要な転換点をしるしづけるものだったと言える。

もちろん、格差や権力差を生み出してきた社会構造や住民集団間の分断は解消されたとは言いがたく、聖金曜日合意から一五年が経過するいまも、なお〈紛争の終結〉を容易に語ることはできない。武装グループの関与する暴力的な事件の数は、大幅に減少したとはいえゼロにはなっていない。住民間の衝突事件も散発的に報道され続けている。しかしながら、単純に現在も紛争は継続中であると見なすことも、一九九八年合意に前後して起こった重要な変化を無視することとなり、適切ではない。紛争は完全に終結したとは言いがたいにせよ、別の段階に移ったと考えるのが妥当であると思われる。

二〇〇〇年代以降はこの合意を象徴的な起点として、紛争〈後〉社会を構築していこうとする多様な試みが、政府主導、および民間や草の根レベルで展開されている。社会における変化もゆっくりとであるが確実に進行していった。かつてはベルファストで恒常的に見られた兵士や戦車の姿は、二〇〇六年から二〇〇七年の時点ではほとんど見られないものになっていた[3]。都市のあり方にも変化が訪れている。ベルファスト中心部のやや東を流れるラガン川沿いには総ガラス張りのビルが次々と建ち、新しいホテル、高級レストラン、娯楽施設が毎年のようにオープンしている。わたしが九ヶ月の長期調査をおこなった二〇〇六年から二〇〇七年にかけては、ベルファストの住宅物件や土地が新しい投資対象になっていることが地元新聞で毎日のように報じられていた。紛争のために長いこと投資家の興味の対象外となってきた土地に、和平の到来とともに突如として大量の投機的資産が注ぎ込まれるようになったのである。この傾向は二〇〇八年前後の経済危機まではとくに顕著に見られるものだった。

こうした劇的な変化は地元の人びとを驚かせ、また困惑させてもいたようである。地価や物件価格の高騰に皮肉な目を向ける人間は少なくなかった。ある家庭を訪れたときには、その家の夫婦が地元新聞『アイリッシュ・ニュース』を二人で覗きこみ、驚きとも呆れともつかない声を洩らしていた。それは近所の家屋に新しくつけられた法外な値段について報道する記事だったのだが、この夫婦によれば、その通りはつい最近まで武装グループによる誘拐や殺害事件が頻発することで悪名高かったのである。

この夫婦の反応からうかがえるのは、〈紛争後の通常化〉のプロセスにおける新しい経験とは、暴力的な過去の記憶と対照をなすものとして浮かび上がってくるのだということである。さらに言えば、人びとの和平に対する感情は、単純な歓迎のみとも限らない。新しい時代の経験は種々の混乱とともにある。近代的なビルが次々と建てられ、町が様変わりし、地価がうなぎ上りに高騰し、地域の外から投資家や観光客がこぞって押し寄せる現象が〈通常化〉であると呼ばれるとき、人びとが数十年生きてきた時代が〈異常〉なものだったとする認識は、対比の発想のなかで容易に浮かぶ。けれども一方で、暴力が日常的に展開されるかたわらで多くの住民が人生の主要な部分をすごしてきたこともまた事実なのだ。

もちろん人びとはかつての暴力の連鎖がふたたび開始されてはならないことを知っている。多くの人間は単純な紛争ノスタルジーを抱いたりはしない。わたしが言わんとしているのは、ある社会変化が〈通常化（ノーマライゼーション）〉と呼ばれるときに見えにくくなっているものに注意しなくてはならない、ということである。アーロン・ケリーは慧眼にも、北アイルランドの和平プロセスが、和解、平和、多文化主義といった聞こえのよい文言の背後に資本の欲望を隠蔽していると指摘したが［Kelly 2005］、こうした議論を考えれば、一九九〇年代以降の北アイルランドを〈暴力支配〉の紛争時代から平和な〈通常状態〉のポスト紛争期への移行、という単純な発展史として思い浮かべることはできない。

民族紛争を経験した社会を訪れ、そのただなかを生きた個人に出会うとき、わたしたちは傷と痛みの悲劇的物語がその人生のなかに抱えこまれていると知らず知らず想定しがちだ。それは百％間違った想定ではないが、人びとの世界観とは遠く隔たってもいる。紛争を経験した者たちがたずさわっているのは、自分自身や近しい人間が経験し目撃してきた事柄の暴力性を認識したその上で、単に「残虐な行為が過去におこなわれた」ということ以上の意味をそこから見つけ出していく試みである。ときには数年、数十年単位の時間が必要なその困難な営みを目の前にして、紛争社会の〈外〉から訪れるわたしたちは、あまりにも単純な〈正常なる社会〉〈異常なる暴力社会〉のイメージを、いま一度再考することを求められる。

第二節　移行期社会の記憶

長期間継続した紛争や政治暴力との訣別が目指される社会において、人びとは自身と社会の過去にいやおうなく向き合わざるをえない。そのとき人がたどるのは、国家単位ないし地方社会レベルでの大きな歴史と自分や家族の小さな人生とが、どのように絡み合い影響関係にあったのかを認識し、理解するための過程である。過去と向き合うその行為は、未来に目を向けることで、これまで気づかなかった過去を新しく発見していくことである。すなわち紛争〈後〉という時代においては、個々人および社会全体が、自身の存在をかけて記憶と歴史の再解釈にたずさわるのだ。その解釈の営みは、新しい時代のなかにいかに自身を位置づけるかという問題に関わる政治的実践でもある。〈紛争後移行期社会〉の〈移行〉とは、たんに政治体制の変革や支配集団の交代をさすのではなく、記憶と自己をめぐる個人レベル・共同体レベルの存在論的な移行である。

では、そもそも移行期社会とはどのような社会なのか。語義通りにとるならば、進行中の変化を抱えていない社会など歴史上・地理上のどこにも存在しないことになる。だが、移行期社会という語が近年の社会科学のなかであえて用いられるときには、政治の変革とそれにともなう変化が急速に、かつ広範囲にわたって進行したさいの社会的影響に視点が当てられることが多い。一例を挙げれば、変動の経験そのものが社会の集合的価値観に重要な影響を与えているような状況である。その意味では、戦後日本社会は一つの典型的な移行期社会であったといえるだろう［Dower 1999］。

換言すれば、一つの時代の終わりと新しい時代の始まりが、その社会に生きる数多くの人びとにとって可視的な形態でしるしづけられる現象に関心が寄せられているといえる。なお、この〈時代の終わりと始まりのしるし〉への関心は、実際にどの程度、どのような意味で、時代が断絶している／いないのかという検討の余地を排するものではない。つまり、資料や事例の詳細な分析の結果、一般に信じられているほど大きな変化は起こっていないとする結論が導き出される可能性を視野に入れたものなのである。その検討課題をいったん括弧に入れたうえで、社会規模での断絶の感覚が結果として生じせしめるものが議論の対象になっているといえる。武力紛争や抑圧的な全体主義体制などの政治暴力が長期にわたって経験されたような社会は、この変化の可視性がとりわけ高い。移行期社会への研究関心は、元来そうした社会の動向を見つめるなかで出てきたものである。たとえば独裁体制を経験したチリ、グァテマラ、アルゼンチンについて、ならびに東西冷戦終結後の旧東ドイツ、ならびに南アフリカ共和国が事例として取り上げられてきた［Andrews 2003; 2007; 河村、石田 2010］。

過去を振り返ろうとする取り組みが社会の各所であらわれてくる現象は、その〈時代の終わりと始まりのしるし〉を刻印する一つの特徴である。北アイルランドにおいても二〇〇〇年代以降、紛争の過去にいかに社会が向き合うべきかという問題は広く関心を集めている。一九九八年の聖金曜日合意そのものが、「暴力の被害者の苦しみの問題に取り組むこと」を「和解の必要不可欠な要素」として明記していた［Gilligan 2008: 8］。合意に先立つ一九九七年には、イギリスの北アイルランド省が「過去三〇年の紛争において生じた暴力の犠牲者の痛みと苦しみを認知するために何が可能か」を検討する目的で北アイルランド犠牲者委員会を設立した［Bloomfield 1998a: 8］。この委員会について委員長ケネス・ブルームフィールドは以下のように書いている。

［犠牲者委員会において］私は「我々は過去を記憶にとどめるべきなのか」という問いに向き合わなければならなかった。イエス、というのが私の至った答えだった。実際的な問題として忘れることができないから、というばかりではない。［…］我々は災いを繰り返さないために災いから学ばなくてはならない。失われた数千もの尊い人命は、単に

記録からぬぐい去られて済むべきものではない。[Bloomfield 1998b: 50]

「われわれは災いを繰り返さないために災いから学ばなくてはならない」というメッセージを支えるのは、過去を見つめようとする態度は社会全体の未来をよりよい形に導くために必要なのだという主張であろう。このように過去と未来は重ね合わされ接続されている。

ところで上の引用で用いられている「思い出す」「忘れる」といった語は、その対象がまずもって過去に属していることを前提としている。グラハム・ドーソンは、和平合意以後の北アイルランドにおいて、「過去は過ぎ去っていないがゆえに人びとを苦しめつづける」と書く[Dawson 2007: 15]。過ぎ去っていない、すなわち「超えられて（over）」も、「終了して（finished）」も、「完遂されて（completed）」もおらず、現在の社会的・心理的な日常的現実のなかに浸透している。ここにおいて「過去は、現在に緊張をもたらす差し迫った事柄であり、進行中の社会的な論争を暴発させうるようなもの」なのである[ibid]。ブルームフィールドのいう「何千もの犠牲」の記憶は、ただ「失われた尊い人命」として悼まれ偲ばれるだけでなく、誰が加害者であり被害者であるのか、そして加害者被害者双方にいかなる対処がなされるべきかという現在進行形の利害や論争と密接に結びついている。とすれば上に引用したブルームフィールドの言葉は、〈現在〉から切り離すことがあまりに困難な記憶がいまだに社会に充ち満ちていること、そのため共有の過去認識の構築が難航していることを理解するがゆえに、逆にそれらが過去のものであると主張し、記憶への新たなアプローチをうながそうとした記述とも読めるわけである。和平合意に前後する数年間とは、紛争〈後〉の時代が既に到来しているという認識がトップダウン式に社会のなかに構築されていく時期であった。その性急とも見える〈過去〉のラベルの貼り付けが、「紛争はまだ終わっていない」という反発を招いてきたともいえる。

とはいえ、紛争経験に向き合おうとする行いが社会規模で見られることは、暴力や被害を受けた個人にとっても重要な意味をもつ。記憶とはある意味でもっとも個人的なものであるのだが、この記憶を通じて人は社会や歴史とのつながりを見いだし、あるいは社会や歴史とのつながりを見失う［Skultans 1998: vii］。「いかなる災害も、名付けられ、文脈づけられることによってより耐えることのできるものとなる」と言われるように［Myerhoff 1982: 107］、自身の経験を社会的に位置づけることで、人は暴力的な記憶に対処していく。逆にいえば、自らの記憶が社会の共有認識のなかから振り落とされてしまうとき、そしてとくにそれが暴力的な過去についての記憶である場合、過去はさらに忘れがたいものとなってその人につきまとうことになる。ゆえに記憶は人が社会的存在としてありつづけるための鍵を握っているということになる。集合的記憶についての関心の根本がここにある。

ただし、記憶という語は日常言語のなかにあまりにも深く根をおろしており、そのため学術領域においても十分に概念的整理がなされてこなかった。そのために生じている混乱を整理するためにも、次節では集合的記憶についての研究のなかで、そしてとりわけ戦争・紛争・政治暴力の記憶について、これまで蓄積されてきた議論をまとめてみよう。その上で本書が取り組む問題を浮かび上がらせたいと考えるのである。

第三節　集合的記憶——能動性と受動性

歴史学者のカーウィン・L・クラインは、一九八〇年代以降、学術界の広い分野で記憶に対する熱狂が見られたとしている［Klein 2000: 127］。過去三〇年のメディアや学術領域における「記憶」という単語の氾濫は、当該分野にみずから関心をもつ研究者ですらある種のシニシズムとともに「記憶ブーム」という語を用いるほどのものであった。

記憶への関心が学術界において一九八〇年代ごろまであらわれなかったわけではない[4]。ただし一九八〇年代ごろから興隆した記憶への関心は、いくつかの特徴を有していた。その背景には、たとえば冷戦構造の崩壊、多文化主義の興隆、そして〈犠牲者であること〉をめぐる政治学の高まりがある［Olick and Robbins 1998: 107］。バリー・シュヴァルツは一九六〇年代から広がっていく多文化主義のなかで、単一の事実の解明を探求していくことを最終的に目ざす傾向のある歴史に対し、異なる集団が異なる解釈を有するような複数性のあるものとして記憶が取りあげられ始めたとする［Schwartz 1996］。また関沢まゆみは、かつて周辺的地位に置かれていた社会集団が、自分たちの特性を過去の経験にさかのぼって理解し表現することで、既存の支配構造に異議を唱えようとする「アイデンティティ政治」が記憶への関心の興隆を支えていたと論じる［関沢 2010: 4］。また、ポスト構造主義の興隆のなかで知の政治性が注目を集めるようになり、従来〈教養〉とされていたようなものを含む過去についての情報やテクスト、イメージが、広く批判検討の対象になったという要因もあるだろう。

記憶が複数性をもち、現在的な関心・利害を反映しているという議論が発展していく経緯で、二〇世紀前半に発表されていた著作の再評価もすすんでいった。たとえばフレデリック・バートレットによる『想起の心理学』［Bartlet 1932/1977］は、記憶の可変性を心理学領域において実証的に明らかにした著作として近年頻繁に参照される。たとえば彼は、ある民話を出所を明かさずに被験者に聞かせ、数ヶ月〜数年後に語り直させるという実験を行い、被験者たちが自身のもつ文化背景のなかでより分かりやすくなるよう細部を変更して物語を想起していたことを示した。このような実験を通じてバートレットは、記憶というものがファイリング・キャビネットに保存するかのごとく過去をあったままに記録するものではなく、記憶する者それぞれの関心や、文化的・社会的要因によって多様なあり方を見せるということを明らかにしたのだが、こうした認識は近年の記憶研究とも合致する。

デュルケーム派の社会学者モーリス・アルヴァックスの再評価がおこなわれたのもこの時期である。一九二〇年代にいくつかの論文として発表された彼の記憶論は、数十年にわたって大きな注目を集めることがなかったが、こんにちでは記憶の社会的次元に注目したパイオニア的な業績として、人文・社会科学における記憶研究の必須文献とされるようになった［Halbwachs 1950＝1989; 1992］。彼の議論の中心をなすのは、社会集団が有する〈記憶の枠組み〉の重要性である。「人が記憶をもつのは社会のなかにおいてである。また、人が記憶を思い出し，認知し、その出所を明らかにするのも、また社会のなかにおいてである」［Halbwachs 1992: 38］。もっとも個人的な記憶であろう幼少時の記憶でさえ、後になって家族とのふれあいのなかで知ることとなった情報やイメージに大本を支えられている、とアルヴァックスは論じる。あらゆる集団的な意味の枠組みのくびきから離れて一貫性を持った記憶を獲得することは、個人にとって不可能なのである。「社会に生きる人びとが用いる枠組みの外では、いかなる記憶も確定されえないし想起されえない」［ibid: 43］。

ひるがえって、記憶の枠組みを共有しない集団もまたありえないと、アルヴァックスは論じていく。たとえば社会集団の最小単位であろう家族は、その成員一人ひとりの誕生や死についての情報や、先祖がどこから来た人びとであったのかという知識を共有し、また長年生活を送った土地や建物についての身体知を共有することによって家族として存立する。より社会的な広がりと大きさをもつ階級集団も、また共有の記憶をもつ。たとえば貴族階級とは、称号や名前の意味を読み解くための知を共有し、それぞれの家系の過去を参照するなかでたがいの力関係をおしはかっていく集団であったし、宗教集団は共通の先祖がたどった神話的経験を日々の儀礼や年中行事を通じて回顧しつづける集団とも考えられる。

さて、アルヴァックスの議論が再評価されたのは、それまで個人の心理領域に属するものと考えられてきた記憶が実は社会的現象であるというその主張が、個人化がますます進み、大衆心理学が勢威をほこる後期近代社会において一つの新鮮さを持ちえていた、という理由からでもあろう。しかし背景としてさらに重要なのは、一九八〇年代以降見られた〈記憶の政治学〉への関心の高まりである。この〈記憶の政治学〉の研究を支えていたのは、第一に、ある支配体制の正当性が過去や歴史を用いて説明されることへの批判意識であった。その「階級の記憶」論において、アルヴァックスもまた、近代になって台頭・成立していく中産階級やさまざまな統治システムが、中世の儀礼的慣習を取り入れることによって己の権威性を強めていったことに言及していた[ibid: 138]。ポール・コナートンは、アルヴァックスのこの議論にもふれつつ、近代の市民国家がいかに前時代に支配の象徴だった王族・貴族階級のしきたりや、服装、儀礼などを取り入れたり真似ることによって、権威性を身にまとおうとしたかを論じている[Connerton 1989]。「社会的記憶にかんして特に言えるのは、過去のイメージは概して現在の社会的秩序を正当化しているということだ」[ibid: 3]。この問題意識は、公的な歴史物語や歴史的イメージが政治的・社会的に構築されてきたものであること——この〈構築〉はある種の〈人工性〉を含意する——への分野横断的な関心をもたらしていくこととなった。

集合的記憶研究は、国民やエスニシティに関わる語彙で指し示される集団を歴史社会学的に批判検討する研究としても活発におこなわれた。国民国家において〈公史〉〈伝統〉と見なされていたり、ないしはマス・メディアやその他の媒体を通じて広く消費される歴史物語や歴史イメージが、しばしば現行の政治制度や権力関係を正当化し再認するものであることが、それらの研究のなかでは指摘されてきた。これらの研究の鏑矢となったのが、歴史学と人類学の共同研究の成果である『創られた伝統』[Hobsbawm and Ranger eds. 1983]や、広く知られたベネディクト・アンダーソンの『想像の共同体』[Anderson 1983/1991＝1997]であることは論を待たない。これらは、いつしか多くの人間にとって違和感のない自意識になっていたであろう国民共同体と自己の同一視を疑う契機をもたらすものでもあった。クラインが述べているように、「新しく登場した記憶はおしなべて、主体の構築性、あるいは近代的自己の脱構築とさえ形容可能なものへの意識の高まりとしてとらえられる」ものだった［Klein 2000: 132］。

集合的記憶は人びとを統合し、同じ集団に属しているという感覚を与えるだけでなく、差異や区別、分断をも作りだす。もし人がなんらかの集団やコミュニティに属しているという感覚を、過去認識の共有によって確認するのだとすれば、同じように記憶が共有されていないことを確認するとき、人は自身と他者を「別の帰属をもつ者」として認識するということになる。そして異なる複数の過去認識は必ずしも平和的に並存するわけではない。その一例が過去の戦争の認識をめぐる論争であろう［関沢 2010］。また、記憶はある集団が社会行動を起こし既存の体制に異をとなえるための参照項となることもある。歴史的には労働者階級の出現や反植民地運動のさいにこのような対抗的な記憶形成が見られたことが指摘されている［Fentress and Wickham 1992］。

さて、〈国民の記憶〉や〈民族の伝統〉の構築性、抑圧性や排他性を批判検討するこれらの研究は、おおむね集合的記憶を支配集団による統治の装置や、権力構造の転換のための武器として把握するものだった。過去、歴史、伝統というものが、事物やイメージに〈本物らしさ〉を与える機能をもつがゆえに政治利用されることは、先に述べたように集合的記憶論のなかで繰り返し論じられてきたことである。しかし今ひとたび考えてみたいのは、集合的記憶というものは、二〇世紀前半にその概念が登場したときにも、一九八〇年代に再注目された当初においても、なにがしかの集団や体制によって恣意的に操作可能な装置としてのみ概念化されていたわけではない、ということだ。そうした側面が意識されていなかったわけではあるまいが、集合的記憶は人間同士の紐帯や有機的コミュニティに根源的にかかわるものとして論じられていた。

この傾向は、たとえば歴史学において集合的記憶研究の鏑矢を放ったフランスのアナール第三世代らによる『記憶の場』プロジェクトにもうかがえる。プロジェクトをひきいたピエール・ノラは、「記憶の場」が興味深い研究対象として立ちあられるその背景に記憶と歴史の対置構造を置いた［Nora 1996］。ノラは前者を日常の人間関係のなかで伝えられていくものと定義し、より自然で本質的であるが、近代において失われたものと見なす。他方で歴史は、ありとあらゆる物事の記録を残そうとする強迫神経症的な近代の欲望と結びついており、その記録を歴史家が精査するなかで作り上げるものである。そして現代において、歴史はかつて記憶が占めていた場所を占めつつある、という。つまりノラにとっての記憶とは、次世代へと生きた相互行為を通じて伝えられていくものであり、他ならぬその有機性ゆえに――すなわち単一の中心性をもつ主体の政治判断ではなく、生きたネットワークと歴史過程が生み出す予測困難な諸影響のなかにあるがゆえに――不断に変容しつづけるものだったのである。

〈歴史〉を記録として保存されるものとし、対する〈記憶〉は有機的関係性のなかで伝えられるものととらえた上で、両者を近代的なるものと前近代的・ないし非近代的なるものとして対置する構図は、アルヴァックスにおいて見られていたものでもある。記憶が家族や地域社会など小さな集団のなかで共有され、伝えられるものであるのに対し、「歴史は死んだ記憶であり、すでに『有機的』で経験的なつながりを持たない過去を保存するための手法」と彼はとらえていた［Olick and Robbins 1998: 110］。

記憶をこのように描写することは、あたかも近代の開始までは「けがれなき」記憶文化が存在したかのように する印象を作りかねず、それに対するナイーヴなノスタルジアをも呼び起こしかねないという批判は、多くの論者から提示されているとおりだ［Olick and Robbins 1998: 110; Klein 2000: 134］。〈歴史〉が単一の真実を追い求めるものであり、有機的な人間性から隔絶されているとの考え方が、まずもってステレオタイプにすぎるだろう。たしかに、より大衆的・日常的・世俗的な記憶という現象と比べたとき、学としての歴史が過去の探求と説明のありかたとしてより専門的であり、何らかの証拠や根拠にもとづいた論理的な説明たらん、反証可能たらんとする指向性を持っている、ということは一般傾向として指摘できる。けれども歴史的著作がいかに歴史家の詩学、美学、イデオロギー性――歴史家のある種の〈主観的価値観〉ないし〈偏向性〉とも考えられるもの――に支配されているかは一九七〇年代において既に指摘されていたし［White 1973］、ほとんどの歴史学的説明は、他の学問と同様、学者らの人的ネットワークにも依存する時代のパラダイムから自由ではない。同様に、記憶に対する把握の仕方にも注意が必要である。「人工的な印象の強い歴史と比較して、記憶の方が『ありのままの過去』に近い」というのが、「過度にナイーブな把握」であることにまちがいはない［小関 1999: 17］。先に確認してきたように、個人の次元においても集団の次元においても、記憶とは想起する者の関心と利害にそぐうように縁どられ彩られているからだ。

しかし、〈記憶の政治学〉研究が一つの飽和点に達したとも思われる今日、人間間の紐帯、交流、関係性と不可分に結びつくものとして〈記憶〉をとらえる考え方は、いま一度注目してしかるべきものと思われる。すなわちそれは、記憶というものを支配や権威獲得や政治闘争のための道具と見なすのではなく、あるいは少なくともそれだけではなく、人間と人間、人間と土地／場所、人間と事物との物質性をも伴う生きた社会関係のなかではじめて立ちあらわれるものとする考え方である。このとき「有機的な生きた記憶」という概念が意味するのは、「過去をありのままに保存した記憶」という意味では全くない。そうではなくて、社会空間と物質空間のなかで網の目に張り巡らされ、つねに変成しつづけるネットワークとして生成し変化していく記憶を意味する。

記憶が保存されている場所、つまり自分の脳か精神のどこかの隅か、いずれにせよ私だけがアクセスできるような場所ということだが、そうしたものを探し求めることに意味はない。記憶とは私が外的に思い出すものである。私もその一部である集団が、いずれの場合も私に記憶を再構成させるのだ。［Halbwachs 1992: 38］

アルヴァックスにおいて、人は、自身のなかに保存されている過去の心象を取り出してくるのではなく、周囲の人間たちとの関わりによって、あるいは彼らが集合的に有する「社会的な枠組み」によって、過去の心象を再構成「させられている」ということになる。ここにおいて人が記憶に関してもつ受動性を、まずは確認したい。そこから生じてくるのは、記憶とはそもそも人や集団が所有し・思い出し・表象し・解釈する〈対象〉として固定的にとらうるものなのか、という問いである。

二〇世紀初頭にモダニズム文学が記憶に関心をそそぎ、過去の異なる時間のなかにたゆたう思考の変遷を描き出そうとしたとき、記憶とは管理と使用の対象としての〈所有物〉とは対極にあるものとして把握されていた。紅茶にこぼれ落ちたマドレーヌのかけらが舌に触れた感触をきっかけに幼少時の思い出がいちどきに押し寄せるプルーストの場面がかくも有名なのは、過去の想念にまつわる人の受動性がまさしくそのようなものであると多くの人が認めるからにほかならないのではないか。このプルーストのくだりに言及しつつ、岡真理は以下のように述べる。「わたしがなにごとかを思い出すとき、叙述の上ではたしかに『私が』思い出すのであり、『私が』主体として、思い出されるべきことがらに対して『思い出す』という能動的作用を及ぼしているように表現される」。しかし記憶とはむしろ、自身の意志とは無関係に突如として到来するようなものではないかと岡は問う。

ここでは、「記憶」こそが主体である。そして「記憶」のこの突然の到来に対して、「私」は徹底的に無力であり、受動的である。言いかえれば、「記憶」とは時に、わたしには制御不能な、わたしの意志とは無関係に、わたしの身に襲いかかってくるものでもあるということだ。［岡 2000: 5］

これらの事例において、想起される経験と想起を媒介するもの（すなわち味や香り）の関係は私的なものと見える。けれども事物や場所や景観が、ある集団の内部において特定の過去を強く喚起させる事例も多々ある。たとえばタッル・ザァタルという土地の名は、一九七〇年代なかばに起きたパレスチナ難民の包囲・虐殺事件の生存者にとっては、パレスチナ難民がまずもってイスラエルから、そして周辺諸国からも受けてきた扱いの圧倒的な暴虐性を象徴的に意味していた［ibid］。

ある想起は感情とともに押し寄せ、思考を支配する。それはしばしば前後の出来事や思考の文脈を断ち切るような、発作的で衝動的なものでもある。そこにおいて人は記憶にたいして優越しない。むしろ記憶がもたらすものに翻弄される存在である。そして出来事がある特定の場所において、多くの人間を巻き込みながら生じたとき、その記憶を想起させる仕組みそのものが集合的なものとなっていく。

もちろん歴史や過去が想起され表象されるとき、そこには恣意性と主観的解釈が介在するし、背後にある政治性を看過できないのは確かである。加えて言えば、過去を想起し解釈するとき、主体がひとつの社会的実践と創造行為にたずさわっているという側面も過小評価されてはならない。逆に言えばアルヴァックスに向けられた批判とは、社会的に共有された記憶の枠組みをあまりに重視するがゆえに、想起する個人の特異性や行為主体性（エージェンシー）にほとんど目を向けず、個人を「内面化した集合的意志に受動的に従うだけの自動人形」として扱っているという点だった［Fentress and Wickham 1992: ix］。けれどもまた、他方で記憶・歴史・過去とは、一個の自律した主体が完全に支配権を握り、意のままに扱えるような何かでないことも、また確かなのである。この能動性と受動性の交錯に焦点を当てることなくして、集合的記憶の研究は新しい発見を生み出しえない。

「人は単に見たもの、経験したもの、学んだものを思い出すだけではない。むしろ何かを見、経験し、学んだ状況世界を思い出すのである」［Ricœur 2004: 36］。人が想起するのは必ずしも出来事それ自体ではなく、出来事が目撃され経験された場所、ならびにその出来事に関わりをもっていた他者たちである。それらの背景記憶の具体性のなかで、はじめて出来事は意味を獲得し、特定の感情を喚起するものになっていく。いいかえれば記憶とは、前後の文脈すなわち歴史性と、人が身体として（他者や事物とともに）存在する場所、そして他者との関わりによって支えられているものなのである。こうした考え方は日常的で継続的な経験、およびそこで営まれる相互行為への着目をうながす。そして長期紛争の記憶を考えたとき、日常の継続と断絶の問題は看過できないトピックとなる。なぜなら長期紛争後の移行期社会において起こりつつあるのは、まさしく記憶を支える状況世界の変容であるからだ。

第四節　日常性と記憶

もともとアイルランドの文脈では、過去の政治利用についての批判的検討が、近年の記憶への関心一般に先立って言論界・学術界でおこなわれてきた経緯がある。(5) 紛争が長期継続し今なお住民間対立が起き続けるのはアイルランド人が歴史にとらわれすぎているからだというのは、（それがステレオタイプであるという認識とともにではあるが）広く知られたイメージである。たとえば歴史家のブライアン・ウォーカーは「他の土地に比べ、アイルランドにおいてとりわけ歴史が重要であるとかないとかいうことはないのだが、とにかく人びとはそう信じている」とする［Walker 1996: ix］。この誤解がどれだけ広まっているのかはここでは大きな問題ではない。重要なのは、こうした警告を記しておかねばならないとウォーカーが考えたという事実である。

たしかに北アイルランド紛争においては、アイルランド共和主義とイギリス帰属主義双方の政治言説やパフォーマンスの中で、彼らそれぞれが自分たちの英雄的、ないし苦しみの歴史と見なすものへの言及や記念の行為が大きな位置を占めてきた。そしてそこで参照される歴史とは、それぞれの行動や主張を正当化するべくして選ばれているものであり、たがいにかみ合うことのないものだった。たとえばユニオニズム（連合継続主義）の側は、アイルランドの地に入植したスコットランド人の苦難や、自分たちの祖先がイギリス兵として活躍した出来事を物語り、描き出す。プロテスタント優位を確立した名誉革命の記念行事や世界大戦の戦没者慰霊が、彼らの政治的デモンストレーションとしての意味を兼ねていることも多かった。対するレパブリカニズム（アイルランド共和主義）の側にとっては、たとえば宗主国イギリスに対し反旗をひるがえした一九一六年イースター蜂起の記念行事が重要な政治的意味をもっている。またフランス革命の影響を受けて一八世紀末に起きたアイルランド共和主義者の反乱も繰り返し言及されてきた。プロテスタント側、カトリック側、それぞれの労働者階級居住区の住宅街の壁は、イギリス帰属主義の、ないしアイルランド共和主義の歴史的シンボルを描いた壁画で彩られている。このように歴史が現在の対立と争いの象徴として用いられる状況を受けて、マスメディアにおける北アイルランド紛争の報道は、暴動の背景をなすとされる歴史や記念行為についての注記をつねに必要としていたのも事実である。

こうした背景のなか、北アイルランドにおける従来の記憶研究の主眼は、対立する二つの民族主義的物語の間の相克と、イギリス帰属主義、アイルランド共和主義双方の側における歴史の政治利用について論じることに置かれてきた［cf. Walker 1996; McBride 1997; Jarman 1997; Bryan 2000］。主として歴史学的なアプローチによるこれらの研究で明らかになったことは、アイルランド／北部アイルランドの歴史のなかで、何が伝統と呼ばれ、いかに歴史が語られるかが、時々の時代の政治・社会的状況にあわせて大きく変化してきたということである。さらに、現在における政治行動や領域的権力を正当化し権威づけ、社会の共感と支持を獲得するためのレトリックとして歴史がつねに用いられていることも、また明らかになった。これらの研究の成果を、本書もしばしば参照していく事になるだろう。
しかし、これらの研究は連合継続主義やアイルランド共和主義の民族的歴史物語を解体・相対化はしても、それら数百年単位の物語がいかに個人の記憶のなかで近年の紛争経験と結びついているのかを明らかにはしない。それは文書資料にもとづく歴史学的検証の方法論的限界でもあろう。実のところ、意外なことにも思われようが、近年の紛争の記憶について、個人の体験と集合的記憶の双方に目を向けて議論する研究はけして多くない。まず、ミクロなレベルの紛争経験についての詳細な記録は、むしろ学術領域ではなく、地区ごとに草の根活動としておこなわれたオーラルヒストリー・プロジェクトに見られる。[6] これらは地域リーダーの個々の経験を伝える貴重な証言資料とはなりえても、分析的視点をもたないことが多く、それゆえ長期紛争の集合的記憶についてなんらかの視点を提示することは少ない。

紛争中に数多くの戦闘・衝突の舞台となったことで有名なベルファストのプロテスタント地区とカトリック地区、シャンキルとフォールズの間には、高さ八メートルの壁が立ち、両地区の往来を塞いでいる（図1・1）。下五メートルはコンクリート製、さらにその上に三メートルの鉄製のワイヤーが張られ、その一方に立つ者には反対側の住宅地の風景さえ見えない。壁の反対側に行くには、バスに乗って市の中心部に行かなければならない。紛争初期に両地区の住民間の衝突を防止する目的で建てられはじめた壁の一つである。すぐに解体されるはずの応急処置計画であったにもかかわらず、紛争の激化に合わせしだいに高く、長くなっていったこの壁が、「平和線（ピース・ライン）」と呼ばれていることに皮肉を感じる人も少なくないだろう。なぜならこの壁は、和解・理解・対話といった〈紛争後社会の理想〉ではなくそれらの拒絶によって現行の平和が保たれていることの物理的象徴にほかならないからだ。この平和線について、グラハム・ドーソンは以下のように述べている。

この壁を境にして、人びとは異なる世界に暮らしてきた。〔…〕社会的な次元においても心理的な次元においても、現実が異なるありかたで構築されてきたのである。「平和線」の壁の両側で物事の見え方や感じ方も異なっていた。ここでは、悲嘆や哀悼、そして政治が、暴力の軸に沿って二つに裂かれ二極化していた。［Dawson 2007: 3］

住民間の分断の線に沿って分たれているのは政治的立場や民族意識だけではない。それらの基礎ともなる感情的な経験も、また対立する構造のものとして形成されてきたのである。壁は両地区の人間関係を遮断し、生活空間を遮断し、地区についての身体知をも遮断していた。そしてその影響は、〈和平〉合意後一五年が経過してもなお、人びとの社会関係と生活と行動とに強くあらわれているのである。

図1.1　フォールズ通りとシャンキル通りを隔てる「平和線」。2012年。以下記載がないものは著者撮影とする。

この平和線の圧倒的な存在感は、紛争の記憶を人がおかれたミクロな社会関係と生活環境のなかで再考することを要求してくる。それを〈コミュニティの記憶〉と呼んでもいいだろう。つまり、ある特定の空間と人的ネットワークに根ざした長期の日常生活のなか、少しずつ培われていく身体知と価値観にのっとって想起され了解されるような記憶である。

もちろん、〈コミュニティの記憶〉という語には注意が必要である。北アイルランドでコミュニティという言葉が使われるとき、それはほとんどの場合、北アイルランド全体としてのユニオニスト・プロテスタントとナショナリスト・カトリックという住民区分をさしているからである。これは〈自身がイギリス人であると考える集団〉〈自身をアイルランド人と考える集団〉という区分とも大きな重なりをもつ。そしてこれら大集団の歴史的記憶の政治学については、先ほど述べたように、既に〈民族の記憶と伝統〉批判の文脈からいくつものすぐれた研究がなされている。しかしわたしがここで注目しようとするのは、北アイルランドないしアイルランド全体を視野に入れた大集団のなかで共有された記憶ではなく、生活空間と日常の視界を一定程度共有し、それゆえに土地勘をも共有し、顔見知りであり、その成員が隣人関係や姻戚関係などの具体的な人的ネットワークのなかに位置づいているような、より狭い領域区分のコミュニティである。そこにおける〈共有の記憶〉とは、たとえばベネディクト・アンダーソンが近代の国民の記憶として論じていったような、均質に広がる抽象的な空間概念と時間概念のなかで無数の同胞を想像し、その同胞らと歴史知識を共有していると想像することを意味するのではない［Anderson 1983/1991＝1997］。そうではなく、人が身体をもって特定の場所にあり他の人とともにあるという物質性とけして切り離せないような記憶の集合性である。本書の事例において考えなくてはならないのは、そのいかんともしがたい物質性と生きたつながりに根ざしているがゆえに暴力の記憶の〈和解〉が困難であるという、まさしくその点なのではないか。

わたしがここで関心をよせるコミュニティとは、北アイルランド市街地の場合でいえば、大道路や平和線によって物理的・象徴的に生活空間が分たれた〈居住区〉に近いものとなる。ここにおいて住人たちが用いる「我々」という言葉は、その発話の文脈においては日常感覚に根ざした小さな集団を漠然とさしていた可能性があっても、解釈においては――とくに発話の文脈から一部が切り取られた場合には――「カトリック」「プロテスタント」「レパブリカン（アイルランド共和主義者）」「ロイヤリスト（イギリス愛国主義者）」などの政治的カテゴリーへと容易に横滑りしていく。必要なのは、過去のエピソードが語られるさいの長期的文脈を注意深く見ていくことによって、聞き慣れたそれらのカテゴリーにあらがう契機を、人びとの語りのなかに聞き取っていくことである。

本書はカトリック住民、プロテスタント住民のどちらかの記憶に焦点を絞っていない。双方の住民から語りを聞き取っている。これによって本書の分析がやや拡散している可能性もあるが、宗派・民族ごとに集合的記憶の分析がなされてきた状況を超克するために必要なアプローチであった。政治的傾向について言えば宗派ごとに大きな隔たりのある地区コミュニティも、日常生活や人間関係の様子に目を向ければ、類似している点も多い。そのなかで、紛争語りのどのような部分に差異が見られ、どのような部分に共通性があらわれるのかを描き出していくことには意味があるはずだ。

第五節　本書の構成

以上、述べてきたような問題関心のなかで、本書は北アイルランド紛争の記憶と語りを論じていく。そこでは暴力的な出来事の記憶が、日常的な空間の身体経験や、家族・姻戚関係・隣人関係のなかに複雑に根をはっている様子が浮かび上がるだろう。この過程において、自分ではない他の人間が遭遇した過去の事件を、人が自らの経験のように強い思い入れをもって語ることができるのは一体なぜなのか、長期紛争ののちに〈停戦〉が実現した社会で、人びとの自己意識・歴史意識にいかなる変容が生じていくのか、などの問いが浮かび上がり議論されていくだろう。

本書では〈日常性〉がひとつの鍵概念となるが、次章においては、その〈日常性〉を長期紛争経験の語りのなかでいかにとらえるべきかという問題を考えたい。人びとの語りの基底に流れる日常性の感覚を理解するためには、暴力や苦しみについての固定観念を、まず相対化する必要がある。この章では、日常性と苦しみにまつわるいくつかの語りを足がかりとしながら、体験を物語化するという行為のしくみを見つめる。また、異なる社会的・政治的・歴史的背景をもつ二者のあいだの対話の可能性を模索する。

第三章では、北アイルランド紛争の概要と歴史的背景を説明するとともに、わたしが語りを聞き取った調査協力者らが暮らすベルファストの都市の社会状況を、その風景とともに描いていく。

第四章では、北アイルランド都市部の労働者階級居住区に暮らす人びとが三〇年にわたって余儀なくされた、「紛争を日常として生きる」生活を多くの証言から描き出す。とくに見ていくのは紛争期の始まりについての語り、長期にわたっていくつもの暴力的事件に囲まれて生きる経験が形づくるメンタリティ、ならびに身体的疾患や不調を紛争によって引き起こされたものとする語りである。

第五章では、不安や暴力の集合的イメージや、地区として政治経験を共有しているという意識が、日々のおしゃべりや情報交換を通じ、また共有の生活空間における身体経験に根ざしながら、家族・親戚あるいは地区コミュニティの中で形成され、伝播されていく経緯を描く。

第六章では、紛争の時代と和平に対して人びとが抱く両義的な感情に視点をあてる。紛争時代は時としてノスタルジックに語られることがあり、また和平に対して怒りや葛藤が表明される場合もある。この背景に横たわっているものをここでは考えていきたい。また、紛争時代には「隠されていた」過去に直面するとき、人の自己像と帰属意識に起こる変容についても論じていく。

第七章では、世代を超えて継承されていく過去の戦争の記憶に着目する。一九六〇年代から始まる紛争は、しばしばそれ以前の戦争や内紛と重ねて語られる。ここではそうした語りを話者のライフストーリーと比較検討していく。和平プロセスのマクロな政治学のなかで遠い過去についての社会認識が刷新されるとき、現在を生きる語り手自身の生もまた救済されていくしくみが、この章の議論の中で浮かび上がるだろう。

第八章では、和平合意以降にそれまでカトリック・プロテスタント両社会において支配的だった党派イデオロギーが旧弊なものとされていくなか、新たな時代の〈支配的な記憶〉〈支配的な価値〉の座をめぐる争いが展開される様子を描いていく。本章では〈個人的な経験〉という表向きの形態に裏打ちされた物語を分析し、そのなかに党派的なイデオロギーが再び顔をのぞかせる様子を明らかにする。さらには、笑いや皮肉、ユーモアを通じた歴史語りが人と人との関係性にまつわるオルタナティブな可能性のありかを指し示す可能性についても検討したい。

第九章「長期紛争の記憶を語るということ」では、本書全体の内容を総括し、さらなる考察を加える。日常経験の記憶に注目することが、戦争・紛争の個人的体験と集合的記憶の関係を考えるにあたって不可欠であることが、そこで浮かびあがるだろう。日常経験の語りは、「我々」と「彼ら」の区分を考えなおす契機をはらんでいるものでもある。そのようなミクロなレベルにおける記憶語りと関係性の再構築のなかで、紛争後移行期における社会変化が進行していくのである。

第二章　長期紛争経験の語りの解釈学

第一節　「そのときそれは普通のことだった」

「でも、そのときはそれが普通（normal）のことでしたよ」。ベルファストの労働者階級地区で、わたしが幾度となく出会った文句である。このフレーズは多くの場合、紛争中に頻発した暴力的な事件の様子や、紛争時代の生活の困難について語り手が述べたあと、一連の語りを締めくくるフレーズとしてあらわれた。

紛争が激しかったころ、人びとは銃撃戦や爆弾事件を生活空間のなかで日常的に経験していた。それらの出来事は、突如、予期せぬタイミングで、だが当時のベルファストにおいては頻繁に起きていたために、人びとはつねに「いつ何が起こるかわからない」という恐怖とストレスのなかを生きなければならなかった。北アイルランドにおいて二〇、三〇年という長さで継続したこの不安の日常についての語りを、人びとは「普通（normal）」（あるいは「正常」）という文句で締めくくったのだった。

たとえばアイリーンという名のカトリックの女性は、紛争時代の日常の様子を聞きたいと説明すると、「あら、私たちは一度も当たり前（ordinary）の生活なんて許されてこなかったですよ」と返してよこした。「日常

(daily)」という語には、日本語でもそうであるように、「当たり前」「平凡」(ordinary)という含意がある。彼女たちの生きてきた日常生活はおだやかな平凡さとはかけ離れたものであった、というのがアイリーンの意図するところだっただろう。そして、焼き討ちにあって自宅を捨てざるをえなかった経験や、軍による深夜の家宅捜索、また夫が令状なしに逮捕され一週間以上も拘束されたことなどを語った後に、「でも私たちにとってはそれが普通(normal)だったんですけどね」と言った。

注記しておけば、人びとはnormal、ordinaryといった「普通」「常態」「標準的」であることをあらわす複数の単語にそれぞれ異なる意味を当てているというわけではなく、互換可能なものとして用いていたようである。重要なのは、これらの語が一つの語りにおいてすら多様な意味をもち、時には相互に矛盾もする形で使われていたということである。

やはりカトリック労働者階級地区に住んでいた女性フィオナも同様の発言をしている。フィオナはカトリックとプロテスタントという宗派の違いにもとづくヘイト・クライムとしての殺人事件が、自分の生まれ育った地区では一九七〇年代から一九八〇年代にかけて長く続いたと話した。一九九八年の聖金曜日合意に前後して、過去の未解決事件についての再捜査を紛争調停の一手段としようとする試みがあらわれてくるが、自分の生まれ育った地区ではあまりに残虐な事件が横行していたため、そうした再調査が果たしておこなわれるべきかどうかもわからない、とフィオナは言う。「本当に暗くて邪悪な時代だったんです」。

F(フィオナ):私たちは今ならインターフェースと呼ばれる地域に住んでいたんですが〔…〕覚えているのは、ただただ恐ろしさです。当時そのあたりは「殺人三角形」なんて呼ばれていて、人口一人当たりに換算してどこよりも多く人が死んでいたんですね。〔…〕たとえば警察を見るたびに、誰か(知っている人が)殺されたんじゃないかとぞっとするんです。何か事件が起きた場所の近くには警察の車両があるでしょう。汚職や裏切りも多かったです。そういう経験をしてきました。

酒井：なるほど。そういう状況で何年も暮らし続けるのは本当に辛かったでしょうね。大変だったでしょう。

F：でも比べるものがありませんから、人生の後になってはじめてそのころを振り返って「なんてこと、本当に恐ろしい時代だったんだ」と考えるかもしれませんけど。でも当時は何も比較するものがありませんから。だから普通だったんです。

（二〇〇七年六月）

もうひとつの例は、北ベルファストのカトリック地区に住むブリジットという当時五〇代の女性の語りである。彼女は紛争で弟をふくむ近親者を何名か亡くしている。

B（ブリジット）：ひどい時代でした。本当にひどい時代だったとしか言えません。どうやって生き延びたんだろうと思います。銃を持った兵士がいつも道に立っていてこっちに銃口を向けているし。〔…〕爆弾事件があるから街に行くのも怖かったし。検問所があって、そこを通るときに検査されるんですよ。どこに向かっていようと関係なく、持っているもの何もかも。こういうことを話しはじめたらたくさんありすぎて、いつまでも終わらないですよ。

酒井：そうですか。一九七〇年代にはちょっと出かけるのさえ本当に怖かったんじゃないかと思うんですが。とくに長く歩かなければならないときは。バスに乗るのさえ危険だったと聞いたことがあります。銃を持った人がバスにいて撃たれるんだって。そういうとき、どうやって毎日の食べ物を手に入れていたんですか。

B：危険だって知っていても行かなきゃならないんですよ。ほかに選択肢がないからね。〔…〕たとえば（バスに乗って街に出るには）プロテスタント地区を抜けないといけないんですが〔…〕そしたら誰かがバスに乗ってきて自分のすぐ後ろに座るわけです。それで後ろから撃たれて死ぬってことがあるんです。けっこうな数の人がそうやって殺されているんですよ。というのはバスがここを出るでしょう、そしてここはカトリック地区で、その後プロテスタント地区を通るから、乗ってくる人たちはこっちがカトリックだって知っているわけですね。そういう人たちはバスに乗ってきて座って、人を撃って、何ごともなかったみたいに降りていくんです。バスはハイジャックされることもあって、みんな「降りろ」と言われるんです。［カトリック、プロテスタントの］両方の地区であったことですよ。どちら側でも起きていたんです。バスに火がつけられて、乗っていた人間は仕方なく歩いて家まで帰るの。とにかく歩くしかないんですよ、プロテスタント地区だから、そこで私も捕まえられるかもしれないわけでしょう。だから歩く道中ずっと怯えつづけて家に帰るんです。

酒井：そうだったんですね。誰にとってもすごく辛かったと思いますが、小さな子どもがいるお母さんは特に大変でしたね。毎日ミルクが必要でしょうから。

B：でもそのときは考えないんですよ、そのなかで生活をしているとね。予想していることだから。普通のことなんですよ。それに、私たちはずっと長い間そういうなかで生きてきたんだし。

（二〇〇七年八月）

これらの事例は、語り手二人が日常生活のなかで長年経験してきた不安をまずもって伝えてくる。フィオナは恐怖の引き金としての警察車両の例のほかには、「そうした経験をしてきました」と言っただけで詳細を語らない。けれども近親者が紛争に巻き込まれて殺されるということが彼女にとってはいつ起きてもおかしくない脅威であったことが語りからうかがえる。現に彼女は親しい友人を一人紛争で亡くしており、事件からおそらく二〇年以上が経った二〇〇〇年代後半においても、なおその経緯を自分の口から語ることができない状態だった。(1)「暗く、邪悪な時代」という短い言葉の中に、彼女の日々の生活が置かれていた状況がうかがえよう。いっぽうブリジットの語りは具体的で詳細である。彼女の語りは、近所を通るバスに乗るのが危険だった理由を、一つひとつの段階ごとに説明し、恐怖と死のイメージをはっきりと描き出している。バスの座席に座ったまま背中から撃たれて死んでいる人の姿や、ハイジャックされたバスから降りるように言われ、燃えるバスを背にして歩いて行く人びとの列のイメージは、彼女にとっては数分先に訪れるかもしれない自分の未来を写すビジョンだった。そうした暴力の予感とともに、彼女は二〇～三〇年の日常生活を送ったのである。その語り口は想像力を強く喚起し、聞き手であるわたしを語りの世界に引き込んだ。そしてその経験を想像しようとしている旨の相づちをも引き出したのである。

興味深いのは、双方の事例において「大変だったでしょう」という旨の言葉をわたしが発した直後に、語り手がそれを覆す形で「そのときはそれが普通のことだった」旨の発言をしていることである。その後わたしはいつも返す言葉を見失い、聞き取りの場には一瞬の沈黙が降りるのだった。

こうした語りをわれわれはどのように考えることができるだろうか。これらの女性たちは、自分の物語るものが「ひど」く、「邪悪」だったことを強調する一方で、その同じものがあくまで「普通」であったとも語る。さらに彼女たちは、その語り口からして、自分の語る日常生活がわたしにとって陰惨で恐ろしいものに聞こえるであろうことを十分に承知していたようにも思われるのだ。たとえば先に述べたようにブリジットは「本当にひどい時代だったとしか言えません」と最初にまとめ、その上で彼女や隣人たちが抱えていた恐怖や怯えを具体的なイメージとともに語り、強調もしている。そうした語りを受けてわたしが言った「大変だっただろう」という発言を彼女はひっくり返した。それは聞き手であるわたしに対するなんらかの、だがその意味するところを容易にうかがい知れないメッセージとして響いたのである。

紛争経験を「普通のことだった」とするこれらの発言をめぐる関心は、ある意味では本書の中心をなしている。

本書が主要な検討課題の一つとする紛争の記憶の日常性についての関心は、このフレーズにひっかかりを持っていてこそ生まれた側面がある。また、記憶が社会関係や人と人・事物の関係のなかで喚起され語られるものであるという本書の立場にも無関係ではない。この「普通さ」をめぐる発言の背景にどのような記憶、価値観、歴史観が横たわっているのかという問いは、第四章以降の議論のなかでおいおい答えられていくことになるだろう。ひとまず本章で考えてみたいのは、歴史証言の語りにしばしばあらわれる矛盾や混乱、ないしは聞き取りの現場で語り手とわれわれ聞き手とのあいだに生じる緊張や気まずさを、どのように考えていけばよいのかということだ。たいていの場合、問題は聞き手であるわれわれの背景知識の不足にあり、聞き取りが重ねられ研究が進めば混乱は解決されていく。けれどもここで見ていきたいのは、語り手が、あるいは意図的に、聞き手であるわれわれとの相互理解を拒絶しているかのようにも思われる事例なのである。

そうしたケースについて、自身がおこなった聞き取りを素材として論じていくことには一定の勇気がいる。われわれ調査者が語り手とのあいだに友好関係・信頼関係を十分に築けていないこと、あるいは聞き手として過ちをおかしていること、すなわち自分の調査・研究手順の不備を会話記録が暴露してしまうのではないかと、われわれは恐れがちだ。しかし本章で見ていくような事例は社会調査・民族誌調査の方法論や倫理の枠組みのなかでのみ検討されるべきではない。北アイルランド紛争のなかに生きた人びととわたしのあいだに満ちていたディスコミュニケーションは、それ自体一つの社会現実・歴史現実を示すものであり、さらには〈戦争・紛争の記憶〉がはらむ重要な問題を指し示しているものにほかならないからだ。

それは言い換えれば、紛争やその他の社会的・政治的苦難を我が身をもって知っている者、ないしその立場を引き受ける者が、それを自身の経験として知らない者を前にしていかなる語りをおこなうことができるのかという問題であり、また後者が前者の語りをいかに聞くことができるのかという問題である。であるならば、それは人類学や社会科学研究の内だけではなく、社会のいたるところで問題化している事柄であるはずだ。人や事物のグローバルな往来が今まで以上にさかんになり、サイバー・ネットワーク上のコミュニケーションの可能性が広がるなか、日常性の感覚が大きく異なる他者に出会う頻度と潜在性はより高まっている。さらに言えば、通常性・日常性の感覚は個人のなかにおいてさえ複層的なものになっており、どの側面を前面に出しながら対話をおこなうのかを、人は各々の出会いのなかで推しはかり交渉している。われわれ人類学者はそうした現象の一部をなしているのであって、ゆえに聞き取りにおけるわれわれの関与そのものが、ある種の社会的・歴史的なデータとして分析される必要がある。

第二節　苦しみへの共感の落とし穴

2・1　調査の場という接触領域

聞き取りの場におけるディスコミュニケーションに対する着目は、再帰性（reflexivity）、すなわち歴史や社会現実の記録において記録者の属性や社会的立場が記録内容にまで影響を及ぼす側面に対する検討ともいうことができる。人類学やその他の社会科学において、この再帰性というトピックは有効で適切な調査と分析をおこなうために配慮すべき項目のひとつとして議論されることが多い。

だが本章の目的は、妥当で信頼性の高いデータを得、分析を適切におこなうための条件の確認・修正・構築では必ずしもない。わたし自身の研究が方法論的に〈正しい〉プロセスを経ていることの証明でもむろんない。わたしがここでおこないたいのは、本書が他者の経験を聞くという行為における解釈学（hermeneutics）の実践であると示すことである。

H・G・ガダマーが『真理と方法』において示した解釈学とは、「あるものについて何がしかの理解が訪れる」ことを経験やプロセスとして緻密に検討することにあった。これについて、ガダマーは以下のように書いている。

理解の〈技法論〉を作ることは、私の意図するところではなかった。つまり、精神科学の方法的手続きを記述したり、それに指示を与えうるような技術的規則の体系を作り上げることを、私は狙ったのではなかった。また精神科学的な作業の理論的基盤を探求して、それによってえられた知識を実際の場に生かすということも、私の目論むところではなかった。〔…〕要するに問題となっているのは、われわれがなにをしているかということでもなければ、われわれがなにをすべきであるかということでもなく、われわれの意思や行為を越えて、実際にわれわれに起きていることはどのようなことであるのかという点なのである。[Gadamer 1975 = 1986: ix]

ここで「精神科学」と聞きなれない語に和訳されている語 Geisteswissenschaft は英訳では人間科学（human sciences）となっており [Gadamer 1975 = 1975]、事実ガダマーの議論は人文・社会科学的なものを含んだ人間の知と思考の営み全般に向けられたものだ。そして、ここにおけるガダマーの議論を援用すれば以下のように言える。つまり、聞き取りという名のもとに実践される相互行為の場で「起きていること」は、調査をおこなうわれわれ人類学者・社会科学者自身の意志、目的、行為をはるかに越えたものなのであり、われわれがその時気づいている以上に歴史的文脈とマクロな社会的文脈に規定されたものなのだ。

このような問題関心は、人類学史における知の構築と植民地主義的な権力との関わりを指摘した批判人類学のそれとも重なる [Clifford and Marcus eds. 1986 = 1996]。とくに関連するのは、観察と分析をおこなう人類学者の視点の特殊性や、その調査を可能にし要請もした政治・社会背景についての記述・意識が民族誌の記述から消え失せるに至った要因として、「書く私」の存在を感じさせない古典的民族誌の客観主義的文体が上げられている点である。それは人類学者が調査地でどのような人間として見られ扱われていたか、そして調査地で個人としていかなる関係を築いたのかといった事柄を見えにくくすることでもあった。二〇世紀前半から中ごろにかけての人類学を支配した「表現の透明性と経験の直截性を主張するイデオロギー」を支えていたのはこの文体でもあったのである［Clifford and Marcus eds. 1986＝1996: 3］。

一九八〇年代に批判人類学がおこなった諸々の倫理的指摘は、その後多くの人類学者に自身の政治的立ち位置に自覚的であることを促した。そのなかで、研究者が調査地で人びとと築く関係性を民族誌のなかに書き入れる手法が発達していく。これはマージョリー・ショスタクによる『ニサ』やヴィンセント・クラパンザーノの『トゥハーミ』などの著作に顕著にうかがえる傾向である［Shostak 1981; Crapanzano 1980］。ショスタクやクラパンザーノは、いずれも一人、二人といったごくわずかな調査協力者の語りに焦点をあて、彼ら・彼女らが当該社会で置かれている（時には特殊とも見える）状況を描き出す。それは調査地に生きる人びとの個人性を無視し当該社会の文化の代表者へと回収してしまう古典的人類学の視線への批判意識から出てきたアプローチであった。

ところで「書く私」を研究論文のなかに書き入れる手法は、これら批判人類学の動向と平行して、あるいはその影響を受けつつ、オーラルヒストリー研究や質的心理学、社会学の分野でも発達してきた。オートエスノグラフィとも呼ばれるこの手法は、研究者本人の私的な経験や調査現場で築いた人間関係、調査中の感情などを論文の重要な構成要素としており、再帰性への意識を極限までつきつめた手法ともいえる。それらの著作は、記述や分析の部分性・主観性を積極的に受け入れることによって、社会科学が客観的であればあるほどよいとする因襲に対するカウンターたらんとしていた［Ellis and Bochner 1996］。けれども、「書く私」を前面に出すこれらの論文のなかには、最終目標が研究者個人の「私」を描くことに向いているかのように見えるものも多い。「オートエスノグラフィ」を名乗りながらも「エスノ（民族的）」なるものの集合性とは何かという問いをまったく持たず、エスノグラフィ（民族誌）という概念を学説史的にふりかえることをしていない論文もあることを、ここでは指摘しておくべきだろう。そこでは民族誌研究の「詩的」な文体が、古典的実証主義の規範の対極に位置するものとして表層的にもてはやされた側面もある。

いずれにせよ批判人類学とオートエスノグラフィに共通して言えることは、それらが当該学問分野の探求すべきものを見えにくくしてしまったことである。じっさい批判人類学に対しては、民族誌の詩学という技法論および人類学の自己批判に終始した結果、人間の社会と歴史についての新たな知を提示することを放棄し、人類学を肥大した自意識の塊のようなものにしてしまったとも指摘される［Zenker and Kumoll eds. 2010］。であるとすれば、それは学の外に広がる社会、政治、歴史のありかたに迫ろうとする研究態度の放棄であろう。

けれどもこのような批判は、研究者が社会や政治への関心を失うことへの戒めではあっても、人類学者とインフォーマント（調査協力者、情報提供者）との対話に分析的関心を向けるアプローチへの全否定とはなりえないし、なるべきではない。民族誌調査において調査者が調査対象の社会や人びとに対面する空間は、それ自体が歴史、権力構造、および人間の社会実践についての興味深い検討素材となりうる。実のところ調査者とそのインフォーマントが出会う場とは、メアリー・ルイズ・プラットのいう「接触領域（コンタクト・ゾーン）」の一種とも考えられる。

この接触領域とは、従来「地理的・歴史的に隔絶されていた人間たちがたがいに接触するにいたり、強制や極度の不平等、手に負えない確執の条件を通常ともないながら、継続的な関係を確立していく空間」［Pratt 1992: 4］のことである。人類学的な検討の対象とは、集団や共同体が内部で共有する理解や慣習や実践のみでは必ずしもない。接触領域への関心を通じて分析の目が向けられるのは、異なる背景を有する二者が出会い、対話のずれや軋みのなかで新しい創造性が切り開かれる、そうした場である。そして人類学の調査地すなわちフィールドとは、「人類学者が当事者となって他者と出会うコンタクト・ゾーン」であるのだ［田中 2011: 12］。

そして本書のような研究、すなわち長期の地域紛争の経験と記憶を、生活習慣も使用言語も世界構造のなかでの位置も異なる場所からやってきた人間がおこなう民族誌調査は、長期紛争の記憶というものが紛争の経験者と〈よそ者〉の相対する接触領域においていかに現象するかを見てとることのできる事例である。第一章で述べたように、記憶とは人と人、ないし人と事物の関係性のなかに浮かび上がるものである。戦争の記憶も同様に、体験者が内にたずさえ保管しているようなものではなく（あるいはそればかりではなく）、体験者と体験者の間、ないし体験者と非体験者の相互行為のなかに立ちあらわれる。

であるとすれば、戦争を体験した人間が〈よそ者〉に向かっていかに体験を語るのか・語りうるのかという問題は、まさに研究者であるわれわれの前でインフォーマントがどのように経験を物語り、われわれがそれをどのように聞こうとしたかという聞き取り調査の場を通して見えてくるものであり、検討可能なものでもあるのだ。

こうした分析をおこなうために必要なのは、自分が調査をとおして参与する相互行為を、分析の対象となる記録以上でも以下でもないものへと、いったん落とし込むことである。すなわち〈調査する私〉の調査空間での言動や感情・思考を率直に記録しながら、それを他の記録と同程度に対象化し、客体化しなければならないのである。もしクラパンザーノやショスタクの追求した姿勢が、インフォーマントを当該社会集団の代表ないしその文化構造の換喩的断片として見るのではなく、彼ら彼女らの個人としての姿や生きざまにこだわりつづけることであったならば、そのアプローチへの共感とともにわたしがここで向かおうとするのは、しかし逆の方向性である。すなわちわれわれ人類学者が調査地で何かを目にし、耳にし、そして抱く感慨を、文化的価値の構造と構造が力関係をともないながらぶつかりあい軋むその接触点の〈事例〉ないしデータ以上でも以下でもないもの、言い換えれば世界で起こりつつある巨大な波の一部と見なすことである。これは批判人類学の議論を継承しつつ、その内閉性を乗り越えようとこころみるとき、必然的に浮かび上がる態度のひとつではないだろうか。

ほんらいオートエスノグラフィとは自己への耽溺でもなければ極度の主観的エピステモロジーの肯定でもなく、ましてや民族誌記述のレトリック技法の鍛錬でもない。人類学者の〈見る私・書く私〉の個としての特権性を可能なかぎり排除し、自身をあくまで社会的な背景と属性のなかに落とし込もうとしたときに生まれてくるようなものである。そうしてこそ、人類学者ジュディス・オクリーがオートエスノグラフィ的手法を弁護して正当にも指摘した「自己を熱愛することは、自己を意識し自己を精緻に吟味していく姿勢とはまったく異なる」[Okley 1992: 2] ことを、実践的に示していくことができるのである。

2・2 苦しみの社会的文脈

では、歴史証言を聞き取り分析する過程においてわれわれ自身が「自己を精緻に吟味していく」とは、たとえば具体的に何を意味するのか。第一節で確認したように、わたしが聞き取った長期紛争経験の語りにおいては苦痛の強調とその苦痛の〈普通さ〉への言及が見てとれたわけだが、矛盾・揺らぎとも聞こえるこの語り口を考えるにあたって検討すべきと思われるのは、社会的な苦しみの証言に対しわれわれ聞き手側がもつ共感的態度の陥穽と可能性についてである。

ライフストーリー的、あるいはオーラルヒストリー的な手法による研究のなかで用いられてきた言葉に「声を与える」というフレーズがある。支配的文化の周縁に置かれ、多くの人びとに知られることのなかった経験に着目し、彼らの声の社会的認知を高めようとするおこないを言いあらわす言葉である。

しかしながらこのフレーズは、従来沈黙してきた声が語りを始めたその「後」に何が起きるのかについて明瞭に語らない。「声を与える」の中には、ただ単に人が「語り始める」ということだけでなく、その語りが社会において「聞かれる」「認知される」ことが含意されているはずだ。だが、この含意はどちらかというと暗黙の了解としてとらえられているものであり、それ自体が議論すべき課題として打ち立てられることは少なかったように思われる。その暗喩的な語の用法が多様な意味解釈を許すため、逆説的にもいくつかの重要な疑問、すなわちそれらの声が「誰によって・いかに聞かれるべきなのか」「これらの声を社会的に認知するとは何を意味するのか」といった疑問が覆い隠されてきたのではないか。

人が経験を語り始めたとき、その語りの言わんとするところが自動的に万人に伝わるわけではむろんない。それらの語りが新しく浮き彫りにする社会現実の様相を、万人が同じように認知するわけでも、おそらくないだろう。他人の経験を聞くということはそれほど単純に進行するプロセスではない。ここで注意されるべきは「声を与える」というフレーズのさらなる含意である。この声を「聞き」「認知する」者として主に想定されているのは、実はその声を共有しない人びとなのではないか。つまりそこでは、語られる社会経験を自分自身のものとしてくぐりぬけておらず、また時にはその経験の背後にある歴史的文脈や構造的要因にも明るくない人間たちが、その語りを通じて新しく何かを知る重要性に焦点が当てられている。

しかし実のところ、こうした文脈において「語る」「聞く」という相互行為は複雑なものとなる。他者の経験を聞くとき、わたしたちはこれまでの社会生活のなかで見聞きしてきた物事や、自分自身がへてきた経験をもとに語りをとらえていく。であれば、語り手と聞き手のあいだで経験や知識、価値観が劇的に異なるとき、聞き手がもつ社会知識は語られる経験を理解するために役立たないことがあるのではないか。

注意を喚起しておくが、これは心理的外傷ゆえに経験を意味あるものとして語りえない（あるいは暴力的経験を意味づけられないことが心理的外傷となる）という現象、あるいは極度の暴力が一貫性と意味を希求する物語の枠組みでは表象不可能になるという現象とは異なるものとして理解されなくてはならない。[2]本章が問題としているのは、理解しうる経験と理解しがたい経験がうまれるさいの参照枠である文化的・社会的前提に差異があることから生じてくる齟齬なのである。これは長期の政治暴力経験を語り・聞くという相互行為のなかでも重要な壁として立ちはだかってくる。

この問題を考える上で、アーサー・クラインマンとジョーン・クラインマンの苦しみについての議論は興味深い。彼らは人間の苦難の経験は、それぞれの土地の社会構造のなかで生み出されるものであると論じていく。

苦しみを本質主義的・自然主義的にとらえること、そして感傷的に扱うことは、絶対に避けなければならない。人の苦しみ方は一様ではなく、時空を超えた普遍的な苦しみの形というものはないのである。苦しみが軽んじられる社会もあれば、大きな意味を与えられる社会もある。歴史家や文化人類学者たちは、苦しみの経験がもつ意味がさまざまであることを示している。[Kleinman and Kleinman 1997 = 2011: 2]

言うまでもなく、「ある土地ないしコミュニティならではの苦しみ」を描き出すことで、そこにおける苦難の経験の多様性を無視することは避けなくてはならない。それは人類学の歴史のなかでたびたび繰り返されてきた本質化の行いにすぎないからである。クラインマンらも、「同じコミュニティのなかでも苦痛の受け止め方や表し方は異なっている」[ibid] と述べているように、その点を十分に理解している。注意深く検討されるべきは、人間の痛みや苦しみが、多様なありかたで社会構造や文化規範とからみあう様相である。苦難が物語られるとき、語る主体がまずもって社会的・政治的・歴史的主体であることは、けして忘れられてはならない。人は「何者か」として、すなわち何らかの社会的主体として苦しみの経験を物語るのであり、その社会的主体は多くの場合、歴史のなかで構築されてきた人種、民族、性などにかかわるカテゴリーなのである。

むろん、拷問や独裁体制下の虐殺など、ほとんどあらゆる場所であらゆる人間が苦しみとして生きる経験はあるかもしれない。しかし本章が焦点をあてているような、数十年単位の長期にわたって暴力とともに生きられる日常の経験は、とりわけ普遍的な痛みと苦しみを安易に想定してはならない領域といえるだろう。ヴィーナ・ダスとアーサー・クラインマンは、日常的暴力の領域においては個人的経験と集合的経験とが「緊密に絡まりあっており、何が関係性において問題となるのかをめぐる倫理的過程と感情の条件とを、互いにわかつことができない」とする [Das and Kleinman 2000: 5]。たとえば家族と死に別れる辛さや自宅を強制的に追われる経験が、何十年も続いた社会的孤立の経験や、コミュニティの支配的価値観との確執と切り離せないことが多くある [Das 2000; 酒井 2012]。上にあげたクラインマンらの議論は、感情はどの程度まで普遍的なものであり、またどの程度までローカルな文脈に規定されるものなのか、という人類学において古くから議論されてきた課題とも関連する。世界のあらゆる人間が共有する基本的な感情の種類が確かにあるように思われる一方で、多くの場面において、感情は特定の文化的文脈に深く根ざしている [Lutz and White 1986]。喜び、恥、誇り、怒りといった感情の種類は共通しているように見えても、それらを何に対して感じるのかということについては、きわめて多様である。そして長期紛争経験に目を向けたとき、そこで語られる苦しみも——そしてあるいは自己実現も——、恥辱、誇り、怒り、悼みといった感情と切り離せないのだ。

クラインマンらの議論は、とくに地理的に・社会的に遠く隔たった土地やコミュニティにおいて調査をおこなう研究にとって重要なものとなるだろう。暴力や苦しみとして聞こえるものを聞き取り相手の語りから抽出し、ナイーブに感情移入していくことは危険をはらんでいる。紛争期の経験の暴力性を過度に、あるいはセンセーショナルに強調することで結果的に産出されかねないのは、紛争後に進行するさまざまな政治的・社会的・経済的過程を〈異常な紛争期〉と対置される〈常態〉とする構図である。その構図のなかでは、紛争後の過程があたかも〈あるべきもの〉であるかのようにとらえられ、そこに付随する種々の問題が過小評価されかねない。さらには、〈非紛争地域〉を代表する聞き手と、紛争経験をもつ語り手とのあいだに権力関係が立ちあらわれる可能性もある。

そうした権力構図の強化や再生産は、「声を与える」との標語のなかで目指されてきたような、周辺化された声をすくいあげ、社会的に認知しようとするねらいを明らかに外れたものである。冒頭に述べたベルファストの女性たちによる語りは、聞き取りの空間においてそのような構図があらわれることに対する一種の抗いや警句だったのではないかとも考えられるのである。

2・3 〈紛争経験者〉という立場を引き受けるということ

章の冒頭で述べたように、本書は紛争の記憶が経験者と非経験者のあいだでいかに立ちあらわれるのかをめぐる研究でもある。断っておかなくてはならないのは、この〈経験者〉〈非経験者〉というくくりは、われわれ調査者にとっても、また語り手である調査協力者にとっても、けしてその境界が自明のものではないということである。戦争や紛争の経験とは（あるいは災害の経験もそうであろうが）、一種のグラデーションのような構成にある。たとえ同じ一人の人間が語り手であったとしても、出来事の起きた中心地により近く、またより強く影響を受けている他者にたいしては相対的な〈経験者〉となり、逆に出来事からより隔たっていた他者にたいしては相対的な〈経験者〉となる、という事態が起こる。

まず聞き手としての立場にあるわたし自身について述べるなら、わたしの〈非経験者性〉はどの聞き取りにおいても疑いなく明瞭であった。この地で調査を始めてから一〇年が経過し、親密な人間関係も構築し、「家族の一人だ」と言われることもあるが、わたしの〈よそ者性〉が大きく揺らいだと感じたことはない。最大の要因は、武力の応酬が広く社会的に・恒常的に見られるような紛争・戦争を、ここ数十年経験していない社会からわたしがやってきている、ということであろう。また、聞き取り相手の大半がイギリス系ないしアイルランド系である中、わたしが東アジア人であるという人種的要因もある。欧米社会のある種のオルタナティブとしてイメージされる極東の一国、日本で生まれ育ち、第一言語も聞き取り相手と共有しないわたしの外部者性は、たとえば欧米の他地域から訪れた、とくに白人の英語第一言語話者と比較したとき、より可視的であるかもしれない。また、和平合意後になってようやく北アイルランドにおける民族的マイノリティの問題が注目されつつあった状況が、わたしが与えられた立場性には大きく影響している。北アイルランドで最大の民族的マイノリティ集団である香港系と重ねる扱い、つまり〈保護すべきオルタナティブなアジア文化を体現する者〉としての扱いを、わたしはおおむね受けてきたように思われる。それは、長きにわたって続いた紛争、すなわちイギリス系・アイルランド系のなかでの旧来の対立にかわって社会の注目を集め始めた〈新しい社会問題〉＝民族的・人種的マイノリティの問題を、さらに言うなら〈紛争の後の新しい時代〉を多かれ少なかれ象徴しているであろう立場だった。紛争後の国際社会の規範なるもののイメージを、調査協力者らが両義的な感情とともにわたしに見いだしていた可能性について先に述べたのは、このわたしの人種的で可視的な〈よそ者性〉と無関係ではない。

他方で調査協力者の側であるが、彼ら・彼女らの紛争に対する関わりかたは千差万別であった。もちろん、近しい家族を亡くした人びとは多く含まれているし、自身や家族が武装グループメンバーとして活動した人物もいる。けれどもわたしは、紛争による被害の種類、あるいは紛争との関わりかたの種類で区切りをもうけて調査協力者を選んでいったわけではない。これまでにも何度か述べてきたように、わたしが本書で検討していこうとするのは生活空間が長期紛争の戦場となっていく経験とその記憶であり、その目的のためには、特定の種類の紛争関与の観点から調査協力者をしぼる必要はなかった。何らかの基準があったとすれば、それはインターフェースとその周辺に暮らす人びと、ということだっただろう。なお次章で詳述するが、北アイルランドにおけるインターフェースとは、プロテスタント地区とカトリック地区の境界・接触線を意味する。宗派分住が複雑に入り組んだ都市部に多く、住民衝突や武装グループ同士の銃撃戦がもっとも激しく見られてきた場所である。(3)

それゆえにか、知り合った調査協力者たちは、自身が〈紛争経験者〉すなわち紛争の内部者であることを当初必ずしも自明視していなかった。自分が〈紛争の中心〉を見てきたかどうかについて確信を持っていなかった人は多くいた。興味深いことに、住民衝突がきわめて激しく見られた地区に暮らす人や、イギリス軍による暴力的な保安検査を数多く経験した（おもにアイルランド系の）地区の住民、また近しい親戚を数名亡くしていたり、激しさを増す住民間衝突のために自宅を捨てざるをえない経験をしている人でさえも、自分が紛争について「話す資格」があるかどうか確信をもてないと言う場合があった。自分が「より悪いシナリオ」を経験しなくて済んだことは、ただ「運が良かった」にすぎず、自分よりもひどい経験をしてきた人たちがたくさんいると、従兄弟を亡くした一人の女性は語った。だが先に述べたような明白な〈よそ者性〉をもつわたしを目の前にして、彼女ら・彼らは語りの過程のなかで少しずつ、〈紛争経験者〉として語りをおこなうようになっていく。たとえば聞き取りの前半には自分の語るエピソードが伝聞であることを逐一断っていたのが、しだいにその部分をはぶくようになっていく、という具合である。その経緯にうかがえるのは、〈紛争の当事者〉〈経験者〉としての主体性というものが、ひとつの関係性や聞き取りのなかにおいてさえいったん決定されると永続するようなたぐいのものではなく、対話が流れゆくにつれ交渉され、選ばれるものであり、また誤解を恐れず言うならば、演じられるものでもあるということだった。そしてその交渉や選択には、「語る権威をもつのは誰なのか」ならびに「経験の内実を知っている／知らないのは誰か」「暴力の被害者とは誰か」という問題も、また関与する。

議論されなくてはならないのは、この試行錯誤のなかで社会的に何が起こり、何が生み出されているのかという問題である。経験を物語へと編み、その物語を他者に向かって語るという行為、および他者の経験を聞くという解釈の実践についての整理がそのためには必要である。物語化という認識・想像、そして創造の営みは、過去に起きた事柄を理解しようとするこころみの根本に関わるからであり、また人が社会的主体として自己形成する過程にも関わるからである。よって次節においては、この営みについて物語論の中で積み重ねられてきた議論を参照しつつ論じていくことにしよう。

第三節　暴力の経験を物語るということ――第三のミメーシス

3・1　物語による現実構築

物語論の領域では、複数の出来事を並べ、その間に関係性と意味のつながりを見いだすテクストないしディスクールがもっとも基本的な物語の定義とされる。たとえばドナルド・ポルキンホーンは「父親が死んだ」「息子が泣いた」という二つの文を例に挙げる。これら二つが結びつけられ、「父親が死んだとき息子は泣いた」となったとき、この一文は、出来事がそれぞれ独立して与えられた場合にはうかがえなかった何か、すなわち息子が父に対してもっていた感情や父の死によってもたらされた痛みを指し示す。これによって、われわれは双方の出来事をより理解するようになる。つまり「物語は個々の出来事がたがいにとってもつ重要性を示す」のである[Polkinghorne 1988: 13]。出来事と出来事のあいだに関係性が発見されたとき、物語が生まれるといってもよい。

物語は経験を意識の遡上に乗せようと努力するなかで必須となる手法である。〔…〕、なんであれ何かの実体についての人の感覚は、世界との私たちの関わりによって作り出されるものであるが、物語はこの関わりを仲介する。[Ochs and Capps 1996: 21]

西洋の解釈学の祖の一人であるアリストテレスが『詩学』にて述べたように、物語は主題すなわちテーマを有するものでなくてはならない。したがって物語は、起きた出来事すべてを単純に時系列に並べたものではない。何かを物語として語っていく作業とは、無数の現象や出来事のなかから、いくつかの出来事をとくに関連の深いものとして取捨選択し、そこに全体としての主題を見いだしていく作業である。

ジェローム・ブルーナーによれば、物語とは現実を表象するだけでなく、「現実を構築していく精神的な装置として作動する」[Bruner 1991: 6]。その現実構築のありかたは、物語言説に特有のものである。ブルーナーは人間の思考において認知機能の二つのモードがあると主張する。一つは論理科学的なもの、他方が物語的なものである。これら二つは双方、経験を秩序だて現実を構築していくが、そのありかたはたがいに大きく異なっている。

反証によって誤りを取り除ける論理的・科学的な手順を通じて生み出される説明とは異なり、物語的説明が達成できるのは「もっともらしさ」のみである。したがって物語とは、経験的な立証や論理的要請というよりも慣例や「物語的必要性」によって、受容可能かどうかが決定されるような現実様式なのである。[Bruner 1991: 4]

ここで注記を喚起しておけば、同じ条件と環境がそろえば同じプロセスが観察されるはずの事象にかかわる論理科学的説明とは異なり、物語は、ある場所においてある人・物に起きた一回限りのプロセスを述べていくものである。そこでは、完全に同一の条件・環境・人・物に同じことが再度生じることは必ずしも想定されていない。むしろ物語とは、人間経験とはたしかにこのようなものであるかもしれない、あるいは現実とはこのような顔を見せることがあるかもしれないと、受け手がそう思うような一つの例をめぐるものなのである。

人間の現実認識や経験の認知にあたって物語的思考が重要とする見方は、近年の〈自己の物語〉論の発展の核ともなっている。この議論においては、人間の自己認識は静的なイメージや社会属性のラベルのようなものではなく、過去の経験を物語として構成する継続的なこころみそのものととらえられる［cf. Gergen and Gergen 1983/1997］。たとえば自分がいかに行動しそれによって何が得られたか／得られなかったかという、ある経緯についての認識や説明そのものが物語としての形態を有していると言える。さらに確認すべきことは、自己を認識するためのこうした物語は記憶によって構成されているということである。断片化された過去のビジョンやイメージを関係づけ統合し、そこに意味を生成する自己の物語は、あるいは記憶の一形態であるといってもよい。

〈自己の物語〉論はまず個人の自己認識にまつわるものとして出発するが、さらに自己が集団単位すなわち〈我々〉として置かれたときには、「集団そのものを説明し、集団の行いと願望を正当化する」ような「集団の物語」が構築されると論じられる［Hinchman and Hinchman eds. 1997: 235］。集団と他の集団との、あるいは集団と社会全体との関係性も、こうした物語の中で示されていく。社会学・社会史研究者のマーガレット・ゾマーズは、現実を表象する媒体としてのみ物語をとらえる従来の見方では、社会と歴史にとっての物語的認知の重要性をとらえきれないと論じる。物語はむしろ人間の社会的存在論に関連するものなのだ。「我々は、個人としても集団としても、社会的物語のなかに〔…〕位置づけられ、また自分たちを位置づけることで、私たちがそうであるところのものとなる」［Somers 1994: 606］。生を意味づけ、また人生のなかで行動を起こすために人は物語を用い、それによって社会的行為者（アクター）となる。自己を社会的物語の中に位置づけることを通じて人は、たとえば自分が労働者階級であること、有色人種であること、女であること、何かの民族に属することを認識し、それがゆえの行動指針を選び取って行くのだ。

この考え方において、ジェンダーや人種、エスニシティや階級といったカテゴリーは自己認識の核となるものというよりは、むしろ歴史的文脈と政治権力構造のなかで人びとが自身のありかたを意識化するための素材ととらえられる。これらのカテゴリーないし属性は、人の経験を通じ、あるいはその社会的表象の重なり・接合・衝突のなかで、その意味するところが確認され交渉されていくようなものなのだ。

このようにして物語は個人の小さな世界で起きていた事柄と、より大きな社会単位で進行していた現象とを、一連のもの、つながりのあるものとして理解することを可能にする。物語は人に「自分が何者であるのか、なぜ特定の社会状況を経験し、社会的な共同利益とどのような関わりをもっており、どのような対立図式のなかに自身が位置しているのかを説明する」のだ［Kane 2000: 316］。ゆえに「われわれが自身の生と自己を歴史的に考えることを可能にするのは、唯一物語的思考を通じてのみなのである」とも述べられる［Freeman 1993: 27］。

このように考えていくと、記憶と物語とがたがいに密接な関係をもつことがわかる。近年に〈国民の記憶〉や〈民族の記憶〉の政治学が論じられたとき、その主たる検討対象の一つとなったのは、物語として示された歴史認識のありかただった。たとえば日本社会においては九〇年代後半から修正主義的歴史物語が顕著に姿をあらわし、これにたいする批判意識のもとに〈国民の物語〉論が熱心に交わされた［cf. 高橋 2001］。無数の個人のものであった経験や行動について、その主体を国民ないし民族とおき、国民／民族の物語にふさわしいテーマ性をもつものを取捨選択し筋立てていく。この物語化と解釈を通じて、過去は特定の政治的価値をはらむものとなり、そのようなものとして特定集団の記憶となっていくのである。

3・2　三重のミメーシス

さて、紛争経験を他者に向かって物語る実践、また他者の経験を解釈する実践をより深く検討していくにあたって、ここでは解釈学者ポール・リクールが展開した議論を見ていきたい。やはり著名な物語論者であるロラン・バルトやウラジーミル・プロップ、あるいは歴史学者のヘイドン・ホワイトら「ハイ・ナラティヴィスト」[Propp 1946＝1983; White 1973; Barthes 1981; 野家 2003: 63]らとは異なり、リクールの議論の主眼は物語構造の分析ではなく、物語化の行為およびその受容とに置かれている。言い換えれば前者が物語構造に対し人間や社会が従属性をもつ局面を強調するのに対し、後者は物語構造を再編し、物語を新しく解釈する人間の創造的実践に目を向けようとする。物語の〈筋〉がつくり出され、想い描かれる過程が「観客もしくは読者においてはじめて完結する」とするのがリクールの立場であり[Ricœur 1983＝1987: 83]、それは長期紛争経験を語り・聞く相互行為に焦点をあてる本書に理論的参照枠を提供する。

リクールが著書『時間と物語』において成し遂げようとしたのは、人間経験が時間を物語として分節化するなかで意味を獲得していく過程としくみを明らかにすることだった。リクールは、物語の現象学を、三つの契機が円環的につながるミメーシス（「生きた時間的経験の創造的模倣」）であるとした[Ricœur 1983＝1987: 57]。まず第一のミメーシスは、物語を構成しうる行動主体、行為、背景、関係性、そしてそれらの象徴性と社会的意味を内面化する段階である。第二のミメーシスは、「創造的模倣」の中心をなす「筋立て」の行為、すなわち上にあげた行為や状況、体験を取捨選択し、時間軸に沿って並べ、相互に関係づけることで、一連の筋（プロット）をもったひとまとまりの連続体をつくるという作業である。そして第三のミメーシスが、そうして形成された物語と「聴衆または読者の世界との交叉」である[ibid: 127]。この第三のミメーシスにおいて、聞き手は語られる筋立てを同時進行的に追い、描かれる経験を頭のなかに思い浮かべる。この段階において、人は語られた物語から何が人間行動における可能な意味であり秩序であるかを学び、自分自身の物語行為のなかに活かしていく。ここに、ミメーシスの新しい円環が生まれる。

リクールの議論は芸術作品の分析から始まり、歴史叙述の物語性へと向かっていくもので、個人の人生史の語りを念頭に置いたものでは必ずしもない。だが若干の単純化とコンテクストのずれをおけば、彼の議論は「自身の経験を語る」「他者の経験を聞く」という社会的行為を考えるためにも役立つ。この場合も、第二のミメーシスすなわち「筋立て」は重要な検討の対象となる。人は自分のくぐり抜けてきたこと、見聞きしてきたことを、整理し相互に関連づけながら、背景の社会的・政治的・歴史的文脈に位置づけていく。先にアリストテレス『詩学』に触れて述べたように、それは一定の主題を全体が指し示すように出来事を取捨選択し組み合わせる作業である。リクールの議論にのっとって物語の社会性を見つめようとする論者たちも、この「筋立て」の作業を通じ断片として散らばっていた諸々の出来事が一つのエピソードへと変貌していくとする [Polkinghorne 1988: 18-20; Somers and Gibson 1994]。「いつ何時」「どこで」「誰に」「何が」起きたのかという情報を同じように伝えていても、それをどのように構成するのか、あるいは他のどのような出来事と関係づけるのかによって、物語としての意味も、そこから生まれる感情も大きく違ってくることに注意しなくてはならない。

この第二のミメーシスすなわち「創造活動としてのミメーシス」[Ricœur 1983 = 1987: 80] は、第一のミメーシスにて獲得される能力や知識の上に成り立っている。第一のミメーシスの段階において、人は物語とはどのようなものかを把握し、物語のなかにあらわれうる行為者や物語のとりうる構造についての知を体得する。リクールの言葉を借りれば、それは、物語の「連辞的次元を支配している規則を駆使できること」となる [ibid: 106]。単純化をおそれず言うならば、経験を物語ることを通じて「社会現実のありかた」を描出するという筋立ての作業は、語り手が内面化してきた社会価値と、過去の生のなかで学ばれてきた「物語的な筋立て」、加えて「現実社会において出来事が進みうる道すじ」についての知の上に成り立っている、ということである。事物や語・フレーズの象徴性に対する理解もここでは重要となるだろう。

さて、筋立てによって形作られた社会経験についての物語は、つぎに誰かによって見られ・読まれ・聞かれることとなる。本章の文脈にそくして、ここでは「聞かれる」の語で話を進める。この段階では、聞き手の側もまた、自分の獲得してきた社会知識や価値を参照しながら語られる話を追っていく。もちろん語り手のもとの出来事の経験とはまったく別のものであるにせよ、それは時間軸に沿って体感される一つのプロセスであり、畏怖や哀愁といった感情的次元にかかわる経験である。つまり語られる物語を解釈することそのものが、聞き手のなかに一つの経験として刻まれうるのだ。

リクールが語り手と聞き手との世界の交叉が起こる第三のミメーシスを含めてはじめて物語という現象が一つの円環構造を完成させると書いたように、アリストテレスもまた物語の「対話者」の存在を重要視していた。ガダマーも記しているように、アリストテレスは物語の重要な古典ジャンルのひとつである「悲劇の本質規定のうちに、観客に及ぼす作用を取り入れて」いたのだからである［Gadamer 1975＝1986: 187］。「『説得力を持つ』物語が説得力を持つのは、ほかにいろいろ理由があるにしても、主としてその構造がうまく達成されていて、筋を追っていけるからである」と文芸批評家のフランク・カーモードは述べたが［Kermode 1979: 156］、その構造が「うまく達成されて」いるかどうかは、既知の筋との関連のなかで判断される。つまりは行為やその主体を言い表す語やフレーズ、および語られる筋の展開が、社会的にある程度共有されたものでない場合、その経験は聞き手にとって理解不能なものとなってしまう。そのため支配的な体系に合致しない象徴関係や筋をもつ物語は、その重要性を見過ごされかねない。ゆえに、語りの場において人は聞き手すなわち対話者の存在を意識して〈筋立て〉をおこなうことになる。物語は人を「満足させたり、説得したり、免責したり、避難したり、啓蒙するために語られる」[Ewick and Silbey 1995: 208]。つまり自身の経験を語る場合においてさえ、人はその物語を完全にコントロールしているわけではなく、つねに対話者側がそれをいかに受容するかを推しはかりながら物語を紡ぐということになる。

ただし、注意しておかなくてはならないことがある。すでに多数の人間によって語られているであろう話、あるいはステレオタイプとなった話を再生産してしまうと――あるいはそうと対話者に見なされると――、人は自分の個人としてのアイデンティティを見失い、また語りを創造する技術と想像力を疑われることとなってしまう。したがって、広く共有された社会的価値観や突飛でない筋に大枠では従いながらも、人はわずかな差異の兆候や予期せぬ（されないであろう）展開を語りの中に挿入することで、自分の経験の、および語り手としての独自性を示そうとする。語り手はそうした緊張関係のなかで、自分の経験を物語へと編んでいかなくてはならない。

とくに語り・聞くという関係が相互行為としてある空間において、語り手は聞き手の反応に応じて、即興的に語りの方向性を変えていく。であるからこそ「筋立てを作るのは語られる出来事ではなく、語りの出来事である」のだ[Brockmeier 2002: 35]。ある歴史上の出来事がある社会状況において特定の物語として語られるとき、それ自体が新しく一つの出来事をなすのである。

ここには行為主体性（エージェンシー）と権力をめぐる奇妙な関係性を見ることができる。「現実の一つのありかた」を開示する創造性と主体性が主として語り手の側に求められる一方で、そこで示される現実のビジョンが力と意味をもつものかという判断は、聞き手の側にゆだねられるのだ。もちろんこの委託は、聞き手が語り手の生きる世界でもつ潜在的影響力の大小によって重要性が異なる。けれども、自分の経験を誰かに向かって語りかけるという行為にたずさわるとき、程度の差はあれ、語り手は自分の語る経験が意味あるものであるかどうかを、聞き手を通して確認せざるをえない。暴力的な経験が語られる場合、その委託は悲劇的な色彩すら帯びる。語り手は経験を追想し対話者に向かって見せていきながら、自身の傷つきやすさも暴露せざるをえないからである。

3・3　聞き手の想像への意志

父親を第二次世界大戦中にユダヤ人強制収容所で失ったエリカ・アプフェルバウムは、ヘンリー・デヴィッド・ソローの言葉を引用し、「真実が語られるには二人の人間が必要である――語る人間と、聞く人間である」と書く［Apfelbaum 2001: 21］。熾烈な暴力を生きた人間がみずからの経験を語ることができるようになるためには、対話者の「聞くことへの意思」こそが重要になると彼女は書く。極度の暴力の経験は、時として他者とのコミュニケーションに障害をもたらす。アプフェルバウムは自身の父親について語ることに長いあいだ困難を感じてきた経験に言及しながら、ある暴力の「外部」にあった人間は、しばしばその暴力についての話を聞くことに乗り気でないか、聞く能力を示さないと書く。この「聞くことに対する拒絶は、（彼らの）恐怖を示すものでもある」。つまり語られる話によって、自分のもつ「存在と認識論的な安全性が危険にさらされる」という恐怖である。暴力についての語りに直面したとき、人はしばしば「とても想像できない」という言葉を口にするが、「この一言を通じて、聞き手は理解に向かうさらなる試みをはらいのけ、語り手を沈黙させる」ことがある。そして「見知った世界の境界を超え、自身がいまだ知らない、根底から異なる世界に入らざるをえないというリスク」から身を守ろうとする、という。この回避のなかで、暴力を見てきた者は「正気を保つために不可欠な」他者とのコミュニケーションの可能性を絶たれてしまうのである［ibid: 21; 28-29］。

アプフェルバウムの記述は社会心理学者ロレンス・カーメイヤーの議論とも通じるものを持っている。カーメイヤーは戦争で疲弊した国からの難民が、カウンセラーとの対話においてしばしば拒絶感を味わっている状況を報告する。避難先の国における社会常識に明るくない難民らにとって、二つの隔たった世界を架橋しながら自分の経験を語ることが難しいという要因がそこにはあるが、カウンセラーの側の想像力の欠如も大きな要因となっている。カウンセラーらはしばしば、難民が元の国を離れるにいたった経緯について、自身の価値規範と世界理解の枠内で解釈をおこなってしまう。その結果、自己やその表現の仕方、アイデンティティ、ないし記憶といったものについて異なる認識をもつ難民たちの話は、ときに妄想や偏執的な考えと判断される。これは暴力の経験を聞きながら、それを「想像しそこなう」ことであるとカーメイヤーは述べる。

> この背後にあるのは（想像上の）恐怖の空間に足を踏み入れていこうという意志の欠落である。〔…〕（しかし）想像力はあらゆる物語を理解する基礎となる。想像を通じて私たちはイメージを形づくる。物語はそれらのイメージを筋へと結びつける時間構造を提供するのだ。［Kirmayer 2003: 170–171］

リクールが論じたように、目の前で語られる人間経験を同時進行的に思い描いていくことは、時間軸に沿って展開する一つのプロセスである。物語の筋に身をまかせるこのプロセスを通じて、人は語られる経験のなかに感情を見いだす。もちろん、「（想像上の）恐怖の空間」という注記が示すように、聞くという実践の過程で思い描かれるものが語り手の元の経験とは絶対的に異なっていることを、カーメイヤーは理解している。しかしだからといって、聞き手が想像への意志をもたないことが正当化されるわけではない。既知の世界から一度手をはなし、自分の体験に比較すれば圧倒的に空疎で限られた情報から想像された不安定な世界に入っていくことなしに、暴力の経験を聞くという実践は成立しない。ゆえにその実践は、つねに失敗・拒絶と隣り合わせなのである。

第四節　語りを価値あるものと判断するのは誰か

語り・聞くという相互行為にまつわる種々の側面を考えてきた上で、ここで冒頭にあげたフレーズにいま一度立ち返ってみたい。わたしが聞き取りを行ったベルファストの女性たちは、自分たちのへてきた毎日の経験がいちじるしいストレスに満ちた過酷なものであったことを語ったのちに、「そのときはそれは普通のことだった」として語りをしめくくった。仮に一言でまとめようとするならば、これらは「異常状態が常態として経験された」ことにまつわる語りということになるだろう。おそらくこの逆説こそが、長期継続する紛争を生きる経験、およびその後の社会変化のなかで紛争経験者たちが直面する過去との葛藤を示しているのではないかと思われる。ここで語りのなかに招き入れられた矛盾には、長期紛争を生きぬいた人間が、〈その時代・社会を生きなかった者〉すなわち〈よそ者〉に向き合い、対話していく実践を見ることができるのではないか。であるとするならばこの相互行為の検討から浮かびあがるのは、けして現地の情報提供者と聞き手である研究者という（古典人類学的な）二者関係に限られた対話なのではなくて、紛争の〈中心地〉からより離れた場所で生きてきた知人や、新しい世代の隣人たちを目の前に、人びとが日々たずさわっている営みにほかならない。

「異常常態が常態化していたこと」を振り返る語りには、主観のある種の亀裂を見てとることができる。自伝的な語りにおいて、個人はしばしば過去と現在の自己のあいだの存在論的な断裂を経験する［King 2000］。本書の事例における過去の視点とは、暴力や死の具体的な脅威を身近なものとして感じながら二〇年、三〇年と暮らすなかで、それ自体が日常生活の一部となっている視点である。そして、紛争が一段落をむかえ、銃撃戦・爆破事件や軍による監視・検問といった可視的で物理的な暴力の頻度が下がり、社会が〈通常化〉した時代が訪れると、はじめて自分のへてきた日常を暴力、ストレス、過酷さとして認識するようになる。これが現在の視点である。最初の事例としてあげたフィオナの「後から振り返ってみると、なんて恐ろしい時代だったんだろうと思う」という言葉は、その二つの視点の存在を示しているだろう。

この二重化する自己についての分析は第六章でくわしくおこなうが、本章の文脈において重要となるのは、過去と現在のあいだの相互に矛盾する二つの世界観を、情報提供者たちが統合することなくそのままに提示したという事実である。

さらに彼女たちは、聞き手であるわたしの反応に応じて、この二つの世界観を入れ替えていった。紛争後の価値観に立脚する〈現在の自己〉による暴力の描写は、紛争の〈よそ者〉であったわたしにとっても理解しやすいものだった。語りはここで終わることもできたのである。だが聞き手との相互理解の確認をとったところで、彼女たちは〈過去の自己〉としての語りへと、立ち位置を変えていったのである。

わたしが調査をおこなった二〇〇〇年代後半から二〇一〇年代前半の時期にかけて、北アイルランド社会はなお社会的・経済的・政治的な移行を経験していた。ベルファスト労働者居住区の住民たちは、新しい時代に対して希望と注意深さとが入り交じったまなざしを向けながら日々を送っていた。人びとは自分たちの社会経験が国際社会の規範からみて〈異常〉で〈暴力的〉なものととらえられることを知っている。だが、彼らがそうした状態を日常として何十年もの時間を生きたこと、そしてその記憶がセンセーショナルで紋切り型の暴力描写のなかには収まりきれない側面を有していることも、また事実だったのである。

先に見たように、語りという行為は、既存の物語の筋をなぞろうとする方向性と、既存の物語のコードを破り新しい現実を描こうとする方向性とのあいだでせめぎあう。このせめぎあいは暴力の経験を語るおこないにおいても大きな緊張としてあらわれる。語り手は、一方では自分の話が完全に〈異常〉〈理解不能〉と見なされることがないように——あるいは自分でそう見なさなくてすむように——既にある暴力の表象を用いて語りをおこなおうとする。本章3・3で見たアプフェルバウムの議論は、暴力の〈経験者〉〈被害者〉が、逸脱した世界を見てきた人間として社会で恐れられ避けられることがある、という現象を指し示している。暴力の被害者は、その経験ゆえに何らかの歪みをかかえている可能性があり、未来において新しい問題を生み出しかねない潜伏性の〈病因〉と見なされることがある［Feldman 2002］。すなわち暴力の〈加害者〉のみならず〈被害者〉という属性にもスティグマが生まれうるのであり、暴力の経験を語るおこないは自身がそのスティグマを刻印されるリスクと隣り合わせなのである。他方で、危機にさらされつつ生きてきた経験が、陳腐なもの、よくあるものと見なされることも、語り手は避けなければならない。それは自らの生の経験の唯一性をおびやかすものとなるからだ。

情報提供者たちがおこなった語りの立ち位置の変更は、長期の紛争を生きてきたという経験の重みが聞き手の判断を通さなければ確認できないという、非対称な関係への介入であったとも考えられる。「でも当時はそれが普通だったのです」というフレーズは、聞き手であるわたしの想像が彼女たちの経験の内実には及んでいないとわたしに知らしめることによって、自身の紛争経験を判断し価値づける決定権をもう一度自分の側に取り戻そうとする発言だったとも思われるのだ。事実、この最後のフレーズの「謎」によって、彼女たちの語りは聞き手であるわたしの中に、とりわけ印象的に残ることとなったのである。

自分の過去の日常経験を、相手の反応を鑑みながら〈普通〉と〈異常〉の二つの極に交互に位置づけていくこれらの語りは、紛争経験者という立ち位置に立つ人間が、そうでない人間を目の前にして、いかなる社会交渉をもとうとするのか（あるいはもたざるを得ないのか）を示している。そこにあらわれているのは、異なる複数の社会的立ち位置をもつ二者のあいだの権力関係と、その権力関係に介入したり、それを転覆するための実践なのである。

長期紛争の経験を〈部外者〉に対して語ろうとすることは、対話者側の理解可能性の境界線をねらって投げかけられるひとつの賭けである。聞き手であるわれわれは、自身の理解能力や世界認識が危うくされる領域に足を踏み入れながらその賭けを受けねばならない。接触領域における対話とはそのようなものでしかありえず、そして以下の章で本書が焦点をあてていく記憶とは、いずれもそうした接触領域においてはじめて浮かび上がってくるものである。

リクールによれば、物語を編む営みを「創造的模倣」と呼ぶとき、それは既存の何かをコピーしたり、その模造品を作ることではない。ある物語を編むことによって、その物語自身が模倣する対象であるような人間経験ないしは現実の姿を、新しく指し示し、同時に創りだすことなのである（Ricœur 1983 = 1987）。そして生の経験についての物語は、語り手が話しはじめたその時点から明瞭で完成された意味をもっているとは限らない。時として「新しい種類の物語」は、経験を語り・聞くという相互行為をマクロな社会背景に位置づけ、解釈するプロセスのなかで、遡及的に発見されていくものなのである。

第三章　社会的・歴史的背景

「はじめに」に述べたとおり、北アイルランドはアイルランド全三二州のうち、イギリス連合王国の領土である東北部六州すなわちアントリム、ダウン、アーマー、(ロンドン)デリー、ティローン、ファーマナーをさす語である。アイルランドは古来より四つの地方、アルスター、マンスター、コナハト、レンスターに区分され、とりわけ一二世紀にはじまるノルマン王朝の時代には上記四地方が重要な統治区画となっていた。北アイルランド六州はいずれもアルスター地方に含まれる。アルスター地方の残り三州であるモナハン、キャヴァン、ドニゴールはアイルランド共和国に含まれる。

北アイルランドが現在の六州となったのは、一九二〇年にアイルランド統治法が制定され南部の自由国化が決まったさい、この分割線をとる場合にかぎり、連合王国に残留する土地でプロテスタントが多数派を占めえたからである。アイルランド分割は、一九世紀から激しさを増すアイルランド民族運動と、何があってもイギリス連合王国とのつながりを保とうとするユニオニズム(連合継続主義)運動との対立が、けして解決しうるものではないと見たイギリス政府による妥協策だった。すなわち北アイルランドは当初より、東北部アイルランドのプロテスタントが少なくとも自分の住む土地においては支配力を維持できるよう、人工的に作りだされた場だったのである。現在、南北アイルランド統一を主張するアイルランド共和主義者が「北アイルランド（Northern Ireland）」ではなく「北部アイルランド（the North of Ireland）」ないし「六州（the Six Counties）」という語を使うとき、そここにはイギリス政府と北アイルランドのプロテスタントによるこうした歴史的所行に対する強い抵抗・批判意識が込められている。

場所の呼び名が異なる歴史意識や民族意識を示している例は他にもある。たとえば北アイルランド第二の都市の公式名称は「ロンドンデリー」だが、これは一七世紀前半にブリテン島からアルスター地方への大規模な植民があったさい、ロンドン出身の商人らがこの都市を拠点としたことからついた名である。端的に言えばイギリスによるアイルランド植民地支配のなかで生まれた名なのだ。したがってカトリックの住民は、「ロンドン」の語を取りのぞき「デリー」とのみ呼ぶ傾向にある（プロテスタントの地元住民も、たんに長い名を避けるという理由で「デリー」の語を使うこともあるが）。これらは、日常会話のなかで特定の場所を話題にする一言のなかにも、「自分が何者であるのか」という自己表明、あるいは「自分はその土地の歴史・土地をどのように認識しているのか」という政治的立場が示されることの好例である。

また上の二つの例は、北アイルランドの分断が日常生活のすみずみにまで浸透し、何世紀にもわたる歴史に根を下ろしていることの証左でもある。本章では紛争の背後に横たわる社会構造や、数百年をさかのぼる歴史の記憶について述べていくことにしよう。それら背景情報をおさえることにより、次章以降で検討していく語りの内容をよりよく理解できると思われる。

第一節　北アイルランドにおける宗派と政治・民族意識

一九九八年の聖金曜日合意の三年後におこなわれたセンサスにおいて、北アイルランドの人口は一七〇万弱となっている。イギリス連合王国の人口全体の三%にやや満たない数字である。宗派統計では、アイルランド国教会や長老派教会などプロテスタント系宗派の合計が五三・一%、カトリックが四三・八%、「その他」の回答が〇・四%、「無宗教」が二・七%であった(1) [Northern Ireland Statistics and Research Agency 2002]。

このようにカトリックとプロテスタントは現在もなお北アイルランドにおける最大の宗派集団を形成している。この土地における暴力の応酬も、やはり常に「プロテスタント」「カトリック」の区分と関わってきた。ゆえに北アイルランド紛争は「宗教戦争」であるとも言われる。だが理解しておかなくてはならないのは、この地におけるプロテスタント/カトリックが、イギリス系/アイルランド系という区分とほぼ重なるものとして機能してきたことである。日常会話において「プロテスタント」「カトリック」という言葉が用いられたときは、おおむね宗教性というよりは民族性の意味が強い。これは人びとの生活圏に入りこんで調査をおこなった研究では広く共有された見方である。たとえば一九八〇年代に西ベルファスト北端のカトリック地区で調査をおこなったジェフリー・スルカは、カトリックという語を「自身をアイルランド系だと考える北アイルランドの人びとをさす民族的な呼称」としている [Sluka 1989: 78]。そして二つの宗派区分は、北部六州のイギリスとの連合継続を支持するのか、あるいはアイルランド共和国との統合を支持するのかという政治姿勢とも関連する。さらに、ある人が二つの宗派の「どちら」であるかという問題は、信仰や宗教実践に関わる領域をはるかに超えて、その人が何者であり、どのような社会関係に生き、現在の社会と歴史をどのように見ているかに関わるもっとも重要な指標でありつづけている。

歴史的には、イギリスによるアイルランド植民地支配の過程が、宗教改革の後のプロテスタントとカトリックの権力抗争と交錯しながら進行した結果、イギリスとのつながりを保ち続ける支配階級であるプロテスタントと、その支配を受ける現地人であるカトリック、という構図が形成されたという事情がある。もちろんプロテスタント諸宗派、とくにイングランド国教徒とスコットランド由来の長老派は異なる階層を形成していたのだが、大まかにいってカトリックはプロテスタントの「さらに下」に位置づけられていた。そして一九世紀末から高まりを見せるアイルランド独立運動のなかでは、プロテスタントの多くは自らが「イギリス人」であると主張することをもって独立反対の立場をとり、連合継続を主張するユニオニストとなっていったのである。

以上の経緯から、現在でもプロテスタント住民は北アイルランドがイギリス連合王国にとどまるべきと考える傾向にあり、民主ユニオニスト党、アルスター・ユニオニスト党などを支持することが多い。一方カトリック住民は、北アイルランドはイギリスではなく本来アイルランドに属するべきと考える傾向にある。アイルランド問題・北アイルランド紛争の文脈で「ナショナリスト」といったとき、それはもっぱら「アイリッシュ・ナショナリスト」をさす。カトリックのなかには、統一アイルランドの実現を党の綱領とするアイルランド共和党シン・フェイン（ＩＲＡの政党部門）を支持する者も多いが、必ずしも南北統一を謳わず議会政治を通じた宗派間平等の実現をめざす社会民主労働党（ＳＤＬＰ）の支持者もいる。だが後者の支持者がほぼカトリックであるため、メディア報道などでは両政党はともに「ナショナリスト政党」と呼ばれることが多い。これは本来政治的立場を示す「ナショナリスト」という語が宗派区分であるカトリックをさすものとして用いられている例ということになる。

このように宗派出自、民族、政治的立場が重なり合って住民集団が大きく二分されているような状況は、本書でも見ていくように紛争の暴力を背景として生まれてきたものであり、また逆に紛争を長期化させた要因の一端でもある。この二元的な把握には大きな問題があること、そして宗派集団内部にも多様性があることが指摘されているが［Jarman 1997; Bryan 2000］、現状としては北アイルランド住民の多くが、プロテスタント－イギリス系－ユニオニスト、ないしカトリック－アイルランド系－ナショナリストの「どちらか」のカテゴリーに当てはめる形で自己や他者を認識している。

また、ユニオニストとナショナリストと類似の意味をもつ語として用いられるのが、ロイヤリストとレパブリカンである。前者はもともと、自身をイギリス君主の「臣民」であると考える一部のユニオニストをさす語であったが、現在はその「ロイヤル（忠誠）」の対象が何であるかにかかわらず、ユニオニスト強硬派をさす語として用いられる。またレパブリカンはアイルランド共和主義者、すなわちイギリス君主制を拒絶し南部アイルランド共和国との統一を支持する者のことである。これはシン・フェインやＩＲＡの支持者のことであるが、もっぱらナショナリスト強硬派をさす語として用いられる。たとえばプロテスタントとカトリックの武装グループは、それぞれ「ロイヤリスト武装グループ」「レパブリカン武装グループ」と呼ばれている。

では両宗派集団の日常的な生活様式もたがいに異なるのだろうか。たとえば農村部での農作業の行い方、食べ物、料理法、家の調度の整え方、家族・親戚関係のあり方について大きな違いは報告されていない［Whyte 1990: 17］。都市部においては、プロテスタント地区ではほとんど見られないケルトの妖精レプラコーンの人形がカトリック居住区ではよく庭に置かれていたり、外出時や帰宅時に身体につける聖水の容器がカトリック住民の住宅のみで玄関口に設けられていたりと、民族文化や宗派の慣習と結びついた差異はある。また年次行事の習慣は宗派的祝祭や記念行為と結びついているため、やはり大きな違いがある。けれどもそれ以外の衣食住にまつわる生活様式一般については、宗派ごとの差異はあまりない。

言うまでもないが身体的特徴から両者を区別するのは不可能である。訛りにも大きな違いは見られない。あるプロテスタントの調査協力者は「私たちはイングランドの訛りに近いけど、カトリックの人たちの訛りはダブリンのに近いと思いますよ」と言ったが、これに同意するイングランド出身者、ダブリン出身者は少ないであろう。北アイルランドにおいては宗派を問わず、スコットランドの影響の強い独自の訛りと方言が話されている。ただし、町や村によってさらに細分化された訛りや方言があるのも確かであるため、町・村レベルで宗派の分住傾向が見られる状況下にあって、若干の訛りの傾向が宗派ごとに見られることは否定できない。都市部の居住区で、その政治経験のために独自に発達した語彙もある。しかし、いずれにせよ訛りや語彙などの「話し方」は、万人を二分化できるような指標としては機能しない。名字や名前においては、アイルランド系、イギリス系の傾向があるが、これもあらゆる名・あらゆる個人には当てはまらない。

実のところ、ある個人が「カトリック」であるか「プロテスタント」であるかは、生まれ育った地区によって判断されることが多い。一九八〇年代まで顕著であったと言われる就職にさいした宗派差別について、カトリックの調査協力者の複数名が、「面接に行くと、どこどこの通りの出身ですと言ったとたんに、そうですか、じゃあお帰りくださいとなるパターンばかりだった」という趣旨の発言をしている。これは宗派による就職差別をめぐる一つの定型の語りにもなっている。逆に言えば、生まれ育った地区以外から、誰がカトリックで誰がプロテスタントであるかは判別できないのである。

けれども身体的特徴にせよ訛りにせよ「カトリックはこうである」「プロテスタントはこうである」という発言は、とくにカジュアルな会話のなかでは日常的に聞かれるもので、これは北アイルランドでは「言い当てる／区別する（telling）」と呼ばれる。ウィリアム・ケレハーは、「カトリックの女の子は小柄でプロテスタントの女の子よりかわいらしい。プロテスタントの男は背が高くがっしりしていて、カトリックの男より格好がよい」という物言いが、調査先の街のカトリック地区でよく聞かれるものだとし、これを、たがいの類似性を意識するがゆえの差別化の行いと論じている［Kelleher 2003: 11-17］。これはアルジュン・アパデュライ論じるところの「ささいな違いについてのナルシシズム」と民族分断の交差であるとも言えよう［Appadurai 2006=2010: 18］。

第二節　分住と社会分断

2・1　労働者階級地区における分住とインターフェース

一九八〇年代半ばから後半にかけてベルファストで調査をおこなったアレン・フェルドマンは、やはり北アイルランドにおける「カトリック」「プロテスタント」が民族区分であり、宗教性や教会への所属に関わるものではないと述べ、さらに次のように続ける。「『ロイヤリスト』と『レパブリカン』は一般的に、個人や場所の政治的な付置を示す語である」［Feldman 1991: 11］。注目に値するのは、ロイヤリスト、レパブリカンが人のみならず「場所」を示す語である、ということである。プロテスタント、カトリックの語についても同様である。北アイルランド紛争の記憶の検討において、空間性と場所の身体経験を視野に入れなくてはならない理由が、まさにここにある。

北アイルランドは社会生活・私生活がプロテスタントないしカトリックという宗派集団の内部で営まれる「分断状態（segregation）」が幅広く観察される社会である。各宗派の人びとが別々の居住区に住む「分住」とでも言うべき状況は重要な一側面である。二〇〇〇年代前半において北アイルランド全体のカトリック、プロテスタント人口のうち三五％から四〇％が、住民のほぼすべてが片方の宗派である地区に暮らしていた［Hewstone et al. 2004: 1］。分住傾向はとくに労働者階級地区で強い。

労働者階級地区で宗派分断の傾向が強い要因として、一つに、かつては宗派間の経済格差・福祉格差、あるいはその是正政策の影響を顕著にこうむるのが低所得層であったという事情がある。たとえば格差是正を求めるカトリック公民権運動は一九六〇年代から盛り上がりを見せるが、一つの争点となったのは公営住宅の割当の不平等性をめぐるものだった。高所得層に比べ公的福祉に頼る機会の多い労働者階級の住民は、行政システムに内在する不平等の構造を実感することが多かったものと思われる。逆に、公的福祉や就職機会等におけるプロテスタント優遇体制が解体されていく経緯は、とくにプロテスタント低所得層にとって大きな変化として感じられ、その反発をも招いたのである。

分住傾向は北アイルランドの歴史のなかで、暴力のひとつの帰結として、緩急をまじえつつも次第に強まってきた。一九二〇年代前後のアイルランド分離・独立にまつわる混乱のなかで北部アイルランドは熾烈な宗派間暴力を経験し、このときに一つの分住化のピークがあった。[2] その後いくつかの危機的な時期を短期的に経験しながらも、一九六〇年代のなかばまでは比較的緊張の低い時期が続いたが、一度宗派ごとに居住区がわかたれてしまうと、混住状態はすぐには回復されなかった。第四章第二節で詳細をみるように、その後一九六〇年代後半以降の紛争初期には、きわめて大規模な分住化が見られている。

この分住化の過程によって両宗派居住区の境界線の物理的・心理的存在感はしだいに強化されていった。これら境界線をインターフェース（接触面・界面）と呼んで、緊張・衝突・暴力の潜在する場としてみる動きは、一九七〇年代から学術界・メディアにおいてあらわれてくるようになった［佐藤 2014: 10］。インターフェースの多くは特定の通りであり、そこを境に住民の宗派の傾向が大きく変わるような地図上の〈線〉である。インターフェースは、住民衝突（riot、「暴動」とも呼ばれる）がもっとも頻発する場所であり、紛争の激しい時期には夜ごとに双方から住民らが集まり、罵声を浴びせあい、石や火炎瓶を投げあうような事態となったと言われる。かつては銃撃戦が交わされることも多かったという。インターフェースに近い住居は暴動のなかで真っ先に焼き討ちや襲撃の標的となった。

アレン・フェルドマンによれば、インターフェースから離れて各居住区の奥に広がる領域は、単一の宗派的・民族的・政治的傾向に占められ、〈相手側 the other side〉の影響や襲撃の手が届かないある種の〈聖地〉と呼びうるものである［Feldman 1991］。各宗派の巨大居住区の奥地は、この〈聖地性〉ゆえに武装グループの活動拠点でもあった。レパブリカン武装グループの代表格であるＩＲＡが最大の活動拠点とするのは、西ベルファストに広がる大きなカトリック労働者階級地区フォールズである。また、ロイヤリスト武装グループの主要な二組織、アルスター防衛同盟（Ulster Defence Association, UDA）とアルスター義勇軍（Ulster Volunteer Force, UVF）は、東ベルファストの広大なプロテスタント労働者階級地区、およびフォールズの北に広がるプロテスタント地区シャンキルを重要拠点としている。

武装グループにはそれぞれ異なる歴史的背景があり、たとえばＩＲＡはそのルーツを独立戦争と内戦の時期にまで遡る。(3) けれどもＩＲＡを含め、武装グループは概して紛争初期に宗派間暴力が激化した状況を受けて結成ないし再組織化されている。この背景には労働者地区における自警団の発達も関与している。一九六〇年代末から一九七〇年代前半の紛争初期においては、カトリック・プロテスタント地区間の緊張がきわめて高く、社会に一触即発の雰囲気が高まっており、激化する住民間暴力のなかで警察機能が麻痺状態に陥っていた。そうした状況下で、各地区が自衛手段として組織していった自警団が、旧来の政治的武装グループと結びついたり、あるいは自身が武装グループ化していくという経緯である。自警団が武装グループ化した例としてはＵＤＡ（アルスター防衛同盟）がある。いずれにしても双方の宗派地区において、自警団は武装グループと交流があり、メンバーにも重なりがあった。各々の武装グループの構成員となるのは、ほとんどが拠点や支部が置かれている労働者階級地区の住民であった。青年が夜に友人と地区内のパブに飲みに出かけ、武装グループにリクルートされるという事態がよく起きていたことが、次章以降の語りのなかで見えてくるだろう。

さて、労働者階級地区では顕著に見られる分住傾向であるが、逆に中産階級以上の富裕層や専門的職業につく人びとが暮らす地区では、プロテスタントとカトリックが混住していることが多い。彼らは郊外に大きな家を建てて住む傾向にあるが、これらの地区ではその混住状況のため宗派的な地理上の〈境界〉がはっきりしない。また日頃の隣人関係が必ずしも宗派で分断されていないため、そもそも住民衝突が起こりにくい。ゆえに都市部におけるインターフェースは、ほぼ労働者階級地区にしか見られないといってよい。

全般的にみて、同じベルファストの住民であっても紛争における暴力の経験は階級によって大きく異なっていた。郊外に住む中産階級以上の住民は、市の中心部にある労働者階級地区の人びとに比べ、早くから自家用車を持っているためバスジャックに出会う機会も少なく、武装グループの拠点から離れているためガサ入れを経験することもほとんどなく、銃を構えたイギリス軍兵士に出くわす機会も少なく、紛争の三〇年を過ごしたといえる。

2・2　社会的分断

分住状況は宗派間の婚姻が少ないこととも関連している。一九九〇年代初頭の時点で、カトリック家庭に育った人間とプロテスタント家庭に育った人間のあいだの結婚は、全体の三％から一〇％であった。この割合は二〇〇〇年代後半にも大きく変化していない［Leonard 2009］。多くの人びとにとって、家族や近しい親戚との関わりのなかで別宗派の人間と交わる機会は非常に限られていた。

教育も宗派で分かれている。初等・中等教育について、プロテスタントの子の多くはイギリス式教育の公立学校に行くが、カトリックの子の多くはカトリック教会が経営する私立学校に通う。その後大学に進学した者は他宗派の人びとと並んで教育を受ける機会をもつが、大学に進学しなかった者は他宗派のクラスメートをもつ経験をしないまま育っていく。また公立学校とカトリック学校は異なるカリキュラム傾向をもつ。たとえばアイルランド語は多くのカトリック学校で必修だが、公立学校では教えられないか、あるいは「外国語」のひとつとして履修の選択肢が与えられているにすぎない。また体育教科では、公立学校では「イギリス由来」とされるクリケットやラグビーがプレイされるのに対し、カトリック学校ではゲール文化のスポーツとされるアイリッシュ・ホッケーをプレイする、といった具合である［Hennessey 1997: 245］。こうした違いは、子どもたちが学校に通うなかで自然に育てていく民族意識にも影響していると考えられる。多様な背景の子どもたちが通える統合学校の必要性は長く論じられてきており、一九八一年に第一校目が設立されて以降、しだいに数を増やしている。しかし二〇〇〇年代前半の時点で、統合学校に通う子どもたちは児童人口全体の五％以下にとどまる［Hayes et al. 2007］。

職場についても教育ほどの分断は見られないが、たとえば公務員など伝統的にプロテスタントが多い職種がある。とくに顕著なのは警察である。一九九八年合意以前の北アイルランド警察、王立アルスター警察隊（Royal Ulster Constabulary, RUC）は、一九九四年の時点において九〇％の構成員がプロテスタントであった［Jacobson 2000: 186］。この偏りは警察行動全般をプロテスタントに親和的なものにし、それがカトリックの不信をまねいて、紛争が長期化する一つの要因ともなった(4)。また、企業主は自分と同じ宗派の人間を雇用する傾向にあるが、大企業の場合はその影響が産業内の被雇用者の割合に大きく影響する。たとえば一九七〇年代まで北アイルランドの花形産業であった造船業界の労働者は、ほぼプロテスタントに占められていた。

このように多方面で広がった分断のため、たとえば一人の人物がプロテスタントの家庭に生まれ、プロテスタントの隣人に囲まれ、親戚づきあいのなかではプロテスタントの人びとと交わり、生徒のほとんどがプロテスタントである学校でイギリス式のものに近い初等・中等教育を受け、プロテスタントと結婚し、仕事後に訪れる地元のパブやクラブでもプロテスタントの人びとと交わる、といった例が数多く見られてきた。一方、カトリックの家庭に生まれた人物については、完全に裏返しの状況が見られることになる。このように日常生活の大半が同じ宗派の人びととの接触のみで成り立っている状況のなか、紛争観や歴史観、政治意識について宗派ごとに大きな違いが育ってきたのである。

もちろん、上に触れた統合学校をはじめとして、社会分断を打開しようという試みは紛争中から見られてきた。一九九八年の和平合意以後は、EUから下りる「平和基金」のためもあり、異なる宗派の人びとのあいだに交流を作り出そうとする草の根の活動〈クロス・コミュニティ活動〉は活性化した。けれども、〈平和と和解〉のフレーズで呼ばれるこれらの活動は、えてして現状の社会分断に確固とした危機意識をもつ人間が参加するものであって、多くの人びとの日常生活に根ざすものとはまだなっていない。北アイルランドにおける伝統的な〈民族カテゴリーとしての〉「カトリック」「プロテスタント」の枠を超えて、かつそれ以外の多様な出自の人びとも含めて住民間に自然かつ親密な関係を築いていけるような機会は、紛争中も今も限られたものとなっている。

2・3　ベルファスト労働者階級地区の風景

北アイルランドの都市部で特徴的なのは、住民分断がきわめて身体的かつ可視的に経験されることである。第一章第四節で各宗派の居住区をわかつ壁、〈平和線〉について触れたが、この平和線と川・緑地、バイパス等の存在と、住宅や通りの配置のためもあって、ある宗派地区から隣接する別の宗派の地区へとつながる道が限られていることが多い。そして各居住区では、そこが「どちらの」テリトリーであるのかを示すサインをいやおうなしに目にすることになる。ここでは、そうした風景と場のありようを、東ベルファストの小さなカトリック地区ショート・ストランドと周辺のプロテスタント地区を例に見てみよう。

ベルファストのバス経路はその多くが市の中心部から外側に向かって放射線状に延びる。わたしが東ベルファストやショート・ストランドに向かうときも、いつも市庁舎の前からバスに乗る。市庁舎のすぐ東を流れるラガン川沿いは紛争後の再開発が急激に進むエリアで、観光・娯楽施設や真新しいガラス張りのオフィスビルやホテルが立ち並ぶ。

だがラガン川にかかる橋を渡り終わり、河岸に高層アパートメントの建ち並ぶエリアを過ぎると様子が変わる。視界を占めるのは煉瓦造りの二階建ての建物群である。家々は小さく密集している。古くからの地区コミュニティがあるエリアだ。市庁舎の北側を伸びるニュートナーズ通り沿いにこのエリアに入っていくと、まず右側には柵があり、緑が公園のように茂っていて、中の様子はうかがえない。いっぽう左側は、煉瓦造りの住宅街に入っていく小道がいくつも開けている。この左側の居住区は、東ベルファストのプロテスタント地区の一部で、港湾の近くであることから「ドック（dock）」と呼ばれることもあるエリアである。そして右側の居住区が、巨大プロテスタント地区である東ベルファスト内の宗派的飛び地であるカトリックのショート・ストランドである（図3・1）。

ニュートナーズ通りの北側は、家々の壁面に描かれたいくつもの巨大な絵で彩られている。ベルファスト都市風景の名物、政治壁画（ミュラル）である。分住が顕著な労働者階級地区でよく見られ、プロテスタント、カトリック両地区の街頭文化である。プロテスタント地区で壁画に描かれるのは、ベルファストがイギリスの一地域として栄えた歴史や、イギリス王族の肖像、あるいはユニオニズム運動の歴史などである。七〇年代まで造船労働者を多く出していた東ベルファストではタイタニック号の壁画も数多く見られる。一九一二年の処女航海で悲劇的な最期を迎えた有名なタイタニック号はベルファストで建造されたのである。

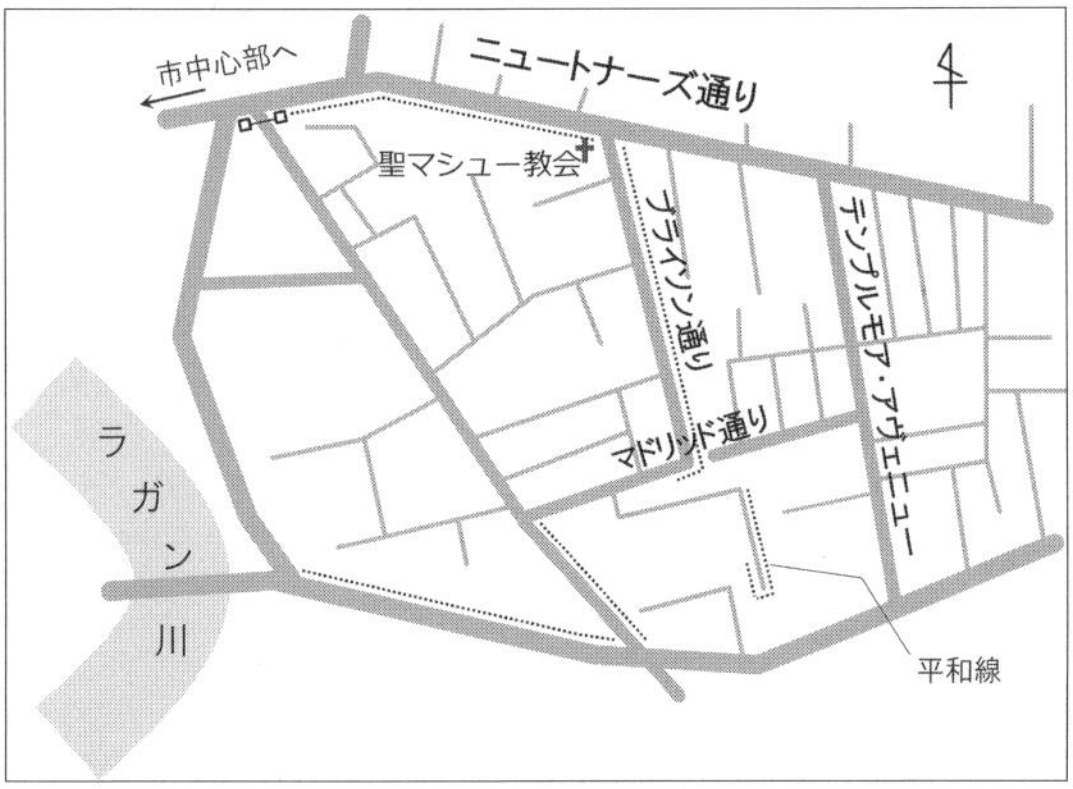

図3.1　ショート・ストランド近辺の地図。

図3.2　タイタニック号を描いた壁画（ニュートナーズ通り）。2012年。

図3・2の壁画を通りすぎて少し行くと、赤い拳のまわりに「UDA」「一九七二」「東ベルファスト部隊」などの文字や、銃を手にする覆面の人物を描いた壁画が数十メートル続く（図3・3）。赤い拳はケルト神話に起原をもつアルスター地方の象徴だ。UDAはロイヤリスト武装グループのアルスター防衛同盟、「一九七二」はUDAの東ベルファスト部隊が結成された年である。このように武装グループをモチーフにした政治壁画も多い。

壁画を描いているのはたいていの場合、地区に暮らすアマチュアの「壁画描き」である。大衆のストリート・アートであるがゆえに、壁画の歴史については不明瞭な部分も多い。けれどもベルファスト労働者階級地区では、二〇世紀なかばには街頭装飾として壁画を描く習慣がすでにあったと考えられている。それが一九七〇年代の初め、分住が深刻化し紛争が長期化するころから、今日のように政治アイデンティティをはっきりと打ち出すもの

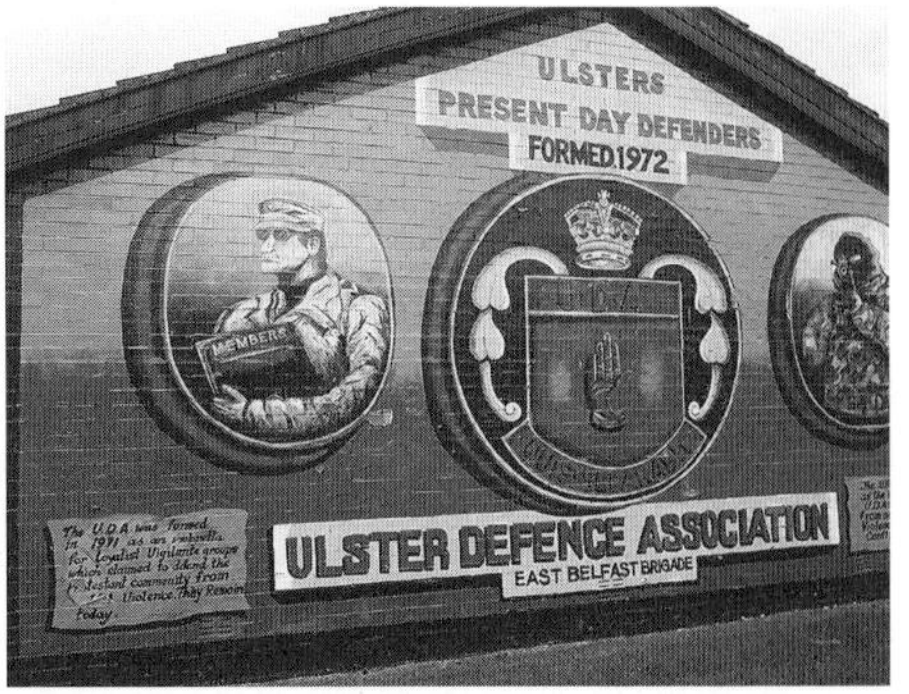

図3.3　アルスター防衛同盟の壁画の一つ（ニュートナーズ通り）。2012年。

図3.4　ガートルード・スター・フルート楽団の壁画。2014年。

になっていったという［Rolston 1991］。攻撃色の強いモチーフが多いが、近年は政治壁画がベルファスト独自の都市風景として有名になっているので、北アイルランド芸術委員会などは〈和平と寛容〉と〈地方独自の芸術文化〉の二つの理想のはざまで苦心しつつ壁画文化を後援している。[5]

ニュートナーズ通りからテンプルモア・アヴェニューを南に入ると、ショート・ストランドのすぐ外側のプロテスタント地区にあたるエリアだ。図3・4の壁画は、地元のフルート楽団の結成五〇周年を記念するものである。七月に催されるプロテスタントの祝祭・ボイン戦記念パレード（後述）を晴れ舞台とする地区楽団は、プロテスタント労働者階級地区に数多く見られ、地元の子どもたちや青年らの文化活動と交流の場となっている。壁画のなかには、はっきりと政治的メッセージを打ち出すものばかりではなく、このように地区の文化や風景をモチーフにするものも多い。

ところで図3・4の壁画の下に目を向けると、敷石がうっすらと三色に色づいている。赤・白・青、つまりイギリス国旗の三色である。これも北アイルランドでよく見る光景である。街灯柱などが同様に三色で塗り分けられることも多い。なおカトリック地区では逆にアイルランド国旗の三色、橙・緑・白が使われる。「この土地に住んでいるのはイギリス人

図3.5　ショート・ストランド北辺の柵の内側。2014年。

／アイルランド人である」ということは、このように壁画のみならず多様な街頭装飾によってマーキングされる。ただしプロテスタント地区シャンキルに暮らす男性によれば、敷石の塗り分けに限っては「時代遅れの風習」とのことである。図3・4の敷石のペンキもしばらく塗り直されておらず、半分はげかかっている。政治文化にも流行り廃りがあるようだ。

さて、先ほど見たようにニュートナーズ通りの南側は緑地と柵で被われ、すぐには住宅街に入れないようになっていた。柵の向こうがカトリック地区ショート・ストランドである。柵のはしには一つだけゲートが設けられており、ショート・ストランドへの北側からの入り口は、このゲートと東のブライソン通りの二ケ所のみである。北側のプロテスタント地区がニュートナーズ通りに通じるいくつもの小さな道をもっているのとは大きな違いである。こうした柵も、住民間の緊張が高まりを見せていた時期、カトリック・プロテスタント間の接触を防ぎ、暴動を起こさせない目的で作られたものである。つまり小規模な〈平和線〉なのだ。このゲートは現在常に開いた状態となっているが、柵そのものはすぐには撤去されないだろう。住宅地のデザイン構造の一部となってしまっているからだ。

図3・5は柵の内側を撮った写真である。通常、大通り沿いの住宅は玄関が通りに面するように建てられており、現に向かいのプロテスタント地区ではそのような構造となっている。そしてショート・ストランド側でも、方角のみで言えば住宅はニュートナーズ通りに面している。けれども住宅とニュートナーズ通りは柵と木々で完全に遮られている。北側のプロテスタント地区からの暴徒が容易に入り込めないようになっているのだ。さらに

窓の外には金属製の網が貼られている。ガラスを割っての襲撃に対する防御対策である。インターフェースの住民が生きてきた生活の緊張感は、このような光景からも片鱗をうかがい知れる。

この地区の住宅そのものはプロテスタント地区と変わらない。ただし通りのはしに記されている通り名が、二カ国語表記となっている（図3・6）。これはやはりカトリック地区である西ベルファストのフォールズや、北ベルファストのアードインでも見られるものである。

アイルランド語を母語とする人は現在の北アイルランドにはほとんどいない。アイルランド共和国の公用語はアイルランド語と英語の二語だが、主要言語は英語で、アイルランド語話者は全人口の一〇%以下である［福岡 2006: 71］。一九世紀初頭までにアイルランド語はほぼ英語によって駆逐された。しかし現在も民族意識のよりどころとしての意味合いは強い。カトリック地区では住民向けのセミナーでアイルランド語を学ぶ人も多い。対してプロテスタント地区ではアイルランド語に興味を示す人が従来ほとんどいなかったが、二〇一四年、東ベルファストのプロテスタント地区でアイルランド語教室を開いている人に話を聞くことができた。北アイルランドに生じつつある変化のあらわれと言える。

図3.6　二語表記の通り名。2012年。

ショート・ストランドの風景に話を戻そう。この地区でも数多くの壁画が見られる。プロテスタント地区ではイギリス連合王国との共有の歴史などを主張する壁画が多かったが、こちらでは二〇世紀初頭のアイルランド独立運動や、一九六〇年代のカトリック公民権運動などがモチーフである。ＩＲＡやアイルランド民族解放軍（Irish National Liberation Army, INLA）など武装グループ・メンバーを描いた壁画もある。プロテスタント地区では、家々の窓や街灯など

図3.7　ショート・ストランド南東端の〈平和線〉。2012年。

にイギリス国旗が掲揚されていたのに対し、ショート・ストランドの町並みでしばしばはためいているのはアイルランド国旗である。

マドリッド通りを西から東に向かうと、地図上ではそのまま東に突き抜けられるはずの道路が、途中でレンガの壁と鉄条網によってふさがれている（図3・7）。ショート・ストランドと隣接するプロテスタント地区をわかつ〈平和線〉である。わたしが二〇一四年に居候していた家の女性の話によると、レンガの部分は紛争初期に建てられ、最近になって――ここ一〇年か二〇年くらいだっただろうか、と彼女は言った――鉄条網の部分が付け加えられたのだと言う。住民間で緊張が高まるような事態があったときには、この平和線を境に今でも「衝突」が起こる。壁をまたいで石、ゴルフボール、ごみ、時には火炎瓶などが投げ込まれてくるのだという。それはたとえば、政府がプロテスタント、カトリック社会どちらかの利害を侵害するような政策をしこうとした時である。二〇一二～一三年のイギリス国旗ベルファスト市庁舎掲揚問題はその一例であった[6]。この例からもうかがえるように聖金曜日の和平合意から一五年が経過してのち、いまなおインターフェースでは、宗派間緊張が高まりを見せては収束するという状態が継続中なのである。

第三節　北アイルランド紛争における暴力の分布と多様性

紛争における暴力は、北アイルランド社会に住むあらゆる人びとのところに同じように訪れたわけではない。

そもそもひとことで「暴力」と言っても、その内容や性質、加害主体はさまざまである。特定の地理的特徴をもつ地区において高頻度で経験される種類の暴力もあれば、特定の社会的カテゴリーの人びとに集中するたぐいの暴力もあった。このような暴力の多様な性質を本節では大まかにまとめたい。

3・1 「紛争の対価」——死者の分布

第一章で触れたように、一九六九年以降の北アイルランド紛争における死者の数は三六〇〇人以上と言われる。[7]この数字は一七〇万人弱という北アイルランドの人口規模を考えれば、さほど大きくないものに見えるかもしれない。だが、親や子ども、姉妹や兄弟といった直近の家族を亡くした人数はこの数倍になる。さらに祖父母、おじ・おば、あるいは近しい友人や隣人を亡くした人びとをも数えるなら、「死者の関係者」の数は優に数十倍にまでふくれあがるだろう。そのように考えるなら、北アイルランドにおいて政治暴力を身近に見てきたのは、けして限られたごく一部の人びとではない、ということになる。

もちろん紛争の物理的暴力の被害者となったのは死者だけではない。だが北アイルランド紛争のなかで死亡した人びとの包括的なリスト作成を志した「紛争の対価」プロジェクトの研究者チームによれば、負傷者と死者の数は三〇年の間、前者が後者の一〇倍前後になるという割合を保ったまま推移しているという［Smyth and Hamilton 2003: 18］。ゆえに死者の数から死傷者全体の数を推しはかることが、ある程度可能なのである。また死が日常のなかに遍在しているという感覚がどのような背景をもつ人びとに共有されてきたのかということも、死者の分布から推測することができるだろう。

「紛争の対価」プロジェクトは、死者・負傷数のピークが一九七〇年代、とりわけその前半にあったとしている。死者の半数は一九七一年から一九七六年にかけて死亡している［ibid: 19］。そして死者の半数以上は軍・警察関係者でも武装グループのメンバーでもなかったと考えられる市民である。三割が兵士ないし警官で、そのうち半数は北アイルランドの外から来たイギリス軍兵士である。武装グループのメンバーは全体の一五％ほどで、うち一二％強がレパブリカン、三％がロイヤリストである。

年代別でみると、死亡者は若い世代に多い。五歳区切りで換算すると、二〇歳から二四歳が最大の年代グループで、二五歳から二九歳が二番目、一五歳から一九歳が三番目に多い年代グループとなっている。さらに、死者の九割は男性である。イギリス軍兵士や武装グループメンバーの多くが一〇代から二〇代の男性であったこと、あるいは武装グループと関わりのない市民の場合にも「潜在的戦闘員」と見なされるこの年代の男性が標的となりやすかったことが背景にあると考えられる。

地域差も大きい。ベルファストでは人口千人あたりの死者が四・一三人で、北アイルランドのなかでもっとも死者・負傷者が集中している [ibid: 27]。なかでも労働者居住区、とくにプロテスタント地区に周囲を囲まれた小さなカトリック地区での死者数が多く、たとえば北ベルファストのアードインでは人口一万人足らずの居住区から九八名の死者が出ている。百人に一人弱の割合である [Ardoyne Commemoration Project 2003]。またアイルランド共和国との国境に近い町アーマーや、〈血の日曜日〉など紛争史の節目となる事件があったデリー市も死者・負傷者を多く出している。

3・2　プロテスタント地区・カトリック地区における暴力の性質

宗派別では、死者の四割以上が北アイルランド出身のカトリック、三割がプロテスタントとなっている。カトリック人口がプロテスタント人口よりも少数であることを考えると、犠牲者はカトリックにより集中しているようにも見える。だが軍の地元部隊や警官のなかに宗派が「不明」となっている死者も一定数おり、彼らがプロテスタントであった可能性は高い。概して言えば、カトリック地区においてもプロテスタント地区においても暴力的な経験は見られたが、その性質や政治的背景には差異がある。紛争の記憶の断絶が語られ、和解が容易ならざるものとされるゆえんである。

まずカトリック地区においては、軍や警察の治安維持作戦にともなう暴力の記憶が強い。軍・警察との交戦中に死亡した武装グループ関係者もいるが、単に銃撃戦に巻き込まれて死傷した者もいる。とくに後者に関しては、その加害責任に対する軍・政府当局の追求姿勢の甘さが、権力濫用や不正の記憶となって強く残っている。また、武装グループ関係者を探し出すための軍・警察の日頃の捜査活動も、カトリック地区では暴力的に展開された。たとえば特別拘禁制度（インターンメント）の記憶は中高年のカトリック地区の住民たちの間に今なお明瞭に残っている。この制度は正式な公判手続きを踏まずに容疑者を逮捕・拘束できる権限を軍・警察に与えるもので、北アイルランド成立以降、共和派武装活動が高まりを見せるたびに発効された。なかでも一九七一年の八月にこの特別拘禁制度にもとづき展開された作戦では一晩で三五〇近くもの逮捕者があった。しかし、うち三分の一はＩＲＡメンバーであるとの証拠がえられず二日以内に釈放されている（Hennessey 1997: 194）。

弾薬や武器を見つけるための家屋へのガサ入れの記憶や、街頭での身体検査・所持品検査の記憶も今なお鮮やかに思い出されるものである。銃口をつきつけられながら衣服を脱ぐよう命令されたり、夜間に重装備の兵士が玄関を押し開けて侵入してくるといった経験は、カトリック地区の住民が紛争経験として頻繁に挙げるものだった。(8)

軍・警察の活動がカトリック地区で活発だったのは、彼らと交戦状態になるのがもっぱらレパブリカン武装グループであったためである。そもそもＩＲＡの活動の基盤をなす根本原理は、アイルランドにおけるイギリスの国家統治を認めない、というものであった。この立場から見れば、イギリス当局が軍・警察に治安維持の目的で裁可する銃器の使用はアイルランドの土地内では正当性を認められないということになり、イギリス軍はＩＲＡ

軍にとって単なる〈外国からの侵略軍〉ということになる。それゆえＩＲＡは一九六九年の再組織以来、イギリス軍部隊への攻撃ならびにその活動妨害をおこなってきたのだった。共和主義の支持が強い場所は、軍にとってある種の〈敵地〉であり、そこでは住民はみな潜在的なテロリストないしその支援者と見なされていた。こうした背景のため、カトリック地区ではとくに暴力的で威圧的な捜索活動・所持品検査がおこなわれたのである。プロテスタント地区でも身体検査や家宅捜索がおこなわれなかったわけではないが、頻度は共和主義の本拠地と目されるフォールズ通り近辺に比べると低いものであったようである。

ではプロテスタント地区ではどのように紛争の暴力が経験されてきたのだろうか。メディアにあらわれるユニオニストの論調には、ＩＲＡ等のレパブリカン武装グループの活動への糾弾がやはり多い。イギリス軍の地方部隊であるＵＤＲ兵士や警官および刑務所看守などの国家当局の治安維持にかかわる職種、つまりレパブリカン武装グループの標的となりやすい職種は、近年まで圧倒的にプロテスタントに占められていた。それゆえプロテスタント地区では、ＩＲＡによる暴力の被害者を多く出した。またイギリス国家やその歴史を顕彰するとＩＲＡが見なした行事への攻撃に市民が巻き込まれることも多く、この場合も、参加者の多くはプロテスタントであった。たとえば一九八七年一一月、ファーマナー州の町エニスキレンでの終戦記念式典においてＩＲＡの設置した爆弾が爆発し、一一名の犠牲者を出した。この式典は両世界大戦でイギリス軍兵として戦死したアルスター地方の出身者を追悼するもので、参加者のほとんどはプロテスタント住民だった。この出来事はプロテスタント社会において、ＩＲＡのプロテスタント市民に対する無差別攻撃を象徴的に思い起こさせる事件となっている[Dawson 2007]。またロイヤリスト武装グループを狙った攻撃に市民が巻きこまれる事件も、レパブリカン武装グループの暴力として頻繁に言及される（図3・8）。

以上述べてきたような違いをおさえておくことで、和平や和解、相互理解をめぐる議論がなぜかくも困難で袋小路に入りやすいのか、そして暴力、被害者、正義といった語が、異なる背景をもつ人びとによって、いかに異なる意味で用いられているのかを一定程度理解できるだろう。大まかにまとめるならば、カトリック社会の支配的な言説において紛争の暴力はまずもってイギリス国家当局の手になるものを主にさし、正義とはその体制維持のために見過ごされてきた、あるいは覆い隠されてきた軍・警察による人権侵害を告発し、明るみに出していくことである。対してプロテスタント社会の支配的な言説における紛争の暴力とは、違法に武器を所持・使用することで（主としてアイルランド統一という）自分たちの主義主張を押し通そうとする人びとの行いであり、正義とは彼らに〈和平〉の名目で特別待遇を与えることにあるのではなく、彼らを通常の・現行のイギリス司法制度の枠組みのなかで裁くことにあった、といえる。

図3.8　1975年，シャンキル通りにあるバヤルド・バーをIRAが襲撃し、市民四名とUVFメンバー1名が亡くなった。バーの跡地には現在記念碑が建てられている。2011年。

ただしこれは、暴力の経験の、そしてカトリック、プロテスタント社会それぞれに影響力をもつ紛争観の、あくまで大まかな把握である。より日常的な文脈に目を向けたとき、カトリック・プロテスタント問わず類似の記憶が見られる可能性も高い。日常の記憶に目を向ける重要性の一つはそこにある。

さらに、カトリック地区、プロテスタント地区のどちらかに括られてはいても、それぞれの地理条件によって、紛争経験もその記憶もさまざまに異なっていることに注意しなくてはならない。たとえばベルファスト最大のカトリック地区であるフォールズと、周囲をプロテスタント地区に囲まれた小さなカトリック地区である北ベルファストのアードインや東ベルファストのショート・ストランドのような地区では、紛争の日常生活の記憶としてあらわれるものにも差異がある。後者においては、イギリス軍・警察による〈保安活動〉にまつわる暴力のみならず、住民衝突や相手側の武装グループによる襲撃といった多様な形態の暴力が経験されてきた。たとえば、レパブリカン武装グループが軍・警察・刑務所などに勤務するプロテスタントを殺害した場合、その復讐攻撃としてロイヤリスト武装グループがカトリック住民を無差別に襲撃するといった事件が、とくに一九七〇年代後半から一九八〇年代にかけて見られた。こうした襲撃の被害を受けやすいのは、プロテスタント地区から近い距離に暮らす住民だった。同様に、軍・警察に勤務する者の中でも、IRAのターゲットとして選ばれやすいのはカトリック地区に隣接した場所に住むプロテスタントだった。

また、カトリック地区においてもプロテスタント地区においても公になることが少ないが、むしろそのために深い傷となっている類いの暴力がある。それは〈仲間の手〉による暴力である。たとえば、同じ地区の人間を誤射して死にいたらしめる例や、武装グループが地区住民への制裁として行使する暴力である。先述したように紛争期間中には武装グループが地区の自警役割を担うことも多かった。これは地区に一定程度秩序をもたらすことに確かに貢献したが、一方で私刑的な制裁を数多く生み出した。武装グループ・メンバーが社会的不適合者と見なした地区の若者（武装グループに対して従順でない人間というだけの場合もあった）は、制裁として膝を銃で撃たれたり、ベルファストから出て行くことを命じられたりした。ジム・シェリダン監督の映画「父の祈りを」（一九九三）でこうした場面が描かれているのを記憶している人もいるかもしれない。また、軍・警察や相手側の武装グループに情報を流した疑いで殺される人もあった。こうした暴力は、それぞれの地区のなかで武装グループが一定の支持を得、また支配力を有しているあいだには語ることが難しい性質のもので、犠牲者や遺族は長く沈黙を強いられてきたのである。

第四節　語り手たち

以上、紛争のなかで経験された暴力の多様性や社会的背景について述べてきた。言うまでもないことだが、紛争の経験のありかたは千差万別であり、いかなる研究も調査も多様な記憶のごく一部をすくいとることしかできない。本節では、次章以降の議論の焦点がとくにどのような経験と記憶にあるのか示すため、わたしがいかなる社会的属性と境遇の人びとから多く話を聞き、本書を著しているのかを確認したい。

北アイルランドとの長期の関わりのなかで、多様な背景の個人と話をする機会があったが、本書において焦点を当てているのは都市部、とくにベルファストの労働者階級地区に暮らす人びとの語りである。住民センターやコミュニティ・グループにまずコンタクトをとり、聞き取りに協力してくれる人を探し、その後に知り合いを紹介してもらうなどして協力者の数を増やしていった。いわゆるスノーボール・サンプリング法である。一対一ないし一対二で事前にアポイントメントをとって聞き取りをおこなった人数は約五〇名である。これに加え、道ばたでの立ち話や、イベント、お茶会、食事会での雑談など、日常的なやりとりのなかで多くの人と会話し、多くの発見をえている。

調査協力者のほとんどは、大きな政治的・社会的影響力をもたないごく一般の人びとである。小さな地域コミュニティ内部で指導的役割を担っている人物もいたが、政治家や経済的有力者ではない。しかし、いわゆる〈名もない人びと〉である彼らの語りが紛争とその記憶を理解する上で非常に重要であることは、本章で述べてきた北アイルランド紛争の経緯や性質からも明らかだろう。

調査協力者のなかには女性が多い。それはわたしが最初に調査協力者を見つける手がかりとした住民活動（コミュニティ・ワーク）に女性がより多く参加していたためである。健康や高齢者福祉など生活に直結した課題や、小学校児童の保護者懇談会のような場所では、パート・タイムで働く主婦層や、仕事を引退した女性たちを中心として活動が営まれていた。世代としては一九四〇年代から一九六〇年代の生まれが多くを占める。

これらの条件は確かにデータとしての偏りではあるが、それゆえの利点や観点を本書の分析はもちえていると考える。まず女性への偏りであるが、一般的にみて紛争に関する文献において女性の経験はより見えにくい。社会の関心は、政治家や武装組織の指導的人物、ないし紛争中の死者など、より直接的に政治史や暴力に結びついた人びとに向きがちであるが、政治家や戦闘員の多くが男性だからである。だが当然のことながら、女性が紛争のなかで暴力を経験しなかったわけではない。女性の多くは男性とは異なる形で暴力の影響をこうむり、また暴力に関与してきた。たとえば配偶者を失った女性は、時には子どもを一人で育てるという心理的・経済的負担を負いながら、その出来事がもたらした帰結を数十年にわたって生きなければならなかった。また子育てや家族のための食事の準備などは、暴力的状況のただなかにおいても継続しなければならないものだった。言いかえれば女性たちが関わっていたのは、異常な緊急事態が長期継続する中で日常性を確保していくための作業でもあったわけである。こうした紛争経験に分析の視点を向けるとき、日常生活の記憶という主題は必然的に浮かび上がるだろう。

もちろん、女性のジェンダー性を日常性と結びつけることには注意が必要である。女性の経験を再生産領域のものとして本質化するおこないは、戦争や紛争にまつわる伝統的なジェンダー・ステレオタイプの強化をまねきかねない。アイルランドにおいても、夫が前線で活動する間に子どもを育てあげ、愛する家族が闘争の結果亡くなればその死を悼み記憶を後の世代へと伝えていく、といった筋書きが戦争物語の一つの規範であったことが指摘されている［Dowler 1998:160］。こうしたステレオタイプは、紛争を継続させ再発させるイデオロギーの一部ですらある［Aretxaga 1997］。しかし、必ずしも紛争状態にない他の社会においても支配的な社会的・文化的価値が、政治暴力と交錯したとき何が生まれるのかを理解するためには、ジェンダー化され長期継続する経験への着目が不可欠なのである。

次に世代の問題である。本書で引用しているのは、ほとんどが一九六〇年代以前に生まれた人びとの語りである。彼らの多くは、一九九〇年代はまだ「紛争の時代」であったととらえていることが多く、二〇〇六～二〇〇七年の時点においてなお、「ごく最近」、つまり二〇〇〇年代に入っても、紛争は続いていたと語る人もいた。逆に一九八〇年代後半に生まれ、一九九〇年代に幼少期を過ごした世代は、紛争が自分たちの生活に影響を及ぼしたと考えていない傾向にある。すなわち世代によって「紛争」の語から想起する暴力の種類や紛争期の長さも異なるのである。

このギャップは、紛争における暴力的衝突や死傷者の数が初期の一九七〇年代にピークを迎え、その後少しずつ減っていった経緯と関係しているだろう。身体検査・所持品検査のための検問も、一九九〇年代にはあまり見られないものとなっていた［Bardon 1992: 819］。ゆえにピーク時代を経験しておらず、身近な人間が暴力に巻き込まれる経緯を同時代経験として間近で見たことのない世代にとって、紛争とは自分たちとともにあるものというよりは、年上の世代によって「昔はひどかった」として語られるものだった。たとえ現在進行形で続いている「らしき」ものであるにしても、自分自身と隔絶した場所で――政治の上層部と一部の過激派によって――展開していた、ということである。一方で本書で語りを多く引用する人びとのように、紛争開始時に一〇代半ば以上、聖金曜日合意時に四〇代半ば以上という年齢だった人びとは、本書冒頭に述べたように、思春期や結婚、就職、育児、子の結婚といった人生のいくつものステージを紛争の中で経験している。彼らにとって、〈紛争の終わり〉を明確にしるしづけるニュースのないまま散発的に衝突や事件が起きる状態は、かつてのような規模と頻度の暴力の波がまたいつ訪れるかわからない〈小康状態〉だった。本書で見ていくように、そうした経験が独特の歴史観と社会認識を生み出していくのである。

第五節　北アイルランドにおける歴史の記念行為の政治性

さて、次章以降で分析する紛争経験の語りや家族の記憶の語りのなかでは、歴史を長くさかのぼる過去の出来事がしばしば言及される。そこで本節では、北アイルランドで広く認知・記念され、今なお政治的・社会的重要性をもっている歴史上の出来事について解説しておこう。なお本節の目的はあくまで調査協力者の語りの文脈をよりよく理解するための背景情報を提供することにある。ゆえにここでの記述は、ある意味では大衆的な歴史記憶の概略であり、一貫性のあるアイルランド史を構成するものではない。また、いかなる要因が実際に歴史を動かしてきたのかという問題にまつわる専門的議論を必ずしも反映してもいないことを、最初に断っておきたい。

5・1　プロテスタント支配の確立

アイルランドはしばしば「イギリスの最初の植民地」とされ、現在なおイギリス領土にとどまる北アイルランドは「イギリス最後の植民地」とも呼ばれる［尹 2007: 6］。アイルランドにおけるイギリス統治は、一一世紀にイングランドに王朝を形成したノルマン人がアイルランド侵略をおこなった時代にまでさかのぼるとする見方もある。だが社会構造・政治構造の広い領域にわたってイギリス系プロテスタントが上層部を占める状況の基盤は、チューダー王朝時代のアイルランド植民によって作られたとする見方が一般的である。アルスター地方へのイングランドやスコットランドからの植民は一七世紀初頭に本格化した。一七世紀なかばにはアルスター地方の人口の三分の一をブリテン島由来の住民が占めていたともいわれる［Bardon 1992: 315］。この植民はアイルランドに元々住んでいたゲール語を使用するカトリック住民との衝突とともにあった。とくに一六四〇年代にはカトリックによる大規模な蜂起が起こり、多数のプロテスタント住民が命を落とす。しかしカトリック勢力は最終的にはオリバー・クロムウェルによるアイルランド遠征で大敗し、この過程で多くのカトリックが殺害された。この経緯のため、クロムウェルはプロテスタント社会では英雄的存在、カトリック社会では暴虐な人物の象徴としてとらえられている（図3・9）。

図3.9　オリバー・クロムウェルを描いた壁画（シャンキル地区）。2011年。扇情的・暴力的だとしてこの後塗りつぶされ、同じ場所には現在「記憶／敬意／決意」と記されたオブジェが建っている。

プロテスタント植民者がカトリックの先住民に対する支配力を確立した出来事として今日まで長く記憶されているのは、一七世紀末の名誉革命期の戦争である。イングランドの玉座をめぐってプロテスタントのウィリアム三世とカトリックのジェームズ二世が争い、最終的にウィリアムが勝利した一連の出来事は、今日にいたるまでアルスター地方のプロテスタントにとって主要な歴史的記憶となっている。

なかでも一六九〇年のボイン戦の記念祭典はアルスター地方全体で大々的に執り行われる。これはウィリアム派の勝利を決定的なものにしたといわれるアイルランドのボイン河岸辺の戦闘である（図3・10）。戦闘の日付であった七月一二日は現在も北アイルランドの公的祝日であり、この地で単に「一二日（the Twelfth）」といったときには、ボイン戦記念祭典のことをさす（以後、同用法における the Twelfth は「一二日祭」と記載する）。この日はアルスター地方に広く会員をもつ

図3.10　ウィリアム王を描いた壁画（シャンキル地区）。2011年。

図3.11　ボイン戦記念パレード。黒いスーツ、山高帽にオレンジ色の飾り帯 sash という出で立ちはオレンジ会員の正装。2014年7月12日［BBC.com］。

プロテスタント団体オレンジ会が各地でパレードを組織する。(9) パレードでは、ウィリアム王やエリザベス現女王などの描かれた旗を手にオレンジ会員が町を練り歩き、後に多数の音楽隊が続く（図3・11）。パレードや音楽隊の参加者の家族などプロテスタント住民の多くがその見物に訪れ、道ばたや広場には多数の屋台が出店する祝祭となる。また一二日祭の前夜、プロテスタント地区では「ボンファイア（bonfire）」と呼ばれる巨大なかがり火が焚かれ、祭典のはじまりをしるしづける。

ウィリアム戦争に関連し、ボイン戦とならんでプロテスタント住民の重要な歴史的記憶となっているものが〈デリー包囲〉である。これは一六八八年にプロテスタント軍とデリー市民が市の城壁内に篭城し、翌年ウィリアム三世軍に〈解放〉されたものである。この出来事も、毎年プロテスタント団体によってパレードとともに記念されている。

カトリックに対するプロテスタントの勝利を祝うこれらの祭典はつねに住民間の衝突を誘発するものでもあっ

た。ボイン戦記念パレードは長い間北アイルランドで公的認可された文化行事だったが、他方でアイルランド文化に関わる行事や祭典は長らく抑圧されていた。オレンジ・パレードはときとしてカトリック地区を通り抜けることがあり、自分たちの生活領域にそのような〈権力誇示〉のパレードが侵入してくることに対するカトリック住民の抵抗の声は大きい。プロテスタント参加者のお祭り騒ぎとカトリック住民の抵抗活動とのぶつかりあいが、時に暴力的な住民衝突へ発展し死者を出すこともあり、とくに紛争継続中は「一二日祭」の時期に決まって暴動が起きた。また前日のかがり火も宗派主義的な雰囲気の高まりを誘発し、カトリック住民に対する襲撃につながることがあった（Bardon 1992; Hennessey 1997; Bryan 2000）。

カトリック住民の多数にとっては屈辱感と恐怖を運んでくるものでしかない「一二日祭」だが、とくに労働者階級地区のプロテスタント住民は、これを地域や家族のつながりを再確認する重要な祭日ととらえている。ゆえにカトリック住民による反パレードの抵抗運動は、プロテスタント住民には〈文化的不寛容〉と映ることとなる。和平プロセスの進んだ現在にあっても、ウィリアム戦争記念は依然として論争的な行事である（尹 2007: 191-192; 佐藤 2014: 60-62）。プロテスタント側は「コミュニティの文化と伝統」を尊重するよう要求するが、カトリック住民にとってウィリアム戦争の記念祭典は、アイルランド人やカトリック住民が蹂躙され支配されてきた歴史の象徴にほかならない。祭典の開催団体とカトリック住民とのあいだの調整は、高度に政治的なトピックであり続けている。

5・2　アイルランド自治法、第一次大戦およびイースター蜂起

アイルランドにおけるイングランド／イギリス支配を覆そうとする試みは、一八世紀から一九世紀にかけて幾度かあらわれている。なかには二〇世紀のアイルランド共和主義運動のなかで象徴的な歴史記憶となっていくも

図3.12　1916年イースター蜂起の様子を描く政治壁画（フォールズ地区）。2007年。

のもあった。フランス革命に影響されて起きた一七九八年の統一アイルランド人の蜂起がその代表的なものである。けれどもそうした運動・蜂起の多くは短命なものに終わった。アイルランド独立がイギリス政府にとって現実的な問題となっていくのは、一九世紀末のアイルランド自治法案登場以降のことである。法案が議会に登場すると、これを支持するナショナリスト勢力と、法案を拒否してイギリスとの連合継続を主張するユニオニスト勢力とにアイルランドは二分された。プロテスタントの多いアルスター地方においては大きな反対運動が展開された。イングランド国教徒と長老派教徒とがアルスター・プロテスタントとして一つの政治集団を形成するのはこの時期であり、また名誉革命期のボイン戦、デリー包囲などの記念行事がプロテスタントの政治的・文化的示威行為として確立していくのもこの時期である［McBride 1997; Jarman 1997: 65–71; Bryan 2000: 52–59］。

一九一〇年代前半にはナショナリスト運動とユニオニスト運動の双方がしだいに過激化し、両者それぞれが民兵組織をもった。アイルランド義勇軍とアルスター義勇軍である。後者は一九六六年に結成されたロイヤリスト武装グループ、アルスター義勇軍（ＵＶＦ）の名の由来でもある。ただしアイルランド自治問題は一九一四年に第一次世界大戦が始まると宙づりになる。この大戦では、アイルランド全土から宗派を問わず多数がイギリス軍に従軍する。その後のアイルランドの独立と北アイルランドの「プロテスタント国家」としての形成のなかで、大戦はアルスター地方のプロテスタントのイギリス人性を示す歴史的記憶として記念され、象徴視されていくことになる。主にアルスター・プロテスタントから構成されていた第三六師団が壊滅的被害を出すソンム会戦の開戦日がボイン戦の記念行事と同日であったことが北部アイルランドでヒロイックに報道されたという事情もあった［酒井 2005］。一方戦後のナショナリスト社会では、大戦従軍を呼びかけた国民党ではなく、大戦従軍をイギリスの戦争への協力として拒否していた共和主義が主流となる。そのため独立後のアイルランド自由国においても戦死者の公的な慰霊に対してつねに抑制の力が働きつづけ［Jeffery 2000: 113-131］、その傾向はアイルランドが共和国化しイギリス連邦を脱退してからはさらに強まっていく。

一方ダブリンでは、一九一六年、西部戦線にてソンム会戦が始まるのに数ヶ月先だって、共和主義者の一群が武装蜂起を起こす（イースター蜂起（図3・12））。この蜂起は数日で鎮圧され首謀者らはすぐに処刑されるが、アイルランド独立を支持する人びとの共感を呼び、以後、共和主義がアイルランド全体で支持を伸ばしていく政治的転換点を形作った。

一九一六年にたてつづけに起きたイースター蜂起とソンム会戦は今日も北アイルランドの歴史記憶の分裂と対立を象徴するものとして言及されることが多い。七月一日のソンム会戦開戦日は、プロテスタントの祝祭である「一二日祭」と同様のパレードで記念される。またイースター蜂起記念はIRAの主要な年中行事の一つとなっている。

5・3　南北分割と紛争の勃発

第一次大戦後に勃発した対イギリス独立戦争は熾烈な展開を見せた。一九一八年選挙で多数の支持をえたアイルランド共和主義は、民兵を組織し、イギリス統治に対する攻撃を続けた。これに対しイギリスは、大戦帰還兵を主とするブラック・アンド・タンズと呼ばれる特別部隊を組織して鎮圧にあたった。ブラック・アンド・タンズはアイルランド共和主義者に対して容赦のない態度で臨んだことで知られ、彼らの残虐な行いは、カトリックの家庭において世代を超えて語り伝えられている（第七章第二節参照）。

一九二〇年にアイルランド統治法が制定され、南北アイルランドが分割して以降、一九六〇年代に紛争が始まるまでの歴史は、現在社会的な行事として記念されることはあまりない。南北分割後の北アイルランドでは反自治法運動の中心をなしたアルスター・ユニオニスト党による独裁的な体制がしかれていく。第二次大戦においては南部アイルランドが中立を保ちつづけた一方、イギリス連合王国の一部であるベルファストは軍需品の主要な生産地ともなり、ドイツ軍による大規模な空爆も受けた。こうした経緯は、二つの世界大戦に関わる北部と南部の経験を、より象徴的に二極化させていくことになる。

一九五〇年代にはＩＲＡの小規模なキャンペーンがおこなわれたが、長期継続することはなかった。概して言えば、一九三〇年代、および一九四〇年代後半から一九六〇年代の初頭は、北アイルランド史における静かな時代だったようである。それはある意味で、「支配する土地」を獲得したプロテスタント上層階級が、抵抗の動きを完全におさえこんでいた時期でもあるのかもしれない。

大きな転換点が訪れるのは六〇年代なかばである。公民権運動の国際的な高まりは北アイルランドにも飛び火した。宗派間の理解と協調の必要性を主張する時の首相テレンス・オニールの姿勢は、カトリックの公民権運動を活発化させる一方で、一部のユニオニスト政治家やプロテスタント住民の反発を生んだ。六〇年代後半になるとユニオニスト強硬派の集団が次々と結成され、公民権運動と衝突を繰り返すようになる。一九六九年、拡大する衝突と暴力は北アイルランド当局の手に負えないものとなり、イギリス軍が北アイルランドの地に出動した。九月までに北アイルランド駐屯兵士は七〇〇〇にまで増大した［堀越 1996: 169］。これに対して一九五〇年代の終わりから活動を停止していたＩＲＡが再組織され、イギリス軍への攻撃を開始していく。一九七二年にはデリー市の公民権運動デモがイギリス軍と衝突し、イギリス軍が非武装市民一四名を射殺する事態となった（〈血の日曜日事件〉)。この事件をきっかけに北アイルランド議会は停止され、以後イギリス政府の直接統治の時代が訪れる。

こうして紛争が始まるが、暴力的衝突が初期一〇年間にピークを迎えることは先に見た通りである。一九六〇年代後半から一九七〇年代にかけての数々の事件の記憶が労働者階級地区住民の記憶にいまだに鮮明に残っている様子は、次章以降でうかがえるだろう。

八〇年代前半に起こり、後に長く記憶されることになる事件は、レパブリカン武装グループによるハンガー・ストライキである。一九八〇年に政治囚としての扱いを求めてIRAとINLAが開始したハンガー・ストライキは国際社会の広い関心を集めた。とくにこの活動のリーダーであるIRAのボビー・サンズは獄中からイギリス議会の議員に当選し、さらなる支持と関心を呼んだ。だがサッチャー首相ひきいるイギリス政府が要求に応えることはなく、サンズは六六日のハンスト後に死亡、その後もIRA、INLAあわせて合計一〇名の囚人が死亡した。現在、アイルランド共和主義の強いフォールズ地区では、ハンガー・ストライキの死亡者に捧げた数々の記念碑や壁画が見られる(図3・13、3・14)。

この大規模なハンストに前後して、IRAはイングランドでの活動を活発化させていくことになり、政府要人や王室関係者の襲撃、および主要都市での爆弾事件があいついだ。IRAが数多くの犯罪映画にとりあげられるのもこうした活動が世界に与えた衝撃による。

一九八〇年代後半から、厭戦感情ならびに長期化する紛争のどこかで決着がつけられなくてはならないとする意識は社会的な高まりを見せていた。「一九八〇年代後半から一九九八年の(聖金曜日)合意にいたるまでの時期は、和平調停の文言をめぐる長い交渉の時期だった」[Gilligan 2008: 4] とも言われる。すなわち遅かれ早かれ和平に着地しなくてはならないことを、紛争に関わる主たるアクターはおおむね承知していたのであり、その条

図 3.13　ハンガー・ストライキの記念碑（フォールズ地区）。Ｈの形は囚人が収容されていたメーズ刑務所の区画、通称「Ｈブロック」の形状に由来。2007年。

図 3.14　ボビー・サンズの政治壁画（フォールズ地区）。2007年。

件とタイミングをめぐる駆け引きが繰り広げられていたのである。

一九九四年に発表されたＩＲＡの停戦宣言は、ＩＲＡとシン・フェインが政治的な交渉の場に参加しようとする意志表明としての意味を持っていた。これを契機として、一九九〇年代からは和平プロセスが本格的に進み始める。一九九八年の聖金曜日合意が結ばれたのは、一九六九年八月のイギリス軍の北アイルランド派兵から、じつに二八年八ヶ月後のことだった。以後も和平プロセスは終わりをむかえてはおらず、可能な未来構築の模索が現在進行形で続いている。

5・4　多文化共生の理想と移民をめぐる問題

和平合意後に顕在化した問題の一つとして看過できないのは人種差別をめぐる問題である。北アイルランドを舞台とするニール・ジョーダン監督の映画「クライング・ゲーム」（一九九二）のなかで、アフリカ系のイギリス軍兵士が「面と向かってニガーと呼ばれるのは世界の中でもこの土地だけだ」という台詞を発しているように、もともと北アイルランドは連合王国のなかでも人種的偏見の解消が進んでいない地域として知られている。紛争の影響で経済移民の数が限られていたことが一つの要因であろう。二〇〇〇年代以降は経済が活発化して移民の数が増大したが、価値観の変容が追いつかず数々の事件が起きている。近年とくに目立っているのが、ヨーロッパ統合の流れの中で東欧から流れ込んでいる労働者に対する差別や暴力である。二〇〇九年には南ベルファストで複数の住居が襲撃され、一〇〇名前後が出身国ルーマニアに帰国せざるをえない結果となった。

紛争経験を通して育ってきた〈他者への排外的態度〉が、旧来の対立相手のみならず新しく土地を訪れる移民に対しても向けられているのだ、と議論されることもあるが［*Belfast Telegraph*, 18/6/2014］、背景はより複雑であろう。紛争後の経済回復の恩恵を受ける層に社会的な偏りがあること、それゆえに増大している貧困層の社会不安を視野に入れる必要がある。事態が改善されていくには長期的で幅広い取り組みが必要とされている。

第四章　紛争という日常

第一節　本章の視座

本章と第五章では、ベルファストの労働者階級地区における紛争中の日常生活についての語りを見ていきたい。ある出来事によって人生が一変してしまった、というような語りはこの章の関心の中心ではない。紛争のなかで、あるいはそのかたわらで、長期にわたって営まれた経験にここでは注目したい。すなわち、必ずしも暴力的な出来事そのものについてではなく、その前後に継続する生活の経験についての語りである。

これら〈日常〉についての語りは、〈紛争の記憶〉が議論されるときに目を向けられにくい。理由の一つは、紛争や政治騒乱というものが元来〈非日常〉ないし〈非常態〉に属するものであり、通常状態を逸脱して劇的に展開していく出来事によって成り立っている、とイメージされていることにあるだろう。けれども北アイルランドのような紛争事例において考慮されるべきは、武力の応酬や暴力的な争乱のかたわらで、人びとは生活を回していくルーティンとしての営みを途絶えることなく続けていたということである。あるいは数十年の争乱のなかで暴力そのものが生活を支えるルーティンの一部を構成するようになったとすれば、それ自体がきわめて重要な論点となるはずである。本書がとりあげる語りのなかには、紛争証言として一般にイメージされる語りとは異なるものも含まれているかもしれない。けれども、心理的、経済的、身体的、あるいは関係性をめぐる長期的な〈状態〉についての語り――特定の事件を描き出すエピソードよりもはっきりとした意味を読み取りにくく、それゆえ後景にしりぞきがちな語り――にこそ、長期紛争の集合的記憶の重要な側面があらわれている可能性に目を向けていく必要がある。

まず第二節で見ていくのは、紛争の始まりについての記憶である。国家間の戦争とは異なり、多くの政治紛争・民族紛争では開戦宣言のようなものはない。北アイルランド紛争もまた然りである。ならば紛争の開始とはどのように、いかなる印象とともに記憶されているのだろうか。それが次節の関心のありかである。続く三節では、調査協力者の語りの中で頻出した主題のうち、紛争を日常状態として生きた経験として重要と思われるものをとりあげていく。第三節で検討するのは、暴力的な出来事に囲まれて長期の生活を生きるなかで形成される心的状態である。一方ではこれは〈恐怖の星座〉とも呼びうるような不安と恐怖の語りとしてあらわれた。語り手が必ずしも〈直接当事者〉にはならない暴力的事件が、しかし数多く頻繁に見聞きされることによって語り手のなかに独特の心理状態を形成していった様子がそこにはうかがえる。さらに第四節で見ていくのは、この心的状態が、調査協力者の多くが家庭内で占めていた役割すなわち〈母〉であることから発する責務や感情とも無関係ではないということだった。ゆえにそれはジェンダー化された、すなわち社会的に形成される記憶であり、かつ、いわゆる紛争地以外の――わたしたちの多くが生きるような――社会とも共通する規範のなかではじめて形成される心的状態なのである。

この〈恐怖の星座〉のような漠然としていながらも継続的な不安は、身体にも影響を及ぼすものとして解釈され記憶されていく。第五節で取り扱うのは病と紛争を結びつける語りである。わたしたちの日常言語においても

「ストレスによる体調不良」と説明されるものが、長期紛争の文脈においては興味深い訴えとなって立ちあらわれる。通常では医学言語によって私的な領域に閉じこめられがちな疾病経験が、紛争被害の社会経験として読み替えられる様子を、ここでは見ていくことにしよう。

第二節　紛争の始まり——分住化と解体するコミュニティ

一九六〇年代後半の北アイルランドでは暴動や、警察と住民との衝突があいつぎ、負傷者も多く出ており、どこからが紛争であると線引きするのは簡単ではない。けれども、メディア報道や政府による報告書などで紛争はおおむね「一九六九年」に始まったものと語られる。たとえば第一章で触れた犠牲者委員会もこの年を紛争開始の区切りとしている［Blooomfield 1998a］。この年は八月にデリー市のカトリック地区ボグサイドで大規模な衝突が起こり(1)、その直接的結果としてイギリス軍が北アイルランドに派兵された年である。それを受けて、武装闘争路線のＩＲＡ（正しくは暫定IRA, Provisional Irish Republican Army）が旧ＩＲＡから分岐したのもこの年である。聞き取りのなかでも「一九六九年」を紛争の区切りとする語りは多く聞かれた。アポイントメントをとって調査協力者の家を訪れると、わたしが自己紹介や調査についての説明を十分におこなうまえに、相手が「一九六九年のあのとき……」と話し出すこともあった。

だが重要なのは、「紛争の始まり」についての人びとの認識は、まず身のまわりの環境の変化の記憶とともにあったということである。たとえば東ベルファストのカトリック地区ショート・ストランドの住民の多くは、隣接地区との衝突が頻発するようになり、地区から最初の死者が出た一九七〇年を紛争の始まりとして思い起こす。一九六九年から一九七〇年ごろのこの時期についての語りは、地区に張りつめていた緊張感、および暴動、焼き討ち、脅迫の記憶で満ちている。とくに、この時期急速に進んでいった宗派分住が紛争の〈勃発〉をしるしづけるものとして頻繁に思い起こされた。北ベルファストのカトリック地区に住んでいたブリジットは、自地区で見られた分住化について以下のように語っている。

紛争が始まる前、ここらは混住地区でした。カトリックとプロテスタントが普通に結婚していましたね。〔…〕誰もがある意味混じり合っていたわけです。でも紛争が始まると、皆、そういうふうに混ざり合いたがらなくなっていきました。怖かったんでしょう。その恐怖はどちらの側にもあったと思います。〔…〕ここではプロテスタントがみんな出て行って、残ったのはカトリックと結婚している人だけになりました。〔…〕でも本当にどこでも起こっていたことです。自分の家を燃やしたり。つまり、ここだとプロテスタントが家を捨てていかなくちゃならないわけでしょう、するとカトリックがその後に入ってこないように家に火をかけるんです。カトリック側もそうです、家を出て行くときプロテスタントが住めないように燃やしてしまうんですよ。

私たちはカトリックですがプロテスタントと一緒に育ちましたし、紛争が始まるまで違いなんて考えていませんでした。けれどもとにかく、カトリックとプロテスタントがやり合いはじめて、紛争のあの交錯が始まっていったわけです。

（二〇〇七年八月）

北アイルランドは以前から宗派分住が強く見られた社会だったが、一九六九年以降、その傾向は極端に強まっている。一九六九年から一九七二年のあいだに北アイルランドでは六万の人びとが家を追われており、その八割がカトリックであったとする研究者もいる［Jacobson 2000: 185］。ベルファストの人口移動は、政情不安と民族間緊張の高まりによって起こった人口移動としては「第二次大戦の終結以降、バルカン半島で近年の紛争［ユーゴスラビア紛争」が起こるまでヨーロッパ最大のもの」であったとも言われる［Shirlow 2003: 79］[2]。とくに移動が激しかったのが、それ以前までカトリック・プロテスタント双方の住民が住んでいた混住区である。宗派間の緊張が高まるにつれ、〈相手側〉の宗派が多数派である地区に住んでいた家族は、ときには周囲からの脅迫的な圧力のなかで、あるいは暴力的な事態に巻き込まれることを恐れ、家を捨てて避難した。そのさい自身の家に火をつける行いは広く見られたものだったようである。歴史家のジョナサン・バードンは、この時期「数えきれないほどの家族が、家を後にするさい〈相手側〉が後に入居できないよう、家屋に火をつけたり打ち壊したりした」と記している［Bardon 1992: 670］。避難先はもっぱら自分の宗派が多数派である地区だった。カトリックの多数がフォールズ地区近辺に移動し、プロテスタントはシャンキル地区や東ベルファストに移動した［Sluka 1989: 46］。

宗派的敵意にもとづく暴力は、人びとが暮らしてきた町並みを破壊しただけでなく、地域や隣人関係全般のなかで育まれてきた信頼を打ちくだいた。それは、つい数ヶ月前まで隣人としてつきあいのあった人間たちの間に突如として噴出した憎悪と恐怖の記憶であり、それゆえに多くの人びとの心に少なからぬ衝撃を残した。混住地区に暮らしていたプロテスタントの女性サラは、十代後半であった一九六九年に家族ぐるみで家を追われたという。

S（サラ）：紛争の前には地域が一体になって暮らしている感覚があったんですが、それはその後もう持つことはなかったですね。私が住んでいた地区では、近所の誰かがドアを叩いたら、プロテスタントであろうとカトリックであろうと関係なく、その人の子どもの面倒を見てあげていましたよ。そういうことは全部、混住地区がなくなった時に失われてしまったけどね。本当になくなってしまったの。

酒井：それじゃあ、紛争が始まる前には助け合いの精神みたいなものが……

S：労働者階級の人たちのあいだにはね、確かにありましたね。〔…〕だってみんな同じように暮らしていたからね。一週間家族を養うのに精いっぱいで、また次の週が来て、というふうにね。

（二〇〇七年四月）

ブリジットとサラがともに述べているのは、紛争が始まる前にはカトリックもプロテスタントも平和的に暮らしており、宗派の違いは意識されていなかったということである。こうした〈過去の失われた一体感〉の強調は興味深い。一九四〇年代から一九五〇年代の北アイルランドでは、確かにその後に始まる紛争期ほどの規模・頻度の暴力的事件は起きていない。けれども民族的・宗派的な分住と社会分断は、北アイルランド社会では以前から見られるものだったのである［Boal 1982］。カトリック・プロテスタント間で時たま結ばれていた親密な関係が紛争激化後に急速に失われていったことにまちがいないとしても、それ以前からも両宗派の間に確執がなかったわけではない。次節でも触れるが、調査協力者の一人は一九五〇年代にすでに家を追われた経験をしていた。地域差もあろうが、先の二名の語りでは、紛争前の住民関係や差別意識の欠如が現実にあった姿よりも過分に強調されて語られている可能性がある。

ここにうかがえるのは紛争の始まりの記憶の衝撃と鮮烈さであろう。一九六〇年代後半から連鎖反応をなして広がっていく暴動、焼き討ち、大規模な人口移動、および生活圏内でおこなわれる銃撃戦は、紛争開始をさかいに何もかもが変わってしまったという歴史イメージを人びとに与えたのだろう。そのなかで相対的に静かであった〈それ以前〉の時代に、紛争状態と対極をなす平和な理想郷のイメージが投影されていくのである。

長期の紛争や政治暴力を経験した地域において、争いが始まる前の時期が〈失われた平和〉の時代として思い起こされる例は、他の土地でも報告されている。たとえばショーン・フィールドが南アフリカ共和国ケープ・タウンでおこなった調査では、アパルトヘイトが本格的に開始する前の一九五〇年代〜六〇年代への強いノスタルジーが見られたという。フィールドの調査協力者たちは、様々な人種の人間が日常的に関わりあいをもっていたかつての地域生活を懐かしみ、それがアパルトヘイトによって完全に引き裂かれてしまったことを嘆いた。この「失われた一体感」について、フィールドは「現在の自己とアイデンティティの感覚を支えるための神話」であると書く。アパルトヘイトという破壊的な経験の以前にあった「過去は、記憶のなかで神話的な全体性をもつものとして再構成され、大事な安らぎを人びとにもたらし、不確実な現在と未来を見つめていくための方法」となったのである［Field 2004: 61］。

本節で引用した語りはどれも二〇〇七年に聞き取られており、和平合意から八、九年が経過したその時点では、銃器や武器・爆薬を用いた事件は紛争のピーク時と比べて激減していた。しかし、長期継続した〈紛争という日常〉の記憶はいまだに鮮烈なものでありつづけていただろう。さらに、カトリックとプロテスタントの間の分断は和平合意以後さらにひどくなっているという認識を人びとは強く持っていた。〈和平〉の語で期待されるほど状況が劇的に改善されていないという憤懣や落胆を、そこには見て取ることができる。カトリックとプロテスタントの間に交流を作り出し、おたがいの過去を理解し、両者の間の恐怖や偏見といった心理的な壁をなくしていくためには「幾世代もの時間が必要だ」と、幾人ものコミュニティ・ワーカーが言っている。

サラとブリジットは双方、地区のコミュニティ活動に活発に関わっている女性たちである。彼女らは、ひとたび民族・宗派の名のもとに暴力的に破壊された関係性を修復していくのは容易ではないこと、自分たちの地区における〈和解〉がいまだスタート地点にあり、前方には長く険しい道のりがのびていることを、強く認識していた。そのような状況下にあって、紛争〈前〉の時代の神話的なハーモニーのイメージは、不明瞭な未来に向かって何かしらの活動を起こしていくための支えであったとも考えられよう。

第三節　日常に潜伏する暴力

暴力を逃れて家を捨てた経験にまつわる個人の語りは、統計では届きにくい実態をも伝えてくれる。たとえば一つの家族が繰り返し家を捨てざるをえない事例があったことは、個々人への注目を通してはじめて明らかになる。北ベルファストのアードイン地区に住む一九五〇年代生まれの女性アイリーンは、人生で三度にわたって自分の家を失ったという。いずれも宗派間の敵意が高まるなかで身の安全を確保するための避難だった。一九五〇年代に起きた最初の避難経験のとき彼女は四歳だった。二回目は約二〇年の後、紛争の最初期である。一九六九年八月、そのときアイリーンは結婚したばかりだった。

私たちは結婚してその通りに家を買ったんです。その通りは六九年に紛争が始まったとき、いちばんひどいことになった場所でした。九軒の家が攻撃されて、私たちは真ん中にいたんです。毎日毎日、暴動の繰り返しでした。〔…〕その日、ロイヤリストが……プロテスタントの人がやって来たんですが、警察も一緒でしたね。通りを走り回って窓という窓を壊していました。外に出られなくて、一日中家の中に閉じ込められていました。翌日には家に火がつけられました。あたりの家々全部です。警察はまったく守ってくれませんでした。警察は信頼できませんから。それでその家を失ったんです。それで私たちは、通りを少し上がったところにある別の混住区に引っ越したんです。〔…〕引っ越し先もカトリックとプロテスタントが混じっている場所でした。私は一つだけの地区［一宗派に占有されている地区］には行きたくなかったんです。子どもには混住地区で育ってほしかったから。でもそこには一年しかいられませんでした。特別拘禁制度が始まって、また追い出されました。それで今のここに移ったわけですね。

（二〇〇七年三月）

一九七一年の特別拘禁制度発効は、大量の逮捕者を出しただけでなく、暴力的な混乱状態をまねいた。八月九日の特別拘禁法の導入から二日間で、北アイルランド全体で一七名が殺害され（一〇名はイギリス軍兵士の手による）、「四万五千のカトリック世帯のうち二％、および一三万五千のプロテスタント世帯のうち〇・五％が家を追われた」と推測されている［Bardon 1992: 684］。アイリーンは三回目に家を追い出された経験について、より詳しく語っている。

E（アイリーン）：選択肢はありませんでした。守ってくれるものがないから出て行くしかなかったんです。〔…〕そのとき妊娠していたんですが、私たちは脅迫されていて、安全が保証できないから家を出て行ってくれと［警察に］言われたんです。私たちが出たあと、その家はめちゃくちゃにされてしまいました。それで三ヶ月の間は家なしで過ごしたのです。八月のことでした。娘は一〇月に生まれたんですが、病院から直接この家に移ってきました。この地区の人たちがこの家に入るようにって鍵を渡してくれて。そういうふうに物事が動いていたんです。〔…〕だから、いつ追い出されるか分からないし、明日の朝焼き討ちにあうかもしれないと思ってきたわけです。そしたら家を飾りつけようなんて気になれますか？　何年も何もしませんでした。絨毯も敷かなかったし家具も買いませんでした。ここ一〇年くらいです、ようやく飾りつけとか建て増しとか始めたのは。一九七一年から今で三六年になりますから、二六年もの間、何もしなかったわけです。

酒井：家がない間はお友達のところにいたんですか？

E：いいえ、母親と父親と一緒にいましたね。子どもが二人いたので。一人はたった三歳で、もう一人は一歳半でした。

夫は自分の両親のところにいたんです。だから三ヶ月別々に暮らしたわけですね。家具も全部壊されてなくなりましたし。ここに入ってきたときには本当に何もなくて、一からやり直しでした。本当にたくさんのものを失くしているんですよ。おまけに私は三回もそういう経験をしているんです。〔…〕でもたくさんの人が家を失っていますから。私だけじゃないんです。

（二〇〇七年三月）

ここには警察への不信がはっきりとあらわれている。前章第二節で触れたように、北アイルランド警察は近年まで宗派偏向を色濃くもつ組織として知られてきた。わたしがおこなった聞き取りのなかでも、たとえば公民権運動のデモ鎮圧にあってはカトリックに暴力的ですらある措置をとるいっぽうで、七月の一二日祭に関わって起こるプロテスタント側の騒動はあまり取り締まらなかった、といった不満がカトリック住民から聞かれた。家が襲撃されたとしても警察は助けてくれないと感じているカトリック住民が数多くいたのである。

また、人生で三回にわたって家を失い難民状態になったという経験は、何を得ようとも翌日には失ってしまうかもしれないという不安をアイリーンに与えることとなった。最初の引用にあるように、日常生活が継続することや、コミュニティに支えられた生活というものへの基礎的な信頼が失われているのだ。今住んでいる家をいつ追い出されるかわからないという感覚を二六年という長きにわたり感じながら生きてきたとアイリーンは言う。彼女にとって「自宅」とは、遅かれ早かれ奪われるかもしれない一時的な避難所にすぎなかった。あるいは、自宅を安息の場所として作りあげていくための様々な努力と経済的投資、そしてそれにともない育っていくはずの感情的な思い入れを、彼女がみずから押しとどめてきたのだと言うこともできるだろう。ふたたび何かが起きた場合にこうむる物的・心理的ダメージを回避しようという防御実践とともに、ここでは数十年の毎日が送られている。何度も積み重ねられてきた過去の経験が、近い未来に起きるかもしれない破壊的な出来事についての〈予感〉を明瞭なイメージとともに形作っているのだ。たとえ何ごとも起こらず〈今日〉が終わりを迎えたとしても、その裏側にはいつ噴出するかわからない暴力が潜伏しているという感覚が、たび重なる暴力的経験により育っていく例をここに見てとることができるだろう。

第四節　恐怖の星座

分住化、宗派間敵意の噴出、コミュニティの解体の記憶とともに始まった紛争は、以後数十年にわたって継続し、日常生活はそのなかで営まれていくことになる。本章が次に目を向けるのは、この日常経験の一側面として多くの調査協力者が言及した、ある心的状態についての記憶である。

前節で見たアイリーンの語りから見えてくるのは、長期紛争の記憶においては複数の出来事がいくつも積み重なって一つの全体としての重みを持つ場合があるということだ。彼女の事例では出来事のそれぞれが彼女自身の生活を脅かす経験だった。だが、一つひとつをとってみれば語り手本人に大きな影響をもたらさないような複数の出来事が、数多く集積することによって不安の重圧を形成する場合もある。次に見るプロテスタント家庭生まれの女性マリオンによる語りはその一例である。彼女は紛争のなかでやはり熾烈な暴力が見られたアーマー州北部で生まれ育った。

七〇年代前半はひどい時代で、残虐なことがどちらの側でも起きていました。アーマーの私の家は、「殺人三角形」なんて呼ばれる場所の真ん中にあったんです。死体が空き地に捨てられているなんてしょっちゅうでした。母が死んで弟が一人で暮らしていたとき、五人のＩＲＡがやってきて、弟を一晩人質にとったことがありました。

私たちの家は少し高い所にあって、坂道で有利な位置にあったんです。そのIRAたちは地区をパトロールしてくるUDAを射撃しようとしていたんですね。それで家を占拠するのに弟を縛りあげたんです。(3)

UDAのパトロールは結局やってきませんでした。IRAは弟の頭に袋をかぶせて、彼の車の後部座席に押し込んで、何マイルか離れた所に連れて行きました。それでエンジンをかけたまま「一時間身体を起こすな、起こせば撃たれるぞ」と言って去って行ったそうです。

弟にとっては怖い経験だったようです。その後しばらく神経質になっていました。そのうち乗り越えましたけどね。弟をつかまえた人たちも彼が宗派差別をする人ではないと分かっていたようだし、危害は加えないと言ったそうですけれど。それでも大きな銃を持った覆面の男五人につかまるなんて怖かったと思いますよ。

だから私が生まれ育ったアーマーでは……。一度彼ら〔武装グループ〕が市役所に爆弾をしかけて、警察がその後を片づけているのに通りがかりました。私は爆発のときには少し離れていたんですけど。知り合いの女性も一人、爆弾で足を吹き飛ばされていますね。〔…〕従兄弟も警察で働いていたんですが、別の爆弾事件に巻き込まれました。そのときは死ななかったんですが、その後一年のうちに心臓発作を二回起こして、二回目で亡くなりました。だから統計上は彼は紛争の犠牲者ではないわけですが、本当のところを言うと彼が死んだのは紛争のせいなんです。まだ三〇代でずいぶん若かったんですから。奥さんには気の毒なことでした。

（二〇〇七年七月）

マリオンはここで四つの事件に言及しているが、どれにおいても彼女は事件や爆発が起こった瞬間に〈現場〉にいたわけではない。一つ目の事件は、彼女が弟本人、あるいは他の家族から伝え聞いたと思われる出来事である。そして次の爆弾事件では、通りを歩いていた彼女が出くわしたのは爆発直後の情景だった。後の二つの爆弾事件では、彼女は爆弾によって深刻な被害を受けた人びとを身近な人として知っていた。

これら四事件は、どれもマリオンに少なからぬ衝撃を与えたかもしれないが、その後の彼女や家族の生活を激変させてはいない。だがこの語りは長期紛争の重要な経験のあり方を示している。第二章でも触れたように、個人の経験の語りについて検討の中心であったのは、自身が遭遇してきた出来事を因果関係の中につなげることで〈筋〉を作り、経験の意味を引き出すような物語であった。そこにおいて中心となるのは、あくまで経験の個人的な主体としての自己である。しかしこのマリオンの語りにおいて事件間の関連性は示されていない。これは時間軸に沿って発展・展開する〈筋〉をもって人間経験を語る物語ではなく、相互に関連しないが互いに共通の要素をもつ出来事を並置することをもって、一つの〈状態〉を示す物語なのである。その共通の要素とは、語り手マリオンにとっての暴力や恐怖の物理的、あるいは人間関係の上での〈近さ〉である。つまりここで語られているのは、多数の暴力的な出来事の記憶が織りなす〈恐怖の星座〉とでも言うべき心理状態であり、その星座の中心で長期間を生きる経験なのである。星座の像が中心を空洞としたまま輪郭としてのみ形作られるように、ここにおける〈恐怖の星座〉においても中心にある自己の像は明示的に語られる対象ではない。語られているのは「知り合いの誰かの」経験ないし「自分から近い場所での」被害である。いってみれば自己から一定の距離のなかにあるいくつもの出来事がたがいに線を結びあって、漠然とした恐怖のイメージと圧力とを形成し自己を取り巻くのである。

さらに、出来事と出来事の語りの間に「私が生まれ育ったアーマーでは……」と語り手が挿入していることも注目に値する。彼女は自分の見聞きした出来事を、出身地区に暮らす多くの人の生活の近くにあった無数の事件の「例」として語っている。したがってこの〈恐怖の星座〉の物語もまた、マリオン個人の経験であると同時に、地域の人間に共有されていたであろう、集合的な心理経験を語るものとも考えられるのだ。

こうした不安は、「その地区に住んでいる」からこそ生まれてくるものである。だが「よその土地で暮らす」

という選択肢はそう簡単に選べるものでもなかった。南ベルファストのカトリック優勢地区に暮らすプロテスタントの女性マーガレットは、以下のように語っている。

当時はみんな距離が近かったんです。何か悪いことが起こると人びとは助け合おうとするのね。おたがいに面倒を見合って。でも誰もここには住みたがらなかったっていうのも事実です。もとから暮らしていた人だけが閉じ込められていました。みんな別のところに喜んで暮らしたでしょうね。私も二人子どもがいたし。危険な場所でしたよ。でも誰かに家を売ることもできないから、別の場所に住む家を買うことも借りることもできなかったわけです。

（二〇〇七年七月）

何かあったときには隣人らに助けられ、そこに地区コミュニティの温かみを見いだしながらも、なお地区に「閉じ込められていた」という感覚があったことをマーガレットの他にも複数名が口にしている。それはおもに経済的な理由であったが、彼ら彼女らが仄めかすのは「自分たちが暮らしているのは忌避される土地である」ことに対する複雑な感情でもあった。自地区に対するこのような両義的でもある感情のなかで、〈恐怖の星座〉は育っていったのである。

第五節　母としての不安、加害者となる恐怖

長期紛争経験においては、個々人が担う社会的役割ならではの恐怖や不安も存在する。その例として、母であることから生じる〈恐怖の星座〉の語りを見てみよう。わたしが聞き取りをおこなった多くの女性たちの語りは、

子どもたちの安全を確保するという義務感と結びついた不安の記憶に占められていた。女性たちは家庭内における自己のあり方であり役割であるところの母親としての主体性を引き受けたがために生じる恐怖のなかで紛争を生きたのである。たとえばプロテスタント地区シャンキル通りで三人の子どもを育てたアンは次のように言う。

本当に大変でした。子どもたちが育つにつれて、精神的にも身体的にもね。子どもたちにどこにも出かけてほしくないわけです。そのころは武装グループが通りで人をさらって殺す、ということがよく起こっていましたから。誰であろうと関係ないんです、ごく普通のプロテスタント地区でそういうことが起きていました。普通の男の人とか女の子がさらわれていました。でも同じですよ、そういうことが起きると「ロイヤリスト武装グループも」やり返していましたから。

（二〇〇七年三月）

また、先にも語りを引用したアイリーンは、紛争中「自分たちは最悪の事態にいつもそなえていた」と言う。そして彼女にとっての「最悪の事態」とは、おおむね子どもたちに関わるものだった。彼女は子どもたちが銃撃戦に巻き込まれないよう、常に庭先か家の前で遊ばせていたと語った。そして争いが始まると、遊んでいる近くの子どもや通りすがりの大人たちを、だれ彼かまわず家の中に避難させたという。「別の時には別の誰かがうちの子を同じように入れてくれているし。みんなやっていたことです」。

また北ベルファストのインターフェースに住むグレースは、所持品検査の検問所で、乳飲み子である我が子までが検査されたことを「恥ずかしい経験」として思い出す。子どもが乳母車の中から、あるいは腕の中から取り上げられおしめを脱がされたことを、彼女はとりわけ嫌な記憶だと言った。「おむつのなかに何を隠すっていうんですかね」。妊娠中に身体検査をされることに「はずかしめを受けたように感じた」と語る女性もいた。

妊娠中の女性や、赤ん坊を連れた女性に対する身体検査・所持品検査は紛争中よくおこなわれるものだった。そうした女性たちが特に念入りに検査されることさえあったのである。その背景には、一九七〇年代の一時期、ＩＲＡの女性メンバーらが妊婦や子連れを装うことで物資を運ぶ作戦を展開していたことがある。彼女らはコートの下に、あるいは乳母車の中に銃器や弾薬を隠して地区から地区を渡り歩いた。そこには、戦闘員のイメージからもっとも遠いであろう〈母親と赤ん坊〉の像を利用し欺く活動家の女性たちのしたたかさを見てとることができよう［Aretxaga 1997: 66–67］。しかしその作戦は、一度〈母親と赤ん坊〉が軍・警察当局の警戒対象となると、女であること・母であることを素朴に内面化していた多くの女性たちに強い不安を与える結果となっていった。我が子が屋外で衣服を脱がされる様子を黙って見ているしかない状況は、母としての無能感を女性たちに強く与えたのである。

さて、母親たちが恐れていたのは子どもたちが暴力の被害者になることだけではない。子どもたち自身が武装グループのメンバーとなり加害者側に立つ可能性も、また強い不安としてあったのである。より正確には二つの恐怖は表裏一体だった。武装グループに入るということは、他の武装グループや軍・警察から標的にされやすくなることを意味していた。さらに武装グループのメンバーは、いつ逮捕され収監されるかわからなかった。先のアンの語りにもある「子どもたちにどこにも出かけてほしくな」かったという言葉を、一九七〇年代から一九九〇年代にかけて子育てをした多くの女性たちが口にしている。アンにとって、紛争中にもっとも「大変だった」こととは、子どもたちを武装グループから遠ざけておくことだった。彼女の三人の息子のうち武装グループに入った者はおらず、それは単に「とても運が良かった」だけのことだった、という。「どうやってあの時期をくぐり抜けたのか、さっぱりわかりません。〔…〕あの子たちが学校に通っている時に家に遊びに来た友達なんて、驚くほどたくさん武装グループに入ったんですよ」。

別の調査協力者キャロルは、西ベルファストのインターフェースに暮らしてきたコミュニティ・ワーカーである。武装活動に参加しないよう子どもたちを説得するのは至難のわざだった、と彼女も言う。キャロルは一九七一年の特別拘禁制度発効が近隣の家族に及ぼした影響を以下のように語る。ここにおいては、向かい側の通りに住んでいた家族に起きた出来事それぞれについての記憶が、いくつも組み合わさり、一つの心象として紛争の記憶をなしていることがうかがえる。

八月のことでした。いたる所で家が焼き討ちにあっていました。燃えているトラックの横に若い子たちが立っているんです。その子たちはみんな、そのとき起きたひどい出来事を見たんです。つらいことよ。私の住んでいる通りでは、一番はしの家の小さな男の子が殺されました。次の家は息子が二人いて、両方一五歳だったんですが……、つまり私の子はまだ九歳だったけど、その子たちは一五歳だったから、あちこち走り回って近所の人を助けたりしていたんですね。それで何もかも見てしまったんです。二人ともIRAに入りました。そして両方死んだんです。一人は爆弾を暴発させて、もう一人は撃たれて死んだの。そして次の家はね、かわいい娘さんがいたんだけれど、その旦那さんは聖パトリックの日に暗殺されたんですよ。そしてその妹の婚約相手は、「シャンキルの肉屋」に攫われて殺されました。[4] 一つの通りにある家が全部そんなふうなんです。〔…〕私の側は大丈夫だったの、運がよかった。でも向こう側は違ったんです。［カトリック地区の］一番はしにあったから。

子どもたちが一五歳になっていたら止めることなんてできないですよ。お願いだからIRAに入らないで、IRAに入らないでって、私もそう頼みましたけどね。幸いみんな生き延びました。一人は撃たれたけど大丈夫でした、生き延びました。でも本当に大変なことだったんです。

（二〇〇七年二月）

ここにおける「何もかも見てしまったんです」という強調は興味深い。一九七一年の特別拘禁制度発効のさい一五歳になっていた近所の少年たちは、地域で起こっていた争乱をその目で見、体験した。その後に彼らは二人ともＩＲＡに入る。そして二人とも死亡した。これら三つの出来事の因果関係はとりたてて記述されることはなく、ただ時系列に沿って並べられるだけである。しかしこの語りは三つの出来事が分ちがたく結びついていることを暗に伝え、主張するものであろう。

ここに反映されているのは、「歴史的事件をその目で見る」ことを通じて人が政治的になっていくこと、言い換えれば「目撃」という体験にまつわって生まれる政治的エージェンシー（行為主体性）についての理解である。そしてこの語りの文脈においては、それは死へと向かう主体性なのである。北アイルランドにおいて、武装闘争に加わることと政治的主体化が同一視され、さらにその「死へと向かう主体化」が闘争の美学の根幹をなしてきたことについては議論があるが［Aretxaga 1997］、こうした理解は社会に生きる個人個人の歴史理解の中にも反映され、紛争経験の語りのなかに登場してくるのだ。

違いがあるとすれば、キャロルのこの語りは、その政治主体化を必ずしも肯定的なものととらえず「つらいこと」ととらえていることだろう。それは〈母ないし親としての感情〉から発してくる意識である。さらにキャロルにとって、政治的主体化には一種の受動性とも言うべきものがともなっている。「暴力を見る」という経験が生み出す抗しがたい力に突き動かされて、少年たちは武装グループの活動にかかわっていく。人が主体性を自ら創り出し生み出すというよりは、ある歴史的出来事に遭遇することによって、その人の中に主体性が「送り込まれる」のである。その意味で、一人ひとりの個人は語の本来の意味でのエージェント（行為〈代行〉者）なのだ。

その政治的主体化と歴史経験は世代の問題と絡められた形で語られている。語り手自身の息子は、一九七一年時に幼すぎたため事態を理解しなかった。すなわち、後にＩＲＡに加入する二人の少年とまったく同じ意味では紛争を「目撃」していない。それがゆえに、エージェンシーを「送り込まれる」こともなく、急進的に政治的主体化＝死へと向かっていくこともなかったのである。異なる政治的な生きざまをめぐる分水嶺は、個人の意思のなかのみに見いだされるものではない。それは、特定の地区に生まれ育ち、歴史上のある時に成員として行動したことから生じてくるもの、すなわち地区コミュニティの経験であり世代の経験であるものとして理解されている。語り手キャロル自身の子も、あと数年早く生まれていたなら隣人の二人の息子とまったく同じ命運をたどったかもしれない、という意識がこの語りには見て取れる。武装行動に関わる・関わらないという、個人の行動性や主体的意思がもっとも想定されるところに受動性を見いだすという逆説的な理解を、ここには見ることができる。

キャロルにとって、一九七一年の特別拘禁制度発効はこのように忘れがたい記憶となった。だがその後も紛争は続く。「息子たちに言ったんです、国のために生きて、そのために死なないで、自分の国のために生き延びて、と。幸運にも息子たちは誰もＩＲＡには入りませんでした」。

国のために死ぬのが自分の政治信条だと言う人を責めることはできません。でも本当にいい母親や父親だったのに子どもを失っている人が、この辺りにはたくさんいるんです。〔…〕他の大勢の女の人たちが苦しんだ経験を、私はくぐり抜けていません。もし自分の子どもを亡くしていたら、それを乗り越えることなんてできなかったでしょうね。逮捕されて服役している娘や息子たちがいる場合だってそうよ。〔…〕でもみんな一体になって、平和パレードが毎晩あって。よい方向に向かったと思いますよ。

（二〇〇七年二月）

この語りは第二章で述べた、「自分は紛争の中心にいたわけではない」「自分は本当の犠牲者ではない」という意識があらわれている事例の一つである。暴力の激しかったインターフェース地区の一つに暮らし、隣人たちが次々と命を落としていくのを見続け、また我が子がいつ暴力の加害者／被害者になるかわからないという不安を強く抱きつつ暮らしていながら、それでもこの語り手は自分が紛争のもっとも悲惨な部分を知っているとは考えない。ただ彼女はその「紛争の最たる悲惨」の渦中にあった人びとに深い同情を寄せている。この同情ないし共感の背景には、同じことが自分に起こっていたら、という具体的な想像がある。子を失った隣人の生活を長期にわたって間近に見つめるなかで、彼女はその経験を頭の中に鮮明に思い描くことができたのだろう。

アイリーンもキャロルと同様に、子どもたちの安全への懸念と「国のために死ぬ」という価値観への批判を語る。さらにアイリーンは「武器をとる」という選択肢にも理解を示す。それは彼女自身がイギリス軍兵士や警察から受けた忘れがたい屈辱の記憶に根ざしている。イギリス兵に「フィニアンの売女」と声をかけられたり[5]、所持品検査で鞄のなかの洗いたての洗濯物を道路にぶちまけられるなど日常茶飯事だったと語るアイリーンは、以下のように続ける。

とにかく子どもたちのことが心配でした。〔…〕ここに住んでいると、警察も軍もみんな私たちを敵みたいに扱うんです。ＩＲＡに近いとか思われているんですね。私は共和主義的な考えは持っていないんですけどね。ＩＲＡを支持している人は実はここにはあまりいないんですよ。〔…〕

毎日誰かしら地区の人間が死んでいきましたし、毎日ＩＲＡは誰かを殺していました。こういうこと全般が起きている理由を子どもたちに理解させるのは難しかったですね。私の子どもたちが何にも関わりあいをもたなかったのは本当にありがたかったけれど。息子が二人、娘が三人いるんですけどね。武装組織に入らなければ大丈夫だからって毎日言い聞かせました。息子は二人とも兵士と警察にひどく殴られたことがあるんです。ＩＲＡの勧誘もありましたし。兵士に理由もなく殴られたりしたら「IRAに入ろう」と思うかもしれないでしょう。実際にメンバーになっていった人のことだって理解できます。家族を殺されたり、ひどいことをされたりして……。責める気にはなれません、そういう人から話を直接聞いたこともあるし。

とにかく、子どもを育てるのが本当に大変な時代でした。〔…〕いつも、何か別に方法があるはずだと言っていました。誰だってみんな違うわけですから、他人を排除したりできないんだって。〔…〕この地区で人と出かけたりお茶やお酒を飲んだりするのは本当に危険なんです。ある程度大きくなるとパブやダンスに行くのを止められないでしょう。そういうところで勧誘がありましたからね。単に運とかそういう問題なんです。〔…〕私の子どもくらいの若い人たちで、逮捕されて服役した人はたくさんいます。人生を無駄にしたのかどうかはわかりません、彼らには主義主張があって、それは私も半分は理解できる主義主張なんです。でも難しくもあるんです。私はキリスト教の価値観のようなものを持っています。でも、なんの敬意も払われない扱い方をされると……。紙一重のところなんですよ。

（二〇〇七年三月）

この語りは、折り合いのつけがたい二つの感情の間を揺れ動き続ける。「私は共和主義的な考えはもっていない」、「IRAも支持していない」とはっきり断っていながらも、語り手はIRAに加入した人びとに共感をも抱いており、武装闘争に加わる・加わらないという選択は、「紙一重」のところにあったと言うのである。

このような二律背反する感情の揺れ動きは、ジェフリー・スルカが記したレパブリカン武装グループへの複雑な支持感情を説明する。フォールズ地区の北端で調査をおこなったスルカは、政治目的のために武力を用いるIRAの行動指針に対する地区住民の感情が、「支持か反対か」という単純な図では描けないと論じる。人びとの立場は紛争の展開に応じて「支持」と「批判」の二極の間を揺れ動き続けた。共和主義の活動家やカトリック住民に対する当局の弾圧のニュースが流れたときには支持感情や共感が広がる。だがＩＲＡが軍・警察と関係の薄い個人を誤って殺害したニュースが流れると、ＩＲＡの武装闘争路線に対する批判が語られるようになるのだった［Sluka 1989］。

キャロルやアイリーンの語りは、スルカの描いたような住民らの両義的な態度が、毎日の生活のなかでの内的葛藤の上にあったことを伝えてくる。武装グループの活動拠点の近くで日常生活を送りながら、当局によって自己の尊厳を軽んじられる経験を武装グループの活動家らと部分的には共有し、それがために彼らへの共感を抱かずにはおられず、だが武装闘争路線への懐疑を持ち続けるという個人の主観的世界のありかたを、二つの語りは見せている。人びとは自分がどのような政治的態度をとり子どもたちにどのような立場をとらせたいのかを、毎日の決断として「紙一重」のところで選び続けざるをえない状況におかれていた。武装闘争路線を選んでいった人びとを「責めることはできない」という発言はキャロルとアイリーンの語りに共通に見られるものであり、また他の調査協力者からも聞かれた言葉である。このように、暴力が用いられる背景に横たわる感情への理解があるからこそ、自分自身や我が子が同じ方向に進むかもしれないという思いは払拭しえない不安として人びとを圧迫しつづけたのである。

紛争時代の日常経験をなしていた〈恐怖の星座〉は、ただ自分や近しい人びとが暴力の被害者となるイメージによって構成されていただけではない。それは近い未来において自分自身やその家族が暴力の担い手となっているビジョンに対する不安と恐怖でもあったのである。自らもまた潜在的な加害者であるかもしれないという思いのなかで、人びとは明くる日の生活を模索しながら重ねていったのだった。

第六節　戦場としての身体

第三節でみた事例の一つに、爆弾事件に巻き込まれ、後になって心臓発作で亡くなった従兄弟を紛争の被害者と見なすマリオンの語りがある。疾病や、長期疾患の原因を紛争に見いだしていくこのような語りに、わたしは調査中に多数遭遇した。長期継続する政治暴力が人体に及ぼす影響の一つが病であるという見方は、広く共有されていたように思われる。

次にあげる事例は、北ベルファストのカトリック地区に住む女性ブリジットによる語りである。約一時間半にわたる彼女の語りの大部分を占めていたのが、一九七四年に亡くなった母親についてのエピソードだった。この母の死は、一九七二年に起きた弟の死をはじめ、家族や親戚に起こったいくつもの事件と不可分に結びつくものとしてとらえられていた。一連の出来事は彼女のおじの死から始まった。

私の母の兄弟は一九六九年八月九日に撃たれました。今日か明日にはその記念行事があるはずです。〔…〕母の家族では多くの人が殺されました。母はもともと病気で、何回か脳の手術を受けているんですが、一九七一年にはよくなってきていたんです。

私の弟は一九七二年に撃たれました。まだ一七歳でした。〔…〕母は二年後の一九七四年に亡くなりました。心痛からだと思いますね。だってマイケルは、つまり撃たれて死んだ子ですが、彼は長男でした。母にとって最初に生まれた男の子だったんです。〔…〕すれていない素直な子でね。母は弟の死を乗り越えられませんでした。事件が法廷にあがったとき、証拠不十分のため弟の死因は不明という判決が下りました。母にはそれが耐えられなかったんです。

というのは、弟が殺されたのは武装していたからだという人がいたんです。〔…〕でもそんなこと誰にも信じられませんでした。〔…〕

いくつか要因があるのですが、まずは母の父親の死です。母の父親は私たちと一緒に暮らしていました。そしてクリスマスの日に亡くなりました。クリスマスの日ですよ。そしてマイケルは一九七二年の七月に亡くなりました。つまり母は、短い期間のうちに近い家族を三人失ったことになるんです。何回か脳の手術を受けてはいましたけれど、そのせいで母が死んだのだとは思いません、快方に向かっていたんですから。母はあの日、私たちのために夕食を準備していて椅子に座ろうとしたんですね。そして椅子の上で亡くなったんです、椅子の上で。母は完全に打ちひしがれていました。台所に降りていったときや昼食の時間に顔を合わせるとき、母はいつでも台所に座ってマイケルのために、息子のために泣いていたんです。〔…〕

私は弟の潔白を証明したい。彼の潔白を証明したいんです。

（二〇〇七年八月）

ブリジットの弟マイケルは、一九七二年七月、近所で銃撃戦が起きた夜に、自宅に戻っていない父親を探しに外へ出かけて行き、そのまま帰らなかった。「いったい何が起きたのか、今に至るまで誰にもわからないんです」とブリジットは言う。弟が銃をもち誰かを撃とうとしたがために兵士に狙撃されたという主張――当時若者が軍や警察によって射殺されたときには常に主張される理由であった――は完全には覆されることがなく、ゆえに弟の死に対し誰かが責任をとることもなく、すべては「証拠不十分」との判決のなかに葬られた。

興味深いことに、この物語は語り手ブリジット本人ではなく、その亡くなった母を中心として構成されている。彼女は弟の死を、自分自身というより自分の母親の視点から物語ろうとしている。上の語りにおいてブリジットが「私のおじ」「私の弟」「私の祖父」と言うかわりに、「母の兄弟」「母の息子」「母の父親」と言っていることは注目に値する。ここで考えてみたいのは、自分以外の個人を物語の中心視点におく語りを通じて、語り手がその個人——この場合は語り手の母——の経験した苦しみのプロセスを想像し、理解し、共感しようとしている可能性である。語りをこのように構造化する技法をもって、無意識的にせよ語り手はみずからの、そして聞き手の想像力を、より深く呼び醒まそうとしているとは考えられないか。この物語化と想像のプロセスを通じて、ブリジットは母もまた紛争の犠牲者であると結論づける。「私にとっては、母を殺したのは紛争なのです」。弟を撃ち殺した紛争の暴力、そしてその殺人を「やむなきものだった」として済ませようとする社会的な圧力は、彼女の母親の身体の内側で、その暴力性をふたたび発動させたのである。

紛争によって身体の内側が傷つけられ、破壊されていくイメージは、妊娠と流産をめぐる語りにもあらわれる。たとえばアンは、彼女がシャンキル地区に住んでいた一九七四年に起こったプロテスタント労働者によるゼネストのことを以下のように語っている。第六章第一節で詳述するが、このゼネストは当時の政府がカトリック住民の声をより反映する政治体制を作ろうとする方針を固めたことに抵抗してのものだった。

反対集会やストライキのときには電気がなくて。私は最初の子どもがお腹にいたんですが、食べ物を買うための長い列にずっと並ばなければならなくて、妊娠していたものだから失神してしまったんです。病院に運ばれました。[ストライキをしている人たちは]電気をみな止めてしまうんです。あれは辛かったですね。（二〇〇七年三月）

アンはプロテスタント労働者組合がゼネストという実力行使をもって北アイルランド体制の変革を止めようとしたことを批判しているわけではない。自身ロイヤリスト、すなわち強硬派のユニオニストであると自負しているアンは、聞き取りの別の箇所ではプロテスタント労働組合が見せた政治態度に強い支持と共感を示し、道理にかなったおこないだったと語っている。その上でも、当時の経験はなお辛い記憶として思い起こされている。この語りにおいて、妊娠しているがゆえの辛さは、彼女、あるいは社会全体が紛争を通じて耐え忍ばなければならなかった困難を象徴するものとして登場している。

紛争中に流産を経験した女性にも会った。北ベルファストのインターフェースに住む彼女は、三回目の妊娠で流産したという。おそらく紛争の恐怖のなかでずっと生活しているがためのストレスだろう、と彼女は言った。彼女が入院している間、夫が二人の子どもを連れて見舞いに来ようとしたが、病院へ来る途中で兵士に止められ、そのまま尋問のため兵舎に連れて行かれたのだという。「もうたくさんだ、病院から出たくないと思ったのは、それが最初でしたね」。またアードインのアイリーンは、妊娠中に深夜の家宅捜索にあったことがあり、そのショックから流産しそうになったと語る。さいわいお腹の子どもは無事だったが、「トラウマになりそうでした」。

通常の社会において、妊娠している女性は、傷つきやすく特別な配慮や保護の必要な存在と見られている。しかし上に引用した女性たちの語りは、「妊娠していること」や「妊婦」に対する特別な配慮が戦争状態のなかで二の次にされ、脇におかれてきたことを訴えるのだ。これら妊娠と流産にまつわるエピソードは、妊娠中の女性のような傷つきやすい存在までもが、通常であれば与えられている保護を非常時のなかで奪われ、その結果、他の人びとよりもさらに苦しまなければならなかったと主張し、紛争という歴史経験の無慈悲な性格を強調する。さらにこの訴えは、権力をにぎり紛争のゆくえを左右した者たちが社会的に必要な考慮を怠っていたことに対する政治批判をも含んでいるのかもしれない。

ラトヴィアの共産主義政権下のライフストーリーを調査・分析したヴィエダ・スカルタンズは、そこに「身体と自己の物語をマクロな歴史の物語に強く同一化させていく」傾向が見られると論じる［Skultans 1999: 313］。ラトヴィアにおいては、国外退去と集産化という政治上の出来事が、疾病についてのライフヒストリーに大きな影響をおよぼしていた。「病は歴史的出来事と縫い合わされ、その論理的な帰結と見られていた」[ibid: 316]。また、政治状況がもたらす困難が、とりわけ妊娠中の女性に苦しみを強いたことも強く訴えられていた。それらの語りの「中心には、被害者としての感覚と、不条理な苦境を認知してほしいという聞き手に対する懇願が流れている。ここにおいて病と妊娠経験とは双方、例外的対応のためのよりどころとなるはずのものでありながら、ほとんど無視されているのだ」[ibid: 317]。

本節で見てきた語りにも、類似の訴えが流れているのを聞くことができるだろう。毎日の生活のなかで疾病による症状として経験される身体的・精神的な痛みや苦しみも、また社会の構造と歴史の流れのなかで生み出された紛争経験であるとそこでは主張されている。その意味では病の語りとは、私的な領域で長期にわたって経験された苦しみを、紛争の被害として社会的に認知するよう求めるものでもあるのだ。

第七節　恐怖と不安のなかから

本章で見てきたように、ベルファスト労働者階級地区の人びとが紛争の始まりとして記憶するのは、必ずしも政治史上重要とされる事件ではなく、ごく身近なコミュニティの変貌だった。この記憶をもって、人びとは紛争〈以前〉と紛争〈後〉の日常の変化を語るのである。客観的に見ても、一九六九年の夏以降、ベルファストの都市景観に大きな変化が訪れていたことは推測できる。宗派間暴動や焼き討ち、分住化の進行はもちろん、悪化の一途をたどる宗派間衝突への対策として各地で〈平和線〉の建造が始まるのも一九六九年夏の終わりのことである [Bardon 1992: 670]。各々の住民達にとって従来も足を踏み入れがたい土地であった〈向こう側〉の居住区が、とうとう壁によって物理的に隔たれたのである。通りのそこかしこに武装したイギリス軍兵士の姿が見かけられるようになったという変化も大きかっただろう。

長期紛争の中での経験はコミュニティや社会についての信頼を人びとから奪い、日常生活を恒常的な恐怖と不安に満ちたものにしていった。アルスター大学の社会学者ピーター・シャロウは、北ベルファストでの聞き取り調査にもとづき、日常的経験に根ざす恐怖は既に確立されていた宗派主義的な住民分断を強化し、紛争をさらに長期化させることにつながっていったと論じる［Shirlow 2003］。

しかし恐怖のなかからは、社会に対して何らかの働きかけをするための意思と行動とが生まれていく。人びとは恐怖の中でただ麻痺状態にあるのではなく、暴力と恐怖を生み出すものに対処し立ち向かおうとしていくのである。たとえば「子どもたちのために」というフレーズは、何人もの女性の語りのなかで、地域コミュニティのための活動に関わっていく動機と方針を基礎づけるものとして語られた。第二節で語りを引用したフォールズ地区北端に住むキャロルは、子どもたちのために、そして未来の世代のために、地区活動に関わっていったという。彼女がまず始めたのは、十代の若者のためのイベント企画を手伝うことだった。「ここには仕事も何もなかったんです。子どもたちはいいことを何一つ知らなかった。若い男の子たちは軍隊も警察も怖がらなかったけど、人生のいいことを何も知らなかったんです。だからその子たちのためのイベントを企画してあげられたら素敵だと思ったんですね」。アイリーンもまた一九七〇年代に、自分の地区の女性が子ども連れで集まれる場をもうける活動に関わっていく。「そのときは本当に何もありませんでした。住民センターもなかったし、子どもたちが遊びに行く場所もありませんでした。自分の子どもにとってよりよい環境がほしくて、それで活動を始めました」。

このような点を考慮するならば、失われたユートピアとして紛争以前のコミュニティを描き出す語りには、三〇年の紛争の時代をあくまで「非常態」「異常」とする意図を見て取ることもできる。その意図は、あるいは決意と言い換えてもよいものだ。コミュニティのなかの絆や信頼が失われ、人びとがかつての隣人に対して脅迫や焼き討ちをおこなうようになり、恐怖が社会全体に広がっていく状況を目にしながら、それを自分たちのコミュニティの本来の姿ではないと自分に言い聞かせることによってはじめて、人びとはそのただなかに暮らしつづけることができた。言い換えれば、「異なる者」同士が隣りあって住んでいた共生状態の記憶は、近隣コミュニティや社会の未来を信じる上でなくてはならないものだったのである。

「母親としての恐怖・不安」についての語りが「母親としての行動」についての語りへとつながっていく様子には、ある種の語りの技法を見いだすこともできる。「母」という立場性からの心理的経験を語ったがゆえに、その紛争経験は母としての行動についての言及で締めくくられることで首尾一貫した物語となる。従来、北アイルランド都市部の女性たちの母親としての政治行動・社会行動は、その証言こそ私的な領域に閉じ込められているものの、実は公／私の二元法を脱構築する潜在性を持っていると論じられてきた［Dowler 1998; Hackett 2004］。この議論は、政治暴力や民族紛争の文脈において軽視されがちである女性の政治的エージェンシーを再考するための一助となる力強い議論であろう。しかしながら人びとは時として意図的に、暴力の集合的経験について私的な領域から語りをおこなおうとする。本章で見てきた事例において、人びとが自分の経験や、「より深い」苦しみにさいなまれた地区の隣人のことを語るとき、それは私的で個人的な領域にあると見なされてきた感情──「母」「親」としての他者への共感と同情──に満ちたものであった。さらに〈新たな他者〉であるわたしのような聞き手に語りかけるさいにも、やはり私的な感情に根ざす共感への訴えかけがおこなわれる。〈母の語り〉とは、そうした技法の一つと考えることができる。そこで希求されているのは〈公の声〉──彼女らの言葉を借りれば「国のために命を賭す」というレトリック、あるいは政治信条や理想を追求することに価値をおく語り口──では獲得できないような、関係性にもとづく共感や愛情がもつ動員の力なのである。

ここまで見てきたのは、「子どもたちの未来」というフレーズが、恐怖と不安によって日常が構成されている社会状況を打破していこうとする意思や、新しい地域づくりのための行動と接続していく事例である。しかし〈母の語り〉を論じるとき考えなくてはならないのは「私たちの子どもたちの未来」が、さらなる暴力をまねき紛争を継続させる・ないし再発させる形で語られもするという点である［Jacobson 2000: 181］。たとえばシャンキル地区で長期にわたって生活したアンは、イギリスとの連合継続および自分や家族が「イギリス人であること」を守るためには、もう一度「闘いに出ていくことも辞さない」と言った。「だって私はイギリス人であるために生まれてきたし、私の子どもたちもイギリス人であるために生まれてきたんですよ」。母性あるいは「親であること」についての語りは、私的な感情にうったえかけながらも、「母」「親」としての集合的感情や集合的経験のありかをさししめし、そこから生まれる行動に政治的・社会的文脈を与える。私的領域と政治的領域がこのように接続されることによって、人びとは自分の経験と行動に対する連続性、首尾一貫性の感覚をも見つけていく。だが当然のことながら、それは和解や相互理解、対話構築のみに行き着くわけではない。

長期の恐怖と日常的な不安のただなかから立ち上がることができるのはごく限られた人びとではないか、という疑問も考慮されてしかるべきである。第三章第四節でも触れたが、当初わたしは調査協力者候補を住民センターやコミュニティ活動のネットワークを通じて見つけた。したがって本書がとりあげる語りの一定部分は、コミュニティで開かれている企画や行事に顔を出したり、あるいは地域にとって何が必要なのかを自ら社会的に考え組織していこうとする積極性をもつ人びとによって語られたものである。そして彼らは、自分の記憶へと足を踏み入れてくるよそ者であるわたしという人物に向かって、自身の人生の一部を開示する用意ができていた人びとということになる。多くの人びとが、紛争が残した傷のために、あるいは何か他の理由のために、同様の状況において自分の経験を語りたがらなかったであろうことは容易に想像できる。研究者の耳と目の外にある語りにはアプローチできていないという意味で、本書は質的な聞き取り調査法をとる他の多くの研究とも共通した限界を抱えている。

先に述べたように、本書で引用している語りは、辛苦の経験をふくむ自身の物語を外部者にさらけ出す準備が比較的できている人びとによって紡がれた。そうした語りのなかにすら、紛争が残していった疼痛は底流として流れていた。出来事それぞれの記憶にまつわる痛みだけではなく、いくつもの出来事が積み重ねられてきたことによる心理的な負担である。〈恐怖の星座〉の中心で長期の日常生活を営んだ経験は、人びとの心的生活に長期継続する影響を及ぼした。

北ベルファストのインターフェースに暮らすリンダは、紛争初期に地元のコミュニティ活動に関わりだし、以後三〇年のあいだ地区の社会環境を整えるために働いていたが、数年前にノイローゼになったという。長年見てきた暴力と宗派主義的な憎しみに、とつぜん耐えられなくなってしまったのだ、と彼女は言った。それは小学校に入ったばかりの彼女の孫が、ある日宗派差別的な言動にあったことをきっかけとしていた。以後、四〇年近く前に起こったことや、つい数年前に起きたことが、すべて絡まり合ってストレスとなっているのだという。彼女を苦しめているのは、かつては地域で活発に働き指導的な立場にもあった自分が社会的に不能になってしまっているという感覚でもあった。自分がおこなってきた活動が未来の世代にとって何か意味があるものだという確信をもつことができないと彼女は語る。子どもたちや孫たちのことを考えれば、北アイルランドにとどまり何かをしようと試みるよりも、早いうちにこの地を離れるべきだったのだ、というのである。

子どもや孫の将来のことが本当に心配なのです。なぜあの子たちをこの世界に連れてきてしまったんだろう、とよく私は言うんです。子どもを持ったことを心から後悔していますね。自分が悪かったんだと思ってしまうんですよ。この土地から出ようと努力すればよかった。どうして子どもたちや孫たちをこんな場所で育たせてしまったんだろうと思います。

（二〇〇七年四月）

宗派主義的な憎しみはこの土地から消えることはない、ゆえに子どもや孫も平和に生きられないという思いとともに、彼女は自分を責めていく。この罪の意識は、子の安全を確保するのが母親の最大の責務であるとする規範の内面化から生じるものでもある。

ある出来事の記憶を話し始めた直後に語り手が話をやめ、脈絡なく主題を変えるような事例も見られた。南ベルファストに暮らす六〇代のコミュニティ・ワーカーへの聞き取りは、強く印象に残っている。聞き取りが終盤にさしかかり、語り手のライフストーリーが一段落し、北アイルランドが抱えている社会問題一般について会話をしていた時である。彼女は自分の息子の一人も実は自死している、と言った。わたしは驚いた。彼女に対する聞き取りは二度目で、一度目は二時間、二度目は一時間半ほどの長さであったが、その息子の話は一度も話題に出ていなかった。何か重要なことを言ったというふうでもなく、彼女は続けた。「いま本当にたくさんの自殺があるんですが、理由が全くわからないことがよくあるんですよ。紛争後に私たちが抱えている問題の一つです。何が起きているのかもっと理解しなくてはならないのね」。

わたしは次の言葉を待った。短い沈黙の後、女性は立ち上がった。「はい、じゃあそろそろ終わりにしましょう。お茶をもう一杯いかが？」

彼女への聞き取りはそのようにして終了している。

二〇〇七年の長期フィールドワーク三ヶ月目にわたしがイングランドに住む友人に書き送ったメールには、次のような文章がある。「どこに行っても自殺の話を聞きます。社会全体が抑鬱状態にあるみたいに感じます」。その後ベルファストにさらに半年間滞在し、また年一〜二回のペースで何度も当地を訪れ、幾人かの人びとと長期の関係を築いている今、わたしは必ずしもこのような抑鬱感をおぼえない。たしかに人びとは深刻で解決しがたい問題や苦しみに言及するが、会話の中には茶目っ気があり、時として油断のならない狡猾さもある。だがベルファストの労働者階級地区の人びとの紛争経験を毎日のように聞き始めた当時、わたしが空気のなかに重苦しさを感じたことは、おそらく一つの事実として確認されるべきなのである。

　社会規模で経験された暴力の記憶についての文献は、たとえどのようなものであっても、あらゆる声をすくいとることはできない。聞き取りに応じてくれた人びとの声でさえ、十全にすくいとることができているか疑わしい。一人の人間は自分の中に複数の声を持っている。社会的な相互行為のなかで立ちあらわれるものは、自己をなす弁証法的な構造の一点を「瞬間的にとらえたもの」にすぎない［Crapanzano 1990: 403］。日々の対話のなかでわたしたちは、面と向き合っている人物の「もうひとつの自己」、すなわちその人が普段見せている姿とは異なる声をもつ影を感じとることがある。恐怖と暴力についての物語は、時としてその影のなかからわたしたちに語りかけてくるのだ。

第五章　地区コミュニティの集合経験

第一節　本章の視座――集合的記憶と個人の体験

前章で見たように、ベルファストの労働者階級地区は暴力が交わされ展開していく中心的な場所だった。そこでは紛争の影響を直接的にこうむっていない、すなわち自分は被害者ではないと考えている場合も含め、多くの人が〈恐怖の星座〉とも呼びうる心理状態のなかにあった。人びとの生活は、明白な中心を欠いてはいるがあちこちに無数に散った不安のイメージの集積に圧迫されていたのである。〈恐怖の星座〉はいつなんどき「自分の番」が来るかわからないという予感と地続きのものだったが、その「自分の番」が具体的にどのような形で訪れるのかは、その時が来てみないとわからないのだった。

これら恐怖のイメージは、まずもって感覚的で身体的なものであり、直接経験にもとづき個人的に獲得されたもののように見える。しかし前章でも折にふれて確認したように、地区内に共有されたものとして感覚的な記憶が物語られることはけして珍しくなかった。これらはある意味では確かに語り手が直接聞き、目撃し、感じたことにもとづく個人的な記憶だったが、同時に集合的なイメージとして認識されていたのだ。

興味深いことに、自分ではなく別の人間が経験した事柄を、その場にいなかったにもかかわらず強い感情表現とともに物語る人も多くいた。二次的記憶とも呼びうる他人の物語が、十分に真に迫ったものとして思い浮かべられ、〈恐怖の星座〉の心理状態を形作る要素となっていたのである。

本章ではこうした問題、すなわち集合的な記憶が個人の体験とどのような関係をとり結ぶのかを考えていく。言いかえればそれは、紛争に関連するさまざまな集合的イメージが、どのような社会環境のもとにいかにして形成され、またどのように伝播していくのかというしくみの分析である。他人の物語が心的状態に強く影響をおよぼし、日常生活についての予測の構成要因となっていくような事態は無条件に起こるものではない。出来事が起きたその場にいなかった人間に対してなお感覚的・感情的・身体的な訴えかけが生まれるような要因が、エピソードそのものに、そしてエピソードが伝わっていく関係性・状況・場の中にそなわっていなければならないのである。

集合的記憶と個人の体験との関係は、記憶研究の主要なトピックの一つでもある。そもそも集合的記憶という概念そのものが、個人の心理現象として想定されていた記憶にたいするアナロジーとともに育ってきた側面をもつ。以下のような議論に見いだせる考え方だ。

> ［集合的記憶と個人的記憶の］どちらの場合においても、我々は自身のアイデンティティを物語り、公的なイディオムや道具を適宜用いてそれらを表象していく。〔…〕個人としての主体一般の構成と似た形で集団的な主体が構成されるだけでなく、特定の自己の経験や自己についての言説が、集合的な経験やアイデンティティを語るためのイディオムを提供する。［Lambek 1996: 244-245］

ここでは、個人的記憶と集合的記憶が同種の構造と要素によって構成されており、相互補完する関係にあることが強調されている。また人類学における記憶研究の動向をまとめたマイケル・G・ケニーも、「個人的な記憶と集合的な記憶がたがいをつねに伴うこと」が人類学の記憶研究のなかでつねに強調されてきたと述べる。もちろん、あらゆる体験は個人的なものである。「集合的なものはそれ自体の精神を持たないのであるから、記憶も持たない」ことを忘れてはならない。けれども、「個人を支える集合的なものが先だって存在しなくては個人が何者にもなりえないのも、また事実なのである」［Kenny 1999: 421］。

　これらは明白な事柄である、と述べた上で、しかしケニーは以下のように問題提起する。「より明白ではなく、それゆえ人間科学の継続的な検討課題となるべきなのは、個人的な体験がいかにして集合的記憶へと融合していき、またその逆反射がいかに起こるのかという事柄である」［ibid］。本章が問うていこうとするのはケニーがつきつけたこの問題にほかならない。そのために焦点を当てるのは、地区コミュニティ内の社会生活のなかで共有されていく社会知識・政治知識・歴史知識、および地区という生活空間における身体経験である。それらは、時として〈文化〉の語でも呼ばれるような、歴史的に伝承され、象徴によって表現される蜘蛛の巣状の意味のネットワークであり、個々の体験の意味を解釈する枠組みとなるものである［Geertz 1973＝1987］。自身の遭遇した出来事や情景が特定の社会状況と結びつけて解釈され、ある集団の共有経験であり政治経験として了解されるようになるのも、この意味のネットワークを介してのことだと思われる。

　ただし第一章でも述べたように、本書で焦点を当てていくのは、遠く離れた地区で暮らす、たがいを知らない者たちのあいだにも共有されていることが想定されるような巨大集団の〈文化〉ではない。住民の多くが直接の顔見知りであり、生活空間を一定程度でも共有しているような、小規模なコミュニティで共有された意味のネットワークである。これは北アイルランドのように、地区ごとに大きく異なる社会経験・政治経験が見られてきた社会を論じるためには欠かせない視点である。前章で見たように、ベルファストの都市部で極度に進んだ民族的・宗派的な分住状態において、それぞれの地区の境界線は、ときに道路として、あるいは高くそびえ立つ鉄条網の柵として圧倒的な物質性・可視性をもち、またベルファストの地図を象徴的に色分けしてもいる。第三章第三節で見たように、紛争中の暴力の性質はそれぞれの地区で大きく異なっていたし、居住区と居住区の境界線ごしに暴力的な攻防が交わされてきた側面もある。人びとの社会的コミュニケーションや日々の行動は、かなりの程度その境界線の内側に限られてきた。そのなかで、出来事や情景を解釈するための背景知識としても、異なる枠組みが育まれてきたのではないかと考える。

さらに本章は、地区コミュニティの意味のネットワークを形成していくものとして、隣人間・近しい人間間の日常的な語りあいにも注目したい。近しい人の身に起きたことは、自分自身の体験を解釈する素地をなすものともなる。家族、友人、隣人、同僚など恒常的に接触し交わりをもつ関係のなかで、人は何気ないおしゃべりや噂を通じ、自分たちをとりまく世界で過去に何が起きたのか、そして現在進行形で何が起きているのかを学んでいくのではないか。

もちろんこのような情報は、通常、身近な人間とのおしゃべりからのみ得られるものではない。けれども長期の社会分断と政治不安を経験したこの地においては、イギリスないし西ヨーロッパの他地域と比べ、社会の構成員多数が信頼し依拠する情報源がきわめて少ない・ほとんどないといえるだろう。イギリス政府や北アイルランド政府、ないしアイルランド共和国政府が発表する情報や声明は、まずその政治性において一部の住民から不信をもたれていた。公的発表の中にはつねに何らかの「言われていないこと」「隠されていること」があるというのは、多くの調査協力者が前提としていた見方でもある。またイギリス連合王国の一部である北アイルランドにおいて、人びとが高度に発達したマスメディアに囲まれて生活してきたのは確かだが、連合王国の全国紙の報道は、紛争の中心的戦場であったベルファスト労働者階級地区における生活実感とは遠く離れたものに感じられただろう［Miller 1994］。その一方で地元紙の多くはイデオロギー性を強く有しており――つまりは「ナショナリスト紙」か「ユニオニスト紙」のどちらかであった――「向こう側」に近いと見なされている地元紙の情報を、人びとはあまり信用していなかった。(1)そうした状況にあって、「紛争の中で何が起きたのか」「社会で何が進行しているのか」を把握するための手がかりは、周辺地域とくらべてはるかに大きな程度で、日々のコミュニケーションと身体経験とに依拠していったと考えられる。

第二節　地区の集合経験を象徴するビジョン

前章で見たように、ベルファストの労働者階級地区においては、学校や仕事に行くために通る道や、よく行く店、パブ、ならびに市の中心街など人びとが日常的に訪れている場所が、過去に起きた暴力的な出来事の記憶、あるいは暴力の中で失われたものについての痕跡に満ちていた。それは過去の痕跡であると同時に未来の徴候でもあった。すなわち、同様の事件がいつ同じ場所でふたたび展開されて、今度こそ自分を巻き込むかもしれないという感覚を、身近なそこかしこの光景が喚起したのである。

恐怖は前触れなく突発的に訪れ、またどこかに去っていった。このような恐怖はつかみどころがなく、明確に言語化したり起承転結のある物語として示すことが難しい。そのためか日常生活の経験は、感覚的なイメージに多く依拠して語られることが多かった。不安について直接的に言葉を尽くすのではなく、いくつもの視覚イメージ・音のイメージを並べることで、長期の経験がどのようなものであったかが仄めかされるのである。たとえばショート・ストランドに住む一九五〇年代生まれの女性エリスは以下のように語っている。

ここでは紛争はずっと続いたんですよ。しょっちゅう爆弾がバス停だとかバーで爆発して。爆発音が聞こえたなと思うと、帰ってきた夫が「どこどこだ」と教えてくれるんです。私のいとこもバーの爆弾で亡くなりました。特別大きな爆弾じゃなかったんですよ。でも入り口が塞がれて誰も逃げられなかったのね。それで七人の家族を残して亡くなりました。〔…〕そのときは教会に棺がずらりと並んでね、みんな一緒にね。それが私たちの経験です。〔…〕あるときバーから出てきた男性たちが何人か道で撃たれて、血が道路をこう、流れていくのを見ました。倒れた人たちの頭から血が流れ出て、雨水のための排水溝に入っていったんです。

（二〇一二年二月）

そして次の語りは、北ベルファストのカトリック地区アードインに住むアイリーンによるものである。

夫が仕事に出かけるとき、彼に何も起きないだろうと思えないんです。家を出ようとして殺される事件もありましたから。毎朝ドアを閉めるときに何かが起きるかもしれないんです。それが私たちの生活でした。毎日人が死んでいましたから。もちろん知っている人もたくさんね。だからみんな「とにかく今日はうちに来なくてよかった」と言っていました。でも、そんなこと感じちゃいけないという意識もあってね。

棺がいくつもいくつも出て行っていました。お葬式は人の死を目に見えるようにするんです。「自分には起きないだろう」と思っているとか言われますけどね、私たちみんな「ああいう血なまぐさいことが私にも起きるかもしれない」といつも自分に言い聞かせていましたよ。

（二〇〇七年三月）

まず興味深いのは上記二つの語りにおける「私たち」という語の使い方である。双方の語りにおいて、この「私たち」は、三方を他宗派の居住区に囲まれ、地区として熾烈な紛争経験が見られたショート・ストランドとアードインという場所に暮らす住民を漠然とさす語であろう。必ずしも社会全体に広がる宗派区分や民族区分に直接関わるものではない。同じバス停を使い、同じバーを近所にもち、同じ教会に通っているような人間たちが、集合的な経験をもつ「私たち」として置かれているのだ。

そしてこれらの語りにおいて、爆弾の音、道路を流れ出て排水溝に流れ込む血のイメージ、あるいは教会にずらりと並んでいたり次から次へと路上を運ばれていく棺のイメージは、生活を取り巻いていた暴力の強度と頻度を示すものとなっている。近い未来の不確実性と結びついた恐怖の象徴である。その日の夕方には自分がまったく違った状態にあるかもしれない——そういった思いを抱えつつ生活が営まれていたことがうかがえよう。

人類学者のニール・ジャーマンは、北アイルランドの街頭装飾や壁画に焦点をあてた研究のなかで、視覚イメージは「一般性や雰囲気、空気、印象を伝えることができ、小さな空間や限られた素材のなかに数多くのアイディアを凝縮することができる」と書く。であるからこそ「イメージはつねに焦点を欠き、コントロール不可能なもの」である［Jarman 1997: 15］。視覚的な象徴は、複数の経験を、その細部の差異やずれを越えて、さらには何が中心（典型）であり何が周辺（特殊）であるかといった構造を作ることなく指し示すことができる。この性質は、どこに始まりがあり山があり終わりがあったのか、本人自身がはっきりと認識できないような経験を表現するために適したものでもある。通常の物語は先立つ出来事が後の出来事を誘引するよう筋として発展的な構造をとるが、先の二つの語りにあるような経験はそうした筋の構造をとる物語へと成形しえないものなのである。むしろ語りは、恐怖や不安と結びついた感覚的なサインや光景、視覚イメージを、相互の直接的な因果関係とは関わりなく羅列するものとなっていく。前章でも検討した〈恐怖の星座〉は、そのようにも説明できる。

さらに注意しておかなくてはならないのは、視覚イメージというものが濃密な象徴ネットワークのなかではきわめて厳密な意味を伝達しうる点である。ジャーマンは、解釈可能性がそれ自体として無限であるような視覚イメージも、特定の時間と場所に置かれたときには歴史的文脈に応じて特有の解釈を生み出すと論じる［ibid］。上の二つの語りに登場する血や棺は、ほとんどあらゆる文化において不穏な空気と死の匂いに結びついているだろう。けれどもこれらと同種のイメージが、ベルファストのある地区に暮らしてきた人びとにとっては、さらに特有の政治的意味をもつものとして——すなわち特定地区や特定宗派の人間をねらった襲撃や、当局による政治弾圧、あるいは地区コミュニティ全体が経験している長期の苦しみを示すものとして——了解されることがありうる。それまでの社会生活のなかで獲得してきた地区特有の知識を通じて、一瞬のビジョンの向こうに長い物語が〈読み取られる〉ようになるということだ。以下に見るブリジットの語りはその一例である。

B〈ブリジット〉：検問だとか家宅捜査だとか、私たちが経験してきたことを喋っていったらきりがないです。〔…〕私の弟の一人は一度逮捕されました。とつぜん道ばたで捕まって、キャッスルレイという場所に連れて行かれたのです。それは留置場のような所なんですが、実際は兵舎みたいで、人を捕まえてそこで尋問していたわけです。弟が戻ってきたときのことを覚えています。洗濯するためにシャツを脱いだら、背中が鞭で打たれたみたいになっていました。あの人たち弟を鞭で打ったんですよ。切りつけられたような深い傷でした。何もかも書いてありました、背中にすべて書いてあったんです。

酒井：ということは、捕まえられて拷問されたわけですか？

B：そう、ほんとに悪評が立っていましたからね。もしキャッスルレイに連れて行かれたら殴られたり打たれたりするとね。それを私自身見たわけです。〔…〕いったいその背中どうしたのと私は聞いたんです。でも弟は、「何かできることがあるって言うのかい？」と、それだけでね。とにかく、私はその背中を見たんです。こうした記憶はいいものじゃないですけどね。

（二〇〇七年八月）

弟の背中にあった傷のビジョンは、この語りの中心に位置している。そのビジョンが記憶に残るものであったのは、ただ傷が痛々しい見かけであったからというだけでなく、家からいなくなっていた間に弟が経験していた一連の出来事を、その光景が一瞬にして伝えるものだったためだろう。それは背中の傷の光景とともに「キャッスルレイ」という言葉が伝えられたからにほかならない。

キャッスルレイはベルファスト南東部にある地区の名称だが、紛争にまつわる話題のなかでは、その地区に警察が建てた仮設の建物をさす場合が多い。この場所では武装グループにコネクションがあると疑われた人間から自白や情報を引き出すための拷問がおこなわれていたと言われる。カトリック公民権運動の関連団体や共和主義グループは、紛争の初期から、キャッスルレイの施設に拘引された住民が虐待や暴行を受けていると主張していた［Amnesty International 1978］。アレン・フェルドマンは一九八〇年代当時、キャッスルレイでは身体的・精神的拷問がおこなわれており、一度そこに連れて行かれると帰ってこないこともしばしばだ、という噂が流れていたと記す。服役経験のある元ＩＲＡメンバーは、別のＩＲＡ兵士から聞いた話として、キャッスルレイについて以下のように語ったという。

そいつの尋問中、奴らは――の［そのＩＲＡ兵士の］彼女を捕まえてキャッスルレイに引っ張ってきたのさ。［奴らは］その彼女からはぎ取った［経血で］びしょぬれの生理ナプキンを持ってそいつの房に飛び込んできて言った、「お前はあの女性をどういう立場に追い込んでいるのか分かってるのか?」そうやって彼女を侮辱し、彼のことも侮辱した。彼女は完全に参ってしまって情報提供をしたそうだ。［Feldman 1991: 135］

もう一人の服役経験者は、尋問の最初に警官に言われた台詞を覚えているという。「ここがどこだかわかるか？　キャッスルレイだ！　ここのことを聞いたことがあるだろう？　全部本当だってこれから教えてやろう」[Ibid: 136]。この警官の台詞は、レパブリカン武装グループメンバーであれば誰もが「キャッスルレイ」がいかなる場所か知っている、という前提にもとづいている。ブリジットも上の語りで述べているように、キャッスルレイという名が拷問、肉体的・身体的な暴行、そして死にさえ結びついたものであることは、彼女の地区では広く共有された認識だったようである。日々の生活のなかで耳にする噂を通じ、この名が意味するものを知っていたからこそ、ブリジットは弟の背中の深い傷を「読む」ことができ、彼のキャッスルレイでの経験がそこに「すべて書いてあった」と了解できたのである。かりに武装グループの拠点から遠く離れた郊外の中産階級地区に住む人間が同じ光景を目にし、同じ語を聞いたとしても、ブリジットほど瞬間的に自分が〈見た〉ものを認識できたとは限らない。

〈私は見た〉という言明は、時にある真理の証拠として見なされ、また人が政治的に主体化していく動機とも結びつけられる。前章のキャロルによる一九七一年特別拘禁制度発効の語りにおいて見たとおりだ。「知識はビジョンを通じて獲得されるものであり、ビジョンは世界を透明な客体として直接的にとらえるもの」と一般的には想定されている [Scott 1991: 775]。しかし、ジョーン・スコットが指摘するように、〈何かを見る〉という経験は直接的でも自明でもなく、社会的・政治的に構築されたものである。視線の先の光景からは特定の要素と意味が取り出され、社会的・政治的事実として〈見られ〉、体験されているのだからだ。そしていかなる要素と意味が視界の先から抜き出されるのかは、人がそれまでの社会経験や関係性のなかで構成してきた意味のネットワークに応じて決まる。その背景知のなかに置かれてはじめて、視覚イメージは何かを雄弁に語りはじめるのである。

ブリジットが弟の背中にあった傷のビジョンを、彼のみならず多数の人間が有する経験の象徴であるととらえていることも興味深い。弟のエピソードは、終わりなく継続する「検問だとか家宅捜査だとか、私たちが経験してきたこと」の一例として語られたのであり、彼女の家族が属するコミュニティが全体として武装活動の被疑者として扱われてきたことを語るものなのである。彼女が「私自身が見たわけです」と言うとき、彼女が見ているのは彼女の弟の身体的な苦痛のみならず、コミュニティ全体がへてきた政治経験なのである。

であるとするならば、それはいかなるコミュニティなのだろうか。彼女がこの出来事を位置づけた背景知識は、彼女の暮らしてきたカトリック地区で育まれてきたものであろう。またキャッスルレイという名は、おもにカトリック住民やアイルランド共和主義者に対する弾圧や政治暴力を語る文脈のなかで登場してきた。しかし弟がカトリックであったからこそキャッスルレイで拷問を受けたのだと、たとえ考えていたにせよ、ブリジットはそれを言語化しなかった。そもそも聞き取り全体を通じ、ブリジットはカトリック住民が紛争の主たる犠牲者であったという印象をわたしに与えることを極力避けていた。このエピソードは警察・軍当局の脅迫的支配の一例として語られたのであり、そうした支配を受けた対象としておかれているのは、従来北アイルランドにおいて政治経験の主体として想定されてきたような、カトリック／プロテスタント、アイルランド共和主義者（レパブリカン）／イギリス愛国主義者（ロイヤリスト）といったカテゴリーではない。その主体は宗派的な区分のない〈労働者階級地区に住む私たち〉でもありえるし、また〈この地区に住む私たち〉でもありえるようなものである。あるいは〈治安維持〉の名目でなされた政治暴力の被害者すべてを漠然とさししめすものでもありうる。こうした語りの態度は、北アイルランドにおける政治経験すべてを宗派＝民族のカテゴリーへと二分化する従来的な見方を回避しようとするものである。それは近年の和平プロセスにおける〈社会と歴史に対する新しい態度〉を強く意識したものとも考えられよう。

第三節　空間の身体経験が媒介する集合的記憶

3・1　場の記憶を喚起する他者の物語

ある光景が背景知識と結びつくことによって特定の意味を与えられていく様子は、次に見る事例からもうかがうことができる。そして興味深いことに、この事例においてそのイメージとは語り手自身が見たものではなく、他の人間から聞いたものなのである。

語り手は労働者階級地区シャンキルで産まれ育った女性アンである。彼女の弟は、紛争初期にレパブリカン・グループ（ないしカトリック住民）との衝突のなかで撃たれて負傷したという。彼女はこの事件を、ある政治現象、具体的に言えば彼女のコミュニティが「陥れられてきたこと」の証拠としてとらえている。

あのときは両方の側の男たちが［紛争／暴動に］関わっていたんですよ。どちらの側にも射撃手がいたわけです。シャンキル地区の道路の多くがクロナード・ガーデンズという場所に行き着くんですけど、私たちの側も向こう側の人らも外に出ていて、石とか瓶とか火炎瓶を投げあっていたわけです。〔…〕その日は男の子たちがクロナード・ガーデンズに行こうとしていてね。クロナード・ガーデンズには教会があるんですが、そこは射撃手が隠れて撃ってくるところだったんです。弟はクロナードに向かっている一人だったんですが、クロナードに近づいてきたとき射撃手がクロナード・ガーデンズから弟を撃ったんですよ。それで私たちの側の一人が撃ち返したわけですけど。射撃手が［弾に当たって］倒れていくのが見られているわけですよ。でもそこに行った警官が死体を移動させてしまったんです。

私たちの側が最初に撃った、というプロパガンダですよ。撃たれて殺されているのはあの人たちだとメディアに言わせたんです。そこには誰もいなかった、〔…〕無実な人をひどく殴ったり、警察が見ている前で家に押し入ってきたりするといって軍を責めますけどね、実のところ、それは両方でやられていたことなんですよ。ロイヤリストの家だって襲撃されましたよ。逮捕されたり拘禁された人もいたし、服役した人だってたくさんいたんです。カトリックやIRAは、プロパガンダ戦争にしたてたんです。メディアを使って同情票を得られるようにね。〔紛争を始めたのは〕プロテスタント側だって言われているけど、ちっちゃなオレンジ会の支部がシャンキル地区をパレードしているのをカトリックが襲撃したから始まったんですよ、最初はね。歴史についてちょっと読んでみたら、いつだって同じなんですよ。

（二〇〇七年二月）

事件には一つの謎がある。アンの弟を撃った射撃手の死体の消失である。アンはこれを、一連の衝突が弟たちの側によってしかけられたかのように演出する警察がらみの企みと考えている。死体の消失に「実際に」警察が関わっていたのかという疑問に、ここで深く立ち入ることは避けておこう。本章が関心を寄せるのは、ある種の一般性をもつ長期的な政治物語に信憑性を与える根拠としてこのエピソードが想起されているという点である。

アンはこの出来事を、自分たちが不当に紛争における暴力の責任を負わせられてきたことの証拠だと考えている。自分たちのおこなう攻撃は多くの場合自衛のためのものなのだが、自分たちが受けた最初の攻撃は存在しなかったかのように覆い隠されてしまい、「相手側」は彼らが――彼らのみが――無実な犠牲者であると主張する。その結果、自分たちの苦しみは見えにくくなり、単なるトラブルメーカーとして描かれる。このしくみは歴史のなかで繰り返されてきたことと彼女は主張する。

アンがこのエピソードの冒頭で言っている「私たち」は、もしかするとシャンキル地区という限られた領域の住民をさすものであったかもしれない。対置される「向こう側」は、この事件において弟のグループに対峙していた集団を漠然とさすものであったかもしれない。しかしそれは語りの後半に、「ロイヤリスト」「カトリックやＩＲＡ」という大きな区分へとスライドしていく。そして弟の体験をめぐるエピソードは、宗派対立や民族対立にかかわるものと位置づけられていくのである。

アンはこの事件のことを誰から聞いたのかを明瞭には語らなかった。私は「そういうふうに誰かから聞いたのですね？」と言ったが、返ってきたのは「聞いたのじゃない、本当に起きた事よ」という答えである。わたしの発言が、あるいは不適切にも、彼女の解釈に対しわずかな不信を含んだものとして響いたのかもしれない。いずれにせよ、彼女がこのエピソードを弟ないし弟の友人から聞いたことは容易に推察されよう。確かなのは彼女自身は出来事が起きたときにその場にいなかったということだ。教会のなかで射撃手が倒れる光景は、聞いた話をもとに彼女が自分のなかで再構成したビジョンなのである。

ではこのエピソードは、なぜ数十年の時間が過ぎて後、なお語り手の中に強い印象を残しているのだろうか。興味深いのは彼女が事件の起きた場所「クロナード・ガーデンズ」に繰り返し言及していることである。この出来事は彼女が長年住んだ場所の近所で起きた。したがって背景となる場所のイメージを、彼女は自分の身体経験を通じてはっきりと持っていた。それゆえに、弟たちのグループの道行きや、彼らが前方に見ていたクロナード・ガーデンズや教会の様子、そこで倒れる射撃手の姿といった光景をありありと思い浮かべることができたのだろう。

ここにおいて、集合的記憶と個人的記憶の区分は曖昧なものとなっていく。事件が起きた「舞台」のイメージはアン自身の体験にもとづいて思い浮かべられているが、その舞台において起きる「出来事」、つまり彼女の弟が撃たれ、射撃手が撃ち返されたという経緯は、彼女自身の見た光景ではない。したがってこのエピソードは、語り手自身の経験にもとづいていると同時にもとづいてもいない両義性をもつ記憶なのである。こうした記憶は、その場にいた当人らの経験とはおそらく大きく異なったものであるにせよ、どこか知らない場所で知らない人間に起きた出来事についての知識に比べ、はるかに鮮やかな印象を残すのではないかとも思われるのだ。

3・2　噂の機能と複層的な意味のネットワーク

ところでこの語りを聞いていた当時のわたしは、死体を隠す企みに警官が関与していたというアンの主張に関心をもった。北アイルランド警察はもっぱらプロテスタントの肩をもっているとして、その宗派偏向性を批判されてきたからである。カトリックとプロテスタントの抗争にあたって、警察がカトリック側と手を組んで情報を隠蔽したというのは珍しい事例と感じられた。アンは聞き取りの後半で、ふたたびこのトピックに言及する。

Ａ（アン）：［紛争の］最初には、いやになるほどたくさんの警官がＩＲＡに絡んでいたんですよ。警官もカトリックもＩＲＡがやっていることを支持していてね。
酒井：そうですか。長いことカトリックと警官との関係はよくなかったと聞いていましたから、てっきり……。
Ａ：もちろん悪かったですよ。あの人たちは絶対に警察を認めようとしませんからね。レパブリカンは統一アイルランドを手に入れたがっているんです。私たちの警察を、ダブリンの警察と同じようなものにしたがっているんですよ。でもダブリンとベルファストは別の街ですからね。
（二〇〇七年二月）

先に見たように、彼女の弟を撃った射撃手の死体の消失が話題になっていたときには、アンは警官が共和主義者の肩を持って証拠隠滅に関わったとの見方をとっていた。他方で上の会話では、アンは当初は警官がアイルランド共和主義者と手を結んでいたと言うが、後半では共和主義者と警察との関係が悪かったことを強調し、それについて批判的なコメントも付している。このように、彼女の話は必ずしも一貫性をもたず、相互に矛盾する言明を含みながら次々とトピックを移していく。いくつもの語られていない背景や事実を仮定・推測すれば、あるいは彼女の話に論理的一貫性をもつ解釈をほどこすことも可能なのかもしれない。しかしむしろこの非一貫性こそが、語りを通じて人びとが日常的にたずさわっている意味生成行為の重要かつ興味深い側面であるとは言えまいか。パメラ・スチュワートとアンドリュー・ストラザーンは、噂というものは必ずしも一貫した全体を構成しない複数の物語を同時に並立させながら、生活をとりまく多種多様な事物を説明していく、と論じる。

> 噂においては、何かを説明する形態は理論的な思考の結果としてではなく実際のおこないのなかで構成される。そこでは非一貫性は問題にされない。なぜなら人びとは、その時々に出くわす事例に関心を向けているのであって、思考の一般的な文化図式を作り上げようとしているわけではないからである。[Stewart and Strathern 2004: 8]

つまり人びとは一つに体系化された意味システムの中に規律正しく生きているわけではなく、相互に矛盾する複数の物語や意味の枠組みの中で、そのどれか一つに必ずしも頼りきることなく生きているということである。小さなコミュニティの内部でも、あるいは一人の個人のなかにおいてすら相互に矛盾する複数の物語が並存しており、時々に浮かび上がるニュースや主題に応じて、そのつど適した物語が選び取られていくのである。コミュニティの意味のネットワークとはこのように複層的なものであり、だからこそ動態性をもちながら変容していくのだと考えられる。

アンの語りに見える複雑に層をなした不信と疑惑は、彼女のコミュニティの〈外〉にいる人間や集団のほとんどすべてに向けられている。その不信感は自身の語りの一貫性への意識よりも強い感情なのである。そして彼女の記憶は、民族紛争のなかでしばしば見られる集合的な心理状態、〈包囲の心理〉を濃厚に感じさせる。これは自集団が政治的に孤立しているとの感情で、伝統的に自分たちと敵対してきた集団のみならず一度は味方であったはずの集団をも含め、他のあらゆる集団を潜在的な敵と見なす態度である。南アフリカの白人など、数としては少数派でありながらも支配的地位を占める植民者集団にしばしば見られるこの心理は、アルスター地方のユニオニズムの歴史において長く見られてきた[McBride 1997][2]。アンの語りは、紛争のなかで個人に起きた具体的エピソードという形態をとってその集合心性が再生産されていく様子を見せている。そして本書の議論において重要なのは、この物語が彼女の生まれ育った地区コミュニティのなかで共有された空間知、身体知、そして親密な社会関係を背景としてはじめて、プロテスタント労働者階級を被害者とする政治物語の〈生きた証拠〉〈生きた記憶〉として機能しているという点なのである。

3・3　過去と現在をつなぐ空間知

日常的な身体経験としての場所の知は、はるか昔の歴史的出来事を現在につながる記憶として生かし続けることもある。次の例を見てみよう。東ベルファストのカトリックの〈飛び地〉、ショート・ストランドでの聞き取りでしばしば耳にするのが、「聖マシュー教会は、何かが起きるたびいつも攻撃され、ターゲットにされてきた」という発言であった。聖マシュー教会は地区のはしに位置する教会である（第三章第二節図3・1参照）。二〇一一年三月、この地区において住民間緊張の高まりが見られた時期、聖マシュー教会の入り口の扉が夜間に赤・白・青の三色のペンキで汚された。死傷者を出した事件ではないが、ショート・ストランドの住民はこの悪戯に強い不安を感じたようである。カトリック教会にイギリス国旗の色をつけるという行為は、地区の住民に対する敵意

図5.1　聖マシュー教会の入り口。地面に描かれた白い円がニールの指差した十字。2011年。

と攻撃心を象徴的に示すおこないとして理解されていた。

ある日のこと、一九五〇年代生まれの男性ニールが、彼の家族に聞き取りをおこなっていたわたしを宿に送りがてら聖マシュー教会を案内してくれた。「日本ではカトリック教会が珍しいだろう」と彼は言うのである。教会内部を見た後、わたしたちは建物の外をぐるりと歩き、記念碑や庭を見た。ニールは一九七〇年代前半に起きた大きな住民衝突で教会の庭が銃撃戦の場となったこと、そのとき彼も衝突の場にいたこと、近年も教会の敷地にいろいろなものが投げ込まれていることなどを語った。彼の祖父の時代、一九二〇年代にこの地区でひどい暴動があったが、そのときも教会は標的にされたと彼は言う。「たった二年でこの地区から数十人が殺されたんですよ。ベルファスト全体だと五〇〇人以上だ。紛争では三〇年で三五〇〇人が死んだけど、そのときは二年で五〇〇人が死んだ。ある意味ではあのときのほうがひどかったということです」。

ニールは教会の入り口近くにわたしを連れて行った。そして、数日前に赤・白・青のペンキで汚されたという門をわたしに見せたあと、近くの地面を指差してこう言った。

そこに十字の印が見えるでしょう？　それが一九二〇年代の暴動で、この地区で最後に亡くなった人が撃たれて死んだところですよ。武器も何も持たないご婦人だった。教会で礼拝を終えて歩いて出て来たところを、通りの向こう側から狙い撃ちされたんだ。教会はいつも標的にされてきたからね。

（二〇一一年三月）

わたしはニールの指差した先に顔を近づけ、まじまじと地面を見つめた。門につながる段から二〇センチばかり離れたそこには、たしかに直径一〇センチに満たない白い円があり、中心に十字の模様が描かれていた(図5・1)。

一九二〇年代に起きた暴動(ベルファスト・ポグロム)と、そのなかで地区の女性が射殺された事件は、ニールの祖父が地区住民として間近に体験し見聞きしたことであっただろう(第三章注2参照)。祖父が毎週通っていたのと同じ教会に、ニール自身も生まれてこのかた通い続けている。そしてそのたびに自身が生まれる二〇、三〇年前の事件の痕跡を目にし、通り過ぎるのである。そこでは反復され続ける場所の身体経験と、歴史の記憶、および家族の記憶が交錯して濃密な意味の織物を形成している。近年の住民衝突のなかで教会が攻撃される事件は、その織物のなかに位置づけられることで大きな意味を持ちえてくる。ささいな悪戯とも見える事件——死者も負傷者も出さず、生きた人間に対しておこなわれたものですらないペンキ事件——が、なぜ地区の住民をかくも不安がらせていたのか、その理由の一端が彼の一連の言動からは伝わってくるだろう。

教会の門にこびりついたペンキの汚れも、そのすぐ下の地面にしるしづけられた十字も、通りすがりの人間には何か意味のあるイメージとしては見えてこない。けれどもショート・ストランドという地区に代々暮らし、地区内の空間と風景がどのようなものかを身体経験をもって知り、かつ家族や隣人から地区の歴史を聞いてきた人間にとって、それらのイメージは背後に横たわる歴史物語を瞬時に思い起こさせるものであり、かつ現在と未来の脅威に対して何かを伝えるものとして働いていく。

第四節　語りを通じて伝播する感情と記憶

次に検討するのは、他者の経験でありながらも感情を喚起し、記憶に残る物語がどのような要素をもつのかという問題である。イタリアのトスカーナ地方のある村で起きたナチスによる集団殺害事件について、約五〇年が経過した後にどのように記憶が伝えられているかを調査したフランチェスカ・カッペレットは興味深い議論を展開している。彼女の調査においては、「虐殺が起きたときに一歳、生後九ヶ月、ならびに二〇歳であった三人の個人が、事件についてほとんど同じ物語を語った」のだった［Cappelletto 2003: 248］。当時生後一歳ないし九ヶ月であった個人が、自分自身の見聞きした光景の記憶にもとづいて語りをしているということは考えにくい。彼らは後になって周囲の人間から事件の内容を聞いたのである。重要なのは、そうした二次的記憶であるにもかかわらず、聞き手カッペレットにとっては彼らの物語が事件当時二〇歳だった人物の記憶と大きく変わらないように思われた、という点である。

このような現象がなぜ起こりうるのか。その疑問をとく鍵を、カッペレットは村人たちの物語に頻繁に登場する視覚イメージの描写に見いだす。事件の目撃証人の語りは、しばしば「一瞬の断片的光景がいくつも続く」ような形で、言い換えれば視覚イメージが「映画にも似た」展開をとる形で構成されていたという。極度の暴力と恐怖の記憶が伝えられるとき、そこでは「細部について非常に大きな関心が寄せられる。それはまるで細部を生き返らせたいという切迫した要求にも似たものである。この試みは、意味の微細な差異をめぐるものではなく、事実を順序立てて述べる厳密さに向けられている」［ibid: 252］。詳細で豊富な視覚イメージをもつ証言は、語られている出来事を聞き手が自身の頭のなかで想像し再度描き出すことを可能にするとカッペレットは主張する。

彼女が「心象（imagery）」と呼ぶものである。

ここで私は、経験主義者が用いる意味での、現実のコピーとしてのイメージや心象のカテゴリーを用いているわけではない。そうではなく、視覚的な形態をとる感情経験、あるいは感覚と結びついた思考のあり方について述べているのだ。［ibid: 251］

あるコミュニティにおいて、過去の出来事の記憶が感情とともに伝達されるのは、この「心象」を通じてである、そしてここにおいて個人の体験がコミュニティの集合的記憶へと接続されていく、とカッペレットは論じる。

前節で見たアンの語りは、カッペレットの議論と共通する点を持っているとも言えるだろう。彼女のエピソードは一つひとつの場面を順を追って語るものであり、視覚的なイメージを多く含んでいる。クロナード・ガーデンズにつながるシャンキル地区の通りという出来事の舞台、前方に見える教会、教会からの射撃手の襲撃、反撃、倒れる射撃手、その後に死体を隠す警官といった具合である。それはシャンキル地区の住民であるアンが、同地区に住む家族ないし隣人からこのエピソードを聞いたとき、詳細に思い描くことのできた心象だっただろう。彼女がこのエピソードを感情をこめて語るのも、おそらくそれと無関係ではない。

次に見るブリジットの語りも、彼女自身の体験ではなく後になって他の人間から聞いた出来事をめぐるものである。やはり二次的記憶でありながらも詳細な心象をもつ事例である。

そこの角に住む友達のお父さんも殺されています。その子のお父さんは仕事に出ていて、仕事場ではカトリックとプロテスタントの人たち両方と働いていました。紛争が続いていましたけど、みんなおたがいにうまくやっていこうとしていたんです。

その日、その子の父親は昼食を食べていたんですね。そしたら突然誰かが押し入ってきて言ったんです、「いいか、カトリックは全員ひざまずけ、プロテスタントは全員立て、立つんだ」とね。入ってきた人たちはその場の誰がプロテスタントなのか、つまり誰が誰だかわかっていなかったわけです。立っている人は撃たれるだろうから、誰も従おうとはしなかったんですね。するとと、言ったようにしないんだったらどのみち全員撃つぞ、とその人たちが言うわけです。それで仕方なく、カトリックはひざまずいてプロテスタントは立ったんです。そうしたら彼らはカトリックを全員撃ったんですよ。

こういうものをいったい何と呼んだらいいのか私にはわかりません。友達の父親はなんでもなかったんです。武装グループとの関わりなんてなかったし、ただ普通の人で、毎日の仕事をしに出かけていただけです。そして彼は犬みたいに殺されたんです。犬みたいに撃たれたんですよ。まだ若かったのに。友達とそのきょうだいはまだ小さかったはずです。たくさんの人がそんなふうに……、無理ですよ。無理なんです、無理……、

だから私は子どもたちのために何かがしたいと思ったんです。こういうことが当時は起こっていたから。衝突はまだ起きているけど、この土地に、この地区に、普通の状態が来るように努力したんです、もしそう呼べるのならね。

（二〇〇七年八月）

アンの語りとは異なり、出来事の舞台は「仕事場」であるという以上には詳細に語られない。だがそれぞれの場面は詳しい情報とともに厳密な順序で展開する。この物語の聞き手ないし読者は、語られている場面を次々と頭のなかに思い浮かべながら話の展開を追っていく。銃をもった人間の登場、その場にいた人びとの躊躇、脅迫の言葉に応じてひざまずき・あるいは立つ人びと、といった具合である。そうした想像を通じて、聞き手は話のな

かでいったい何が起こっているのか、起きようとしているのかを理解し推測しようと試みていくのである。

ところがこのエピソードはその場にいた人間の、そしてこの話を後になって聞く人間の予想を裏切る形で展開する。つまり聞き手の感情を弄ぶような物語の筋となっているのだ。ブリジットが語りのなかで「こういうものをいったい何と呼ぶのか、私にはわかりません」と述べているように、これは全体を一言でまとめることを拒否するたぐいの物語である。もし「銃を持った男たちが友達の父親を殺した」という一文に要約されたとすれば、このエピソードのもつ力は失われてしまう。銃を持った男たちのふるまいとその場にいた人びとの反応とは、入り組んだ推察と裏切りの交錯であり、それなしでは物語が全体として意味をなさないように形作られている。まず、銃をもって仕事場に押し入ってきた男たちは、自分が何者なのかを明かさない。「カトリックはひざまずけ、プロテスタントは立て」と言われた人びとは、立っているように言われたプロテスタントこそが男たちの標的であると推測する。宗派を越えた人間関係を築くのが困難であった時期にあってもなお、自分たちの職場では宗派の区分なく協力して働こうと努力してきたなかで、その場のカトリックにとって「ひざまずく」ことは同僚を自分の生命のために売り渡すことを意味していただろう。それゆえに、最初彼らは命令に従うことを躊躇するのである。しかし最終的には、その場にいた誰もの――そして話の展開を追っていた聞き手の――予測に反し、撃たれたのはプロテスタントではなかった。おそらく当初より標的だったのはカトリックの側だったのである。この物語は、生の最後の瞬間において人に弱さをさらけ出させる残虐さを語るものとも言うことができる。

先にも述べたように、物語のなかに登場する人びとだけでなく、このエピソードをはじめて聞く人間もまた、出来事の展開についての予測を「弄ばれる」。第二章第三節で見たように、物語のミメーシス（統合形象化）は語り手の側のみで進行する過程ではない。語り手が物語を編み、筋の展開をあらわにしていくなかで、聞き手はその物語の構造を自身の中で再構成し、語り手が伝えてこようとする要点を把握しようとする。物語が各々の展開を見せるたび、聞き手は過去の経験で学んできた事柄に参照してその意味をさぐり、前の段階で自分が立てた推測を修正し、物語の次の進展を新たに予測するのである。すなわちそれは、解釈をおこない意味を探求する聞き手自身の経験である。ブリジットの語ったエピソードは、聞き手を揺るがし、かき乱す構成をもっていることで、聞き手に強い感情的印象を与えるものとなっている。

ミクロなコミュニティ内部の日常的なやりとりや触れあいのなかで過去に起こった出来事の記憶が伝えられていくさい、いま見たような特質をもつ語りは、伝播の力をとくに強く持つのではないかと思われる。政治的・社会的に明確で理解しやすいメッセージをもつような語りこそがより記憶されやすいと主張されることもあるが[Ewick and Silbey 1995]、これに対してブリジットの語りは簡単に要約できるようなイデオロギー的・社会的なメッセージを持たない。「無理です、無理です」と繰り返しながら、いったい何が無理であるのか、ブリジットは続く言葉を見つけることができなかった。そして聞き手であったわたしも、今なおこのエピソードの意味を容易に一言にまとめえない。この語りは名づけえない残虐性についてのものであり、それは物語的なエピソードという形態を通じてしか伝えることのできないものなのである。

「感情はそれ自体、伝達されうる形態の記憶である」[Cappelletto 2003: 256]。ブリジットのエピソードは、そこで語られている残虐性に対する憤りをも聞き手のなかに喚起する。さらにエピソードの全体が、その残虐性が横行している社会状況ならびに時代を示す一つの象徴として機能し、そこからの離脱の必要性と意志とを語り手と聞き手に再確認させる。紛争を生き抜いた人びとにとって「普通の状態」というフレーズが複層的な意味を持っていることを第二章では論じたが、この語りにおいてブリジットが言う「普通の状態」は、われわれが通常思い浮かべるところの感覚に近いものだろう。すなわち、物理的暴力が支配の根幹にある社会状態——政治抗争あるいは〈自治〉のために武力が日常的に用いられる状態——に対置されるところのものである。しかし無数の酷薄さ、残忍さ、喪失の物語を毎日の経験として生きた人びとにとって、〈そうでない日常〉を未来に思い浮かべることは生き延びるための一手段でもあったとも思われるのである。

第五節　感情と身体にうったえかける記憶物語

本章では、語り手が見聞きしたイメージや光景が、地区コミュニティの背景知識のなかで政治的・社会的・歴史的意味をもつものとして解釈されていく様子を考察してきた。ベルファスト労働者階級地区では、一本の通りを越えただけで、住民が共有する社会的知識は大きく異なるものになりえた。各地区においては「それまで起こってきたこと」に応じた異なる意味のネットワークが形成され、また「現実に起こりそうなこと」を推測するための異なる解釈枠組みが発達してきたのである。人びとは家族、親戚、顔見知りの隣人といった小さな社会の中で起きている事柄について日常的に語りあい、そこで得られた情報を、より大きな社会情勢と結びつけていった。政治的に意味付けられたそれらのエピソードの記憶は、人びとが日常的に足を踏み入れ、通り過ぎる具体的な場所の記憶と結びついたものであった。たとえ自身がその場に居合わせなかった出来事の記憶であっても、自身が日常的な身体経験をもってよく知る場所で、自身にとって近しい人間に起きた出来事であれば、臨場感と現実味をもつ記憶となることがあった。こうした記憶はどこか知らない場所で知らない個人に起きた事柄よりもはるかに印象に残りやすく、個人の政治態度や思想・意志のレベルを越えて、感情を喚起するものになっていったとも思われる。

無文字社会や口承の伝統に価値をおくいくつかの社会においては、過去にまつわる情報を、自分自身の経験や自分が信頼する人間の経験に即して特定の場所に結びつけることのできない場合、もとの情報そのものが価値あるものと見なされない傾向があるという［Rosaldo 1980; Kenny 1999］。長期の政治不安を抱えてきた社会においては、たとえ歴史・社会・政治をあつかうメディアが高度に発達した環境があってなお、類似の傾向が見いだせるのかもしれない。さらに場所と記憶の強い結びつきは、少なくとも北アイルランドにおいては、空間そのものが帯びる強い象徴性ゆえのものでもある。アレン・フェルドマンが以下のように書くとおりである。

ここでは空間それ自体が記憶を喚起する遺物であり、いくつもの歴史物語と集合行動の契機を内包している。〔…〕北アイルランドの人びとが遠く離れた過去に対して深い感情的思い入れを見せることはよく指摘されるが、それは直接の空間認識のなかに過去が物象化されているという、この象徴性ゆえのものなのである。［Feldman 1991: 27］

以上見てきたしくみは、ある政治的傾向をもつ物語が、あるコミュニティにとっては信頼できるものとなるいっぽうで、他のコミュニティにとっては信憑性を持ちえないメカニズムを理解する上で重要である。構造主義的物語論の中で主張されてきたように、過去についての物語はつねに特定のイデオロギーと価値観とを内包しているが［White 1973; Barthes 1981］、個人個人に起きた小さなエピソードもまた例外ではない。個人の経験をめぐるミクロな物語は、多数が集積することによって強い社会的・政治的主張をもつものとなりうるのだ。

マイケル・タウシグは「人びとは意識的なイデオロギーではなく、イメージと物語にも似た創造物の弁証法をもって、彼らの世界と政治学を描いていく」と書く［Taussig 1987: 367］。本章で見てきたように、このイメージの弁証法においては、ある出来事にさいしてその場にいたのが誰であり、その出来事が誰に起こり、誰が経緯を直接目撃したのか、といった事柄が曖昧になっていくことがある。日常の関わりや噂のなかで交わされ、「起こりうる事柄・出来事」にまつわる人びとの漠然とした世界理解を構築し、明日の行いを予測・調整するための指針となっていくような語りにおいては、これらの疑問は必ずしも厳密に明らかにしておく必要のないものとなる。そこにおいてより重要なのは、物語としての説得力である。すなわち、そのエピソードが「ありえるかもしれない」物語を語っているかという点であり、また人びとの身体的な感覚や日常知に鮮やかに訴えかける要素を持っているのか、という点なのである。そうした訴えかけのない物語は、たとえ支配的な価値観に適合するメッセージを有していたとしても、集合的記憶としての力を持たないだろう。

タウシグがやはり指摘していることは、恐怖の感覚とは、まずもって微に入り細を穿った詳細な情報を伝える「お話（tales）」を通じて仲介されていくものであるということである［Taussig 1992: 135］。恐怖とはその本質からいって理解不能なものに向けられる感情である。一部が語られないままに終わったり、謎や不明瞭な点を残す物語やエピソードは、時としてすべてを論理立てて説明する物語よりも強い恐怖を呼び起こしうる。本書で見てきている語りのように、もっとも日常的で平凡な舞台と状況のなかに突如暴力が現出するような状況、そしてその暴力的な出来事のさなかにも日常性が継続し、あるいは事後すぐに日常性が戻るような状況は、細部をできるだけ忠実につまびらかに記していくことによって、逆に通常の「リアリティ」の観念を超越する可能性をもっている。理解不能な事柄や、予期しなかった残忍さが突然話のなかに割り込んでくるとき、聞き手は話の筋を追い、続きを予期する解釈の思考をかき乱され、その物語に安易な解釈を向けることができなくなる。それゆえに当該エピソードは印象深いものとして聞き手の中に残るのである。このように聞き手の感情や予想を弄ぶ語りは、より単純な筋の構造をもつ物語に比べ、より広く、長く伝えられる潜在性を有しているのではないか。それは日常的な家族・友人・隣人間のやりとりにおいても聞き取りの場面においても同じであると考えられるのである。

第六章　和平への葛藤

第一節　本章の視座――社会変容と自己像の亀裂

二〇〇七年初夏のことである。ベルファスト中心部の南に位置するプロテスタント地区サンディ・ローの女性センターで、わたしは一〇人前後の女性から話を聞いていた。そのとき主な話題として出てきたものの一つが、一九七三年一二月のサニングデール合意に反対して翌年おこなわれたプロテスタント労働組合・アルスター労働者会議によるゼネストだった。

サニングデール合意の主な目的は、ユニオニスト党が握ってきた政治の場に新たにカトリックの声を反映させるべく、宗派間の権力分有体制を確立することだった。北アイルランドの歴史上初のこの試みに対し、アルスター労働者会議が抗議のストライキを起こしたのである。このゼネストによって、多数のプロテスタントを雇用していた水道、電力、ガス産業が停止し、その影響は最長一四日間にも及んだ。この結果、プロテスタント系のアルスター・ユニオニスト党、カトリック系の社会民主労働党、および宗派性の低い同盟党からなる権力分有体制はわずか数ヶ月で崩壊をみることとなる。

このゼネストを紛争中のつらい思い出とする語りに、わたしはそれまでいくつも出会っていた。家族のために日用品や食物を手に入れる困難はもちろん、いつ何どき生活に必要なインフラの供給が断たれるかわからないという不安の素地をこの事件が形成したことを、女性たちは語るのだった。伝統的なジェンダー観の強い北アイルランド労働者階級地区において、家族のための食べ物を準備し家族が休めるための環境を整えることは、女性たちの最優先の役割であり仕事であり、また自己実現でもあった。日常をつつがなく支えるその営みが、紛争中はさまざまな事件のため困難になった。アルスター労働者会議のゼネストは、そうした文脈でしばしば登場する出来事だったのである。

以上のような認識があって、そのときわたしは「あのときは大変だったそうですね」と言った。するとすぐさま「とんでもない」という答えが返ってきた。女性たちは「むしろ楽しい思い出ですよ」「みんなで庭でバーベキューをしてソーセージやバンズ（パン）を焼いたわよね」「またあったらいいのにね」と口々に喋りだしたのだった。

電気やガスが止まったために、地区で炊き出しがおこなわれたというエピソードはたしかに聞いたことがあった。人びとは屋外に集まり、木炭で火をおこし、お茶を淹《い》れ、シチューを作ったり持ち寄った肉とパンを焼いたりして、事態をしのぐとともに地区がとる対策を話し合ったという。聞き取り当時五〇代から七〇代、つまりゼネスト当時二〇代から四〇代であったサンディ・ローの女性たちは、それをコミュニティの祝祭的な出来事として懐かしく思い出していた。

他地域の紛争・戦争の証言と同様、北アイルランド紛争経験の語りも、多くは痛みと暴力と喪失の経験に密接に関わるものだ。その様子は本書のこれまでの章からもうかがえよう。けれども紛争経験の楽しさや滑稽さ、ないしは興奮を懐かしげに語る発言も、けして珍しいものではなかった。人生の長い時期を紛争のなかで過ごした人びとが、暴力や分断と直結した社会構造の中で親密な人間関係を育んだり、あるいは娯楽やおかしみをそのなかに見いだしていくような現象は確かに見られていたのである。そうした記憶は、ときに語り方が難しいようだった。「紛争を楽しいものと強調するべきではない」という価値観がどこかで警鐘を鳴らすからだろう。おそらくそのためであろう、紛争の記憶語りのなかでは辛苦の経験にくらべて明確な主題を形成せず、時には雑談のなかでふと姿を見せては消えていくような〈兆し〉の形であらわれるのだった。

和平の到来に対するとまどいや怒りに近い感情が表出することもあった。南ベルファストに住むマリオンという女性は、共和派が近くの警察署に爆弾をしかけたとき、衝撃で自分の家の屋根が落ち、赤ん坊だった我が子をすんでのところで救い出した経験をユーモアたっぷりに話したあと、こう続けた。「もちろん和平にはほっとしました。すばらしいことよ。私は紛争の真ん中にいたとは言えないけれど、ひどい思いをしてきた人が本当にたくさんいますからね。でも、その人たちは同じくらい怒ったり落胆もしているんですよ」。彼女の言うとおり、和平プロセス進展のニュースに深い失望を感じたと話す人は少なくなかった。それらの語りを聞いているなかで、記憶の傷を生み出したのは実のところ和平の訪れだったのではないか、と思われる瞬間さえあった。

本章が目を向けていくのは、紛争の記憶がこのように両義的で複雑な顔を見せる局面である。紛争時代への執着とも見える思いや、和平をめぐる怒りや混乱は、なぜ、どのような背景とともに出てくるのだろうか。それはたとえば第二章で見たような、複層的な価値感にもとづく語り――ときには紛争時が「信じられないほどおぞまし」く「苦し」かったことを強調しつつ、同じ語りの別の場所ではそれを「普通だった」とする語り――と、何かしらの関連を持っているようにも思われる。

語りのなかのこのような価値の複層性を考える上で手がかりになると思われるのは、記憶の〈事後性〉という精神分析の概念である。事後性とは、何かしらの表現や印象ならびに記憶が、「のちになって新しい状況の中で適切におさまるように、あるいは新しい発展段階にふさわしいように思い返される」現象であり、自伝的記憶のなかで時として重要な主題として浮かび上がる［King 2000: 17］。事後性が論じられる多くの心理学的文脈において、過去を思い返す〈新しい状況〉、〈新しい発展段階〉の訪れは個人の成長プロセスとともにある。だが本章で考えてみたいのは、個人の心理のなかで起きる過程のみならず、政治体制の変化や社会変容の影響下で起こる視点や価値観の変容であり、それが生み出す過去の自分との隔絶感である。厳密に言えば、両者が密接に関わって生じる記憶と物語の様相に注意を向けたい。

戦争や紛争は、国家ないし政治理想のために、社会に生きる人びとに何らかの犠牲を強いる。そうした犠牲を支えていた価値観は、しかし戦争や紛争の終結とともに程度の差はあれ解体していく。この価値観の変容は個々人の自己像や人生観にも影響を及ぼす。人が自分自身を認識し、ときには他者に説明し、行動の指針とするための〈自己の物語〉は、つねにその時々における社会の支配的価値観に強く影響されながら、それに対する応答として形作られ認識されるものだからだ［Riessman 1993; Hinchman and Hinchman 1997］。ゆえに移行期社会においては、多くの人びとが「自分とは誰であるか」をめぐる人生物語の大きな動揺あるいは再構成を経験することとなる。そしてこの物語は、単に自分という個人を認識するだけのものではない。生まれ育った地域について同郷人と共有する身体的知識、あるいはそれまで育んできた人間関係や仲間意識などを包含する、いわば〈大きな自己〉（拡大的な自己）についてのものである［Freeman 2002: 203］。移行期社会において再編成されていくのも、人びとがもつこの〈大きな自己〉の像であるといえるだろう。つまり、紛争の渦中から紛争の〈後〉ないし〈外〉に出ることで語り手の立ち位置や視点に起きた変化が、人生の物語にいかに亀裂を生じさせ、自身を育てた〈場〉に対する見方と自己像のありかたを変えていくのかという問題が本章の関心となる。

第二次世界大戦期ドイツの子どもたちの経験を日記等の私的文書や聞き取り調査を通じて調べたニコラス・

シュタルガルドの著作には、マクロな社会移行と個人の心的成長が絡みあって生まれる葛藤の興味深い例がうかがえる。彼によれば、子どもたちは自分が当時見ていた戦争や、親や親戚・知人の戦中の姿の記憶に対し、長じてから少なからぬ混乱を抱いていたという。「戦争が訪れたとき、子どもたちはかつてないスリルと恐怖を次つぎに運んでくる出来事として戦争を認知した。幼い子どもたちは恐怖と脅威に対して大人とは異なる感覚をもっており、自分が暮らしている町が焼けただれていく様子を、目をかがやかせて見つめていたのである」[Stargardt 2005: 14]。またナチ党員を親にもち、自身もナチの少年組織に属していた子どもらは、当時は自分が国のために戦う小さな闘士であることを楽しみ、誇らしげにも感じていたという。言うまでもなく、この楽しい子ども時代の基盤を形成していたすべてが、一九四五年の戦争終結によるイデオロギー転換と同時に崩れ去ることとなった。戦後数一〇年が経過し、大人の視点から当時の家族・親族関係や日常的経験を思い返す人びとの語りは、複雑な感情に満ちていたという。

過去の経験を理解することの困難は、長期の戦争・紛争の後、ないし全体主義的傾向をもつ体制の崩壊後にくっきりと浮かび上がる。それは社会全体の価値観の変容のためでもあるし、あるいはより具体的な「隠されていた過去」との直面の経験ゆえのものでもある。つまり、旧体制や争いが継続していた時代には隠されていたような過去の事実が明るみに出たために、「自分はこうした生活を送ってきた」と信じていたイメージや、自分と近しい他者との関係性についての認識が根底から覆されるという経験である。ベルリンの壁崩壊後の東ドイツにおけるシュタージ・ファイルがもたらした社会的な衝撃が、その代表的な例だろう[Andrews 2007]。旧東ドイツにおいてライフストーリー調査を行ったモリー・アンドリューズは、聞き取りにあらわれた主要な主題として「劇的に変化した文脈のなかで人生経験を想起し評価することの困難」ならびに「赦しをめぐる交渉の重要性と複雑性」に言及している[Ibid: 124]。同様の主題が北アイルランド紛争の語りにおいてもあらわれることを、本章では見ていくことになるだろう。

第二節　行きつく場所なき物語

これまで見てきたように、一九七〇年代から八〇年代前半にかけて、ベルファスト労働者階級地区での日常生活は長期的な不安のなかにあった。けれども、仕事に出かけてゆく家族が帰ってこないかもしれない、買い物に出かける道中に自分自身が銃撃戦に巻き込まれるかもしれないという恐怖をつねに抱えながらも、人びとはそれらの不安や恐怖を当然のこととも見なしていた側面がある。しかし紛争が一段落を迎え、より静かな時代が訪れると、人びとは自身の経験をあらためて〈苦しみ〉〈暴力〉として把握し、従来とは異なる視点から考えていくようになる。そもそもなぜ自分たちが過酷な精神状態に置かれなければならなかったのか、なぜ自分たちがつねに暴力におびえ、行動の制約を受けなければならなかったのか。紛争中には問うても仕方のないものだったこのような疑問が、明確な輪郭をもって意識の前面にあらわれてくるのだ。

これらはいかなる個人によっても組織・集団によっても、簡単に理由を見つけられるようなものではない。当然のことながら、紛争解決の名のもとに進んだ政治プロセスが、これらの根源的な問いに十分な回答を提供することはなかった。だが、大事なものが失われたことに対し満足いく理由を見つけることができず、その喪失が意味なきものだったと感じられるとき、するどい怒りが持ち上がる。二〇〇七年の民主ユニオニスト党（DUP）とシン・フェインのあいだの「和解」のニュースは、そうした怒りが向かう象徴的な対象となった。

もともと、一九九八年のベルファスト合意によって保証された政治的プロセスは、必ずしも順調に進んだわけではなかった。政治交渉はいくたびも袋小路に入りこみ、北アイルランド議会は四度の停止をみた。そのうち最長のものは二〇〇二年から二〇〇七年という長期にわたる。ベルファスト合意に関わった主要な北アイルランド政党であるアルスター・ユニオニスト党（ＵＵＰ）と社会民主労働党（ＳＤＬＰ）は、ユニオニスト、ナショナリストそれぞれの中道派政党だったが、どちらの党もその後に支持を失っていき、逆に強硬派として知られる政党が選挙のたびに票数を伸ばしていった。二〇〇三年の地方議会選挙では北アイルランドの主要政党のなかでベルファスト合意に反対した唯一の党であるＤＵＰが北アイルランドの第一党となり、その主要な政敵であったシン・フェインが第二党となる。ＤＵＰが長らくつらぬいてきた立場とは、このシン・フェインの政党としての合法性を認めないこと、ゆえに同党との政治交渉をいっさいおこなわないというものだった。ところが、イギリス国家の法・警察・軍隊を認めてこなかったアイルランド共和党シン・フェインとその武装支部であるＩＲＡは、二〇〇七年はじめ、警察機構を認知しイギリス法を尊重する旨の声明を出したのである。その直後、ＤＵＰの創立者であり当時の党首であったイアン・ペイズリーが、シン・フェインとの権力分有に合意したのだった。「三〇年以上もの間アイルランドにおいてはイデオロギー上の水と油であった」［Moloney 2008: ix］とも記されるこれら二党の党首が、北アイルランド議会で権力分有のための話し合いの席についたのが、合意から九年近くが経過した二〇〇七年三月のことである。微笑みを浮かべたイアン・ペイズリーが、シン・フェイン党首ジェリー・アダムズの隣に座っている写真は、歴史的瞬間として多くの新聞に取り上げられた（図6・1）。

図6.1　2007年３月のペイズリーとアダムズの会談。一番左に座るのがペイズリー、一番右がアダムズ。［BBC.com］

　このニュースは社会に大きな衝撃を与えたようである。一方で人びとは紛争が終わったことを示す決定的なしるしとも見えるニュースに安堵の気持ちを抱いていた。どんな政治調停が新しくあらわれてこようとも何かが変わるとは思えないと言っていた人でさえ、二〇〇七年三月のニュースには、紛争が本当に終わったのかもしれないという印象をもったようである。他方で、調査協力者の中には複雑な感情を見せる人もいた。真っ向から対立しあったまま一切の歩み寄りを見せない政治態度を長らく代表してきた二政党の変化と妥協は、人びとの憤激にも火をつけたのである。たとえば家族や親族を複数名失っているブリジットは、苦い怒りを口にする。

今は私たちは平和を手に入れたことになっているけど、振り返ってみれば数千人もの人たちが死んでいるんですよ。何のために？　たしかに昔より今の方が平等になったかもしれません。でも死んだ人たちのことを考えると……。残忍なことがおこなわれていたんですよ、ここ北アイルランドでは。本当にひどい時代をすごしてきました。どうやって生き延びたかわからないんですよ。兵士がいつも自分たちに銃を向けているような通りで暮らして。道にはいつだって彼らがいて身体検査をしてるんですから。

（二〇〇七年八月）

北ベルファストに暮らすリンダも類似の感情をあらわにしている。彼女はＤＵＰとシン・フェインが権力分有に向けて歩みだしたとのニュースを自宅のテレビで見たときのことを以下のように語った。

イアン・ペイズリーとジェリー・アダムズが同じテーブルに着いたあの日、実を言うと私はすごく悲しかったです。この三〇年、四〇年は何だったんだろうって。一日中泣いていました。〔…〕みんなどうして死ななくてはならなかったんでしょう？　あの二人を同じ席に着かせるためだったっていうんでしょうか。腹が立ちました。とくにペイズリーに対してね。あの人が紛争を始めてあの人が終わらせるってわけです。何のためだったの？　いったい何をめぐる争いだったんでしょう？　私の周囲には戦争をしてほしいと思っていた人なんていませんでした。おまえは戦争をしてほしいかと尋ねられたことなんてなかったし、統一アイルランドのためにＩＲＡに人を殺してほしいか尋ねられたことだってありません。どの国のためにだって人を殺して欲しくなんかありませんよ。でもこの地区に住んでいるから戦争をしたいんだろうと思われてきたんです。私はテレビを消しました。つけていられなかったんです。〔…〕ごくごく基本的な生活のために大変な苦労をしてきました。そうやって三五年間生きてきたのよ。〔…〕ようやく物事が平和に向けて動き出した今になって、私のような年齢の人の多くが精神的にまいってしまっています。〔…〕受け入れられないですよ、人生も選択肢も奪われてきたのに。

ずっとそのことを考えているわけではありません。忘れるんですよ。でも亡くなっていった人たちのことを新聞で読んだりテレビで見たりして思い出すと……。あの日、悲しさがどっと押し寄せてきたんです。（二〇〇七年三月）

二つの政党の代表者として握手を交わしたペイズリーとアダムズは双方、初期より紛争に関わりをもってきた。アダムズは一九八三年来シン・フェインの代表者である。一方ペイズリーは一九六〇年代、カトリック公民権運動に対する攻撃の先鋒に立った人物だった。その後、公民権運動とイギリス政府からの圧力をうけて中道化するＵＵＰを批判し、一九七一年にはＤＵＰを結党するのである。「あの人が紛争を始めてあの人が終わらせる」というリンダの台詞は、紛争の激化と長期化にペイズリーが深く関係していることを指摘してのものだ。

二人の語りの中には、「なぜ」「なんのために」といった言葉が次から次へとあらわれる。リンダは長期にわたって継続し多くの人びとの命を奪い、彼女の人生を荒廃させた紛争、そしてその後に政治の舞台で起こっている紛争調停に関わる事柄が、どれも結局彼女の人生に関係がなかったと感じている。紛争が続いているあいだ、教育や医療などの社会的な事柄はなおざりにされてきたと彼女は語る。「結局すべては宗派主義的な政治の争いなんです。オレンジ［イギリス系・プロテスタント］かグリーン［アイルランド系・カトリック］かというね。日常生活に関わることではまったくないんです」。対してブリジットは、彼女の地区コミュニティをとりまく社会状況は改善されてきたと感じており、三〇年の紛争の中で宗派間の不平等もかなり解消されたと述べる。けれども彼女の家族が経験してきた残酷な出来事や、その中で失われたものがもたらす痛みを埋めあわせることのできるものでは到底ないのだ。

過去の出来事の重要性と意味とは、その後になって起きたこととの関係のなかで遡及的に決定されるものである。ポール・リクールが時間と人間経験との関係性を思惟する中で書いたことを思い起こそう。われわれは通常、時間は過去から未来へ向かって流れるものと認識している。しかしわれわれの経験の解釈は、この流れに逆らい、現時点における物語の〈終わり〉の地点である現在から出発し、過去をさかのぼっていく。

> 始まりのなかに終わりを、終わりのなかに始まりを読むことによって、我々は時間を逆しまに読むことを学ぶ。そのなかで、一連の行動にとっての始まりの条件を、その最終的な帰結のなかにとらえるのである。このようにしてプロット［筋］は、時間のなかだけでなく記憶のなかに人間行動を確立する。［Ricœur 1980: 180］

過去の経験のなかに意味を見いだそうとするとき、とくにそれが暴力的で不条理とも思われる経験である場合には、何らかの「終わり」の視点に自分を位置づけることなくして経験の解釈は生まれえない。ジェンス・ブロックマイヤーもその物語論において、「終わりの決定性」について論じている。

人の生とは物語的な出来事として順序だてられ形をえていくのだが、そのとき生の物語はある特定のゴールに向かって展開していくような形をとる。あたかもその終わり（つまり物語的な出来事の現在である）がその人の旅路の目的地であり、そこに到達することがそもそもの始めから目ざされていたかのように。[Brockmeier 2001: 52]

そうであるとするならば、過去の経験に意味解釈を与えうるような〈終わり〉が見いだされないときにはどうなるのだろうか。この疑問に対し、社会心理学者のマーク・フリーマンはこう答えている。「物語のプロセスが到達する終わりの地点、すなわちテロスを見いだすことができないとき、出来事の展開について語ることはきわめて難しくなる」[Freeman 1993: 13]。テロスとは物語の究極的な目的や対象地点、すなわち〈行き着くところ〉を意味する語である。上に見てきた語りにおける「なぜ」「なんのために」といった訴えかけは、紛争中の経験を解釈するためのテロスを和平プロセスのなかに見いだすことができないからこそ生じてきたものと考えられる。言うなれば経験に主題をみる――すなわち「わたしは総じて何を経験したのか」を理解する――ことが不可能になっている、ということである。このようにして紛争中の辛苦は意味を奪われた不条理なものとして残されるのだ。

第三節　隠されていた過去との出会い

紛争後に新しい社会を築いてゆこうとする契機は、それまで広く理解されていた対立図式に収まりえない暴力の実態を明るみに出すことにもつながっていく。そのなかで、論争的で沈黙の圧力の大きかった加害・被害の関係――たとえばそれぞれの地区コミュニティ内部の暴力――が、当事者の知るところともなるのだ。

本節で見ていくのは、周囲をプロテスタント地区に囲まれたカトリック地区に住む女性リタによる語りである。リタは一九七〇年代前半に最初の夫を亡くした。彼女の夫は、自地区と周辺地区間の緊張が高まったある夜、見回りと警備のために出かけていき、そのとき起きた住民間衝突の中で撃たれて死亡した。リタは三〇代の前半で、四人の子どもを抱えていたという。

リタが先夫の死についてわたしに最初に語ったのは二〇〇七年のことである。既に三〇年以上もの歳月が経過しているにもかかわらず、彼女は事件が起きた日のことをはっきりと覚えており、誰が夫のことを彼女に知らせに来たか、多数の怪我人が搬入されたために病院に行ってから夫を見つけるまでにいかに苦労したか、および重傷を負った夫が彼女に言った台詞などを詳細に語っている。聞き取りでリタは次のように言った。

夫の死はそれ自体大変なことでした。ああ、どうやって子どもたちを育てたらいいんだろうと絶望的な気分でした。一番小さな子は九ヶ月、長男はまだ一〇歳だったんですよ。子どもたちがどうやって育つかがとにかく心配でした。プロテスタントの人たちに敵意を持ってほしくなかったので。数年の間は、なぜ父親が死んだのか、理由を説明しないようにしていました。でも大きくなってくるとね。あるとき子どもたちから尋ねてきたんですよ。「ねえ、プロテスタントがパパを殺したの?」とか。誰かが外でそう子どもに言ったんですね。私は「違うよ、悪い人がやったのよ」と答えていました。ありがたいことに、子どもたちは皆、敵対意識は持たずに育ってくれました。〔…〕それが一番苦しかった時期です。夫が死んでからは……、なんと言ったらいいんでしょう。ここはとにかく小さなコミュニティなんですね。みんな夫のことを知っているわけです。そして、みんなが私を避けるようになりました。話しかけてこなくなったんですね。つまり、夫はIRAの一員ではなかったんですが、彼の生き方から私にはそうわかっているんですが。彼はどこの人だとか何の宗教だとか、そういうこととは関係なしに誰とでも付き合う人でした。

とにかく人が好きだったんです。〔…〕
　けれども彼のことで法廷に出たとき、彼がＩＲＡではなかったと私が言い張るのは、年金のためだという人がいたんです。私に子どもがいてお金が必要だからだと。それが、とても辛く感じた言葉です。深く、深く傷つきました。
（二〇〇七年六月）

　リタは病院や商店で働きながら、ほぼ一人で家庭を支えることになる。家族の多くが海を隔てたイングランドにいたため援助が得にくかったことも、困難の一因だったという。しかし彼女の困難は配偶者との死別そのものに起因するものだけではなかった。端的に言えば地区コミュニティとの関係性、つまり夫の死後に隣人たちとのあいだにできた溝が重要な要素となっている。

　リタの暮らす地区は、イギリス軍や警察の激しい弾圧を受けたこともあって、それらに抗するＩＲＡメンバーを多く輩出している。そしてＩＲＡのメンバーとして紛争の中で命を落とすことを「アイルランド人としての名誉の戦死」とする見方が地区では一定の支配力をもっていた。地区のＩＲＡ支部はリタの先夫もＩＲＡの戦没者リストに加えようとしたという。ＩＲＡにとっては死した隣人に栄誉を与える行いであったと思われるが、配偶者であったリタにとっては承認しがたいことだった（図６・２）。彼女は夫がＩＲＡではなかったと主張するのだが、それはＩＲＡを支持する住民らには理解しがたいおこないとして映る。その結果、彼女は夫がＩＲＡだったことを金銭的な理由のために否定する人間と見なされるようになる。なまじ隣人間の結びつきが強い地区にあって、こうした視線はリタにとって辛いものだった。

　以上は二〇〇七年の一回目の聞き取りの中で語られた内容である。この時点でリタは三〇年以上前の先夫の死を冷静に受け止めているように見えた。先の引用で我が子に宗派的な敵愾心を持ってほしくなかったと語るくだりがあるが、彼女自身も隣接するプロテスタント地区の住民と進んで関わり、相互理解のために積極的に活動しようとしていた。しかし二〇〇七年に語られた彼女の物語は、四年後にはまったく別の様相を呈してくることになる。

わたしは二〇一一年の春にリタを再訪した。アイルランドに渡航する前、アポイントメントをとるため日本から電話したとき、彼女が開口一番に口にしたのが、「前に話した夫の件で大変なことがわかった」という台詞だった。亡くなった夫が、実は自分たちの地域の人間に撃たれて死んだことが明らかになったのだという。詳しいことは会って話すというので、わたしはベルファストに着いてすぐに彼女の家に赴いた。

リタによれば、二〇一〇年、紛争中の未解決事件を捜査するために組織された歴史調査委員会が夫の事件を再捜査し、夫が自地区側の人間が誤って撃った弾に当たったことを確認したという。この件はリタに著しいショックを与えたが、それは必ずしも夫が「同胞に撃たれた」という事実からではない。彼女にとって衝撃だったのは、地区の親しい人びとがそれを既に知っていたことだった。調査委員会の再捜査の結果が地域の人に知られるところとなったとき、隣人や友人は一様に、「てっきりあなたは知っていたと思っていた」と言ったという。

この内容をふまえてみれば、二〇〇七年にリタが語った隣人とのあいだの溝は、まったく別の意味を帯びてくることとなる。彼女の先夫は「仲間の手にかかっての死」という、共同体にとって意味づけや解釈が最も困難な出来事の被害者であり、彼女はその直近の遺族であった。彼女が地区コミュニティ内で腫れ物に触るように扱われてきたのは、そのためだった可能性があることになる。

リタは夫を死に至らしめた銃弾を撃った人物の名には興味がないと言った。むしろ彼女が感じていたのは「裏切られた」という思いだった。地区の人間がみな知っていた「夫の死にまつわる真実」が、自分と子どもたちだけに隠されていたという事実は、理解するのも受け入れるのも難しいことだった。

息子たちは本当に怒って、落ち着かせるのが大変なくらいでした。百倍悪い結果にだってなりえたんですよ。私が息子を育てるときに別のやりかたをしていたら、そして息子たちが復讐心をもってＩＲＡに入って、父親の仇だと誰かを殺していて、そして事故だったことすべてが明らかになっていたとしたら、いったいどうなっていたのか。〔…〕もう誰を見ても「この人も知っていたのだろうか、あの人も知っていたのだろうか、いつから素知らぬ顔で自分と接してきたのだろう」と、それしか考えられないんですよ。一時期は教会に行って、おやリタ調子はどうだい、まあまあね、なんて挨拶したあとに、「ところであなたはあのこと知ってたの?」と、意表をついて刺すようなやり方をしていました。

（二〇一一年二月）

図6.2　IRA の戦没者リストに先夫の名が含まれていることに耐えられなかったリタが、私費で教会の敷地内に建てた個人的な記念碑。2011年。

配偶者との死別の帰結をリタは四〇年にわたって生きてきた。それは困難な経験ではあっただろうが、それでも二〇〇七年の時点では、彼女は落ち着きをもち、安定した理解と解釈とともに自身の経験を物語りえていたのである。しかし隠されていた真実が明るみに出たあとのリタの語りは、出口も終わりもない怒りと恨みのなかをぐるぐるとさまよっている。彼女の記憶は物語としてのテロスを見失い、意味や解釈の契機をも失って、ただ聞き手に向かって吐き出される。その様子は以後二年、三年が経過しても大きく変化していない。「夫を殺したのがここの人間だったことを、みんな私に黙っていたの」、「息子たちがＩＲＡに入っていたっておかしくなかったのに」

というフレーズを、彼女は毎年、事あるごとに繰り返す。怒りは怒りのままありつづけ、彼女の「なぜ」という問いは答えられないまま残されている。そして、想起と語りにかような痛みがともなうにもかかわらず、彼女はまるで憑かれたようにその痛みと怒りを語らずにはいられないのだ。

第四節　紛争のなかでの幸せな子ども時代

北アイルランドの紛争は三〇年の長期にわたって続き、またその前からも社会分断が見られてきたことはこれまでにも述べた。それゆえに、幼少時から明瞭な宗派分断のなかで育った人や、物心ついた時すでに紛争が始まっていたという人びとも多くいる。人間関係について、社会について、そして日常について大人とは異なる視点をもつ子どものときに体験した分断と紛争の、独特の雰囲気を漂わせている。その視点をあるいは無邪気と呼ぶこともできるだろう。たとえば南ベルファストに育った女性モーラは幼少期を以下のように思い起こす。

私は――――という通りで生まれました。つまり、その地区から来ていると即座にカトリックということになります。その地域に住んでいる人はみんな同じ宗派でした。私たちは川で遮られていました。川の向こうの居住区の人たちはプロテスタントだと、まあ、そういう具合だったわけです。〔…〕間にはちっちゃな橋が一つあるだけでした。普通は橋を越えては行かないんですよ。でも私たちは子どもでしたから行くわけです。違いを感じるっていうのかしらね。誰かのテリトリーに入り込むワクワクした気持ちなんです。私たちはまだ五歳かそこらで、自分が何者なのかわかっていなかったんです。問題になるとは考えていなかったんですね。

当時は公園なんてありませんでした。だから子ども時代の時間すべて、そうやって遊んですごしたんです。川に飛び込んだりもしてね、泥だらけの靴下を母親から隠して。それが私たちの遊び場で人生だったんです。

（二〇〇七年八月）

モーラが幼少期を送ったのは一九五〇年代であり、紛争が始まる前の時代である。しかし彼女の生まれた地区の近辺では、当時から宗派分住がはっきり見られていた模様である。そしてその分住の構造のなかに地区の子どもたちは刺激的な遊びを発見していた。橋を渡って〈向こう側〉に行くことと、川に飛び込んで泥だらけになって遊ぶこととは、少し悪戯じみた、いけない遊びとして、同じようにとらえられていたのである。彼女ら子どもたちにとっては社会的な宗派・民族分断そのものが〈遊び場〉だったのだ。

紛争期ですら時には楽しい記憶として、あるいは「今より恵まれていた時代」として懐かしげに語られることがある。東ベルファストに住むプロテスタントの女性エマは紛争初期に幼少時を送ったが、なお「子どものころの自分は幸せだった」と言う。一緒に聞き取りをおこなった彼女の友人ケイトの発言も、ここでは興味深い。

E（エマ）：私は紛争のなかで産まれ育ったけど、いま育っている自分の子たちより幸せだったと思いますね。今は一応平和だってことになっているけれど。私の頃は携帯電話がなかったけれど、時間になったら母親が私を見つけに来てね。今じゃどこに遊びに行っているんだか、さっぱり。昔はここから先は子どもは行っちゃいけないっていうラインがあったんですよ。

K（ケイト）：確かにあったわね、だからあまり遠くには行かなかった。

E：それを越えると怒られたり叩かれたりね。私は十分幸せな子ども時代を送りましたよ、紛争中だったけど。

K：六八年か六九年に始まったのよね。

E：私は六八年には三歳だったんですけどね。

酒井：じゃあ、子ども時代はずっと紛争中だったわけですね。

E：そうですね。バスやトラックが通りの向こうでハイジャックされているのを見ながら育ちました。お店が襲撃されたりね。〔…〕一度母親に伝言を届けに行ったとき、ニュートナーズ通りの床屋のあたりでひどい修羅場になったのを覚えていますよ。あたりにいた男の人たちが「逃げろ、逃げろ」って叫んで、その床屋に逃げ込んだの。ラッキーなことにお店の人がドアを開けてくれて、「ほら早く入りなさい、早く早く」って。通りにいた人みんなね。それで事態が収まるまでそこにいたことがありました。床屋の中は人がいっぱいでね。まあでも、やっぱり幸せな子ども時代だったと思いますよ、今になって思い返せばね。

K：でも銃弾が飛び交っていたし、多くの人が命を落としたのは辛いことですけどね。

E：私より年上の人は色々知っていると思うんですけどね、私たちは遊んでいるだけでしたから。ケイトはもっと知っていると思いますよ。

酒井：子どものあなたにとっては世界がそんなふうだったわけですものね。

E：結局それしか知らなかったんですよ。父親は自警団に入っていてね、よく通りをパトロールしていました。〔…〕

（二〇一二年二月）

聞き取り当時一〇代の子のいたエマは、新しく訪れる社会風潮に対し多くの人が思うように、子どもたちに自由が与えられすぎているように感じている。聞き取りの別の箇所で、彼女は社会が商業主義・個人主義に走りすぎ、子どもたちにも悪い影響を与えていると語った。そのような現状に比較すると、自分が子どもだった時代は地区の誰もが顔見知りで、ドアは開け放され、（逆説的にも）より安心して遊ぶことのできる環境があった、という。

「修羅場」はあったが、隣人たちの助け合いでなんとか皆が事態に対処できていたというのである。彼女の語りに感じられるのは、たとえ紛争の渦中であっても、その時代の地区コミュニティがエマのある種の〈故郷〉だということである。ゆえに紛争期が当然のごとく暴力に満ちた陰惨な時代として想定され表現されることに、違和感を覚えることがあるのだろう。

一方、同席していたエマより一〇歳ほど年上の友人ケイトは、紛争時代を「幸せ」だったとするエマの発言に対し慎重な受け答えをしている。物心ついたときに既に紛争が始まっていたエマとは異なり、ケイトは紛争の最初期に地区コミュニティが変貌していく様子を見ていた様子であった。こうした態度の差のなかにも、紛争の記憶を考えるにあたって世代が重要な意味を持ってくることがわかる。

北ベルファストのプロテスタント地区で生まれ育った一九六〇年代生まれの男性リュークも、やはり子ども時代に自分が紛争をある意味で「楽しんでいた」思い出を語る。

僕が育ったのはロイヤリストが優勢な地域です。僕の父はUDAのメンバーでした。悪い人間ではなかったですよ。殺人だとか、武装組織がやっているひどいことにはかかわっていないね。紛争初期には良い人たちが武装組織に入っていたんですよ。単に自分のコミュニティをナショナリストやIRAの攻撃から守りたいと思って加入していたんですね。だから初期のUDAは自警団としての色合いが濃くて、おもに通りのパトロールとかをやっていたんです。どこかで銃撃事件が起こってないか見て回ったり。〔…〕［子どものころは］一二日祭の前夜のかがり火づくりにも参加しましたね。そして七月一二日にはバンドの演奏を見に行って。〔…〕UDAやUVFみたいな武装グループの名前を通学鞄に書いたりしてね、ギャングの一員みたいなつもりになってね、それがストリートの流行だったんですよ。カトリックの子らとの暴動もあったから、僕らもやりあいに行きました。ベルファストの労働者階級地区に育った若い人間なら当たり前のことなんですよ。紛争がないほかの社会から来ていたら、暴動や衝突についてこんな風に喋るのは普通じゃないだろうけどね。

（二〇〇七年八月）

宗派主義的でもある祝祭に積極的に参加し、地元で力をもつ武装グループとあたかもつきあいがあるかのように気取り、近隣の他宗派の子ども集団と「やりあい」があるときには意気込んで出かけていく――そのような行動は若年層の社会生活の一部をなしていたのであろう。ここにおける「暴動」「衝突」は、宗派の区分で集団が分けられているという一点をのぞけば、おそらくケンカに近いものであり、子ども社会内で力や勇気、男らしさを示すためのおこないであったとも思われる。先に見たモーラの語りと同じく、ここでも子どもの生活規範における娯楽と社会関係が、紛争の構造と絡み合って築かれている様子がうかがえるのだ。

リュークは現在紛争被害にかかわるNGOの職員である。それゆえ宗派対立の問題に意識的であり、若者同士の暴力や衝突にも敏感である。であるからこそ彼は、自分自身がそうした衝突の当事者だったということを、若干ながら皮肉っぽく、だがおかしみのある逸話として語っている。そうした意味で彼は、幼少時の自分の記憶を対象化し、現在の自分から切り離して見ていると言えるだろう。このことは彼の長期的な人生物語とも関連しているのだが、それを次節で見ていくことにしよう。

第五節　ノスタルジーと歴史意識

本章の冒頭で、プロテスタント地区サンディ・ローの女性たちによるアルスター労働者会議のゼネストの思い出について触れた。サンディ・ローは宗派主義的な地区として知られ、通りにはイギリス国旗がひるがえり、白馬に乗ったウィリアム王の大きな壁画が描かれている。毎年七月にはかがり火のための薪が空き地に山となって積上がり、大きなボイン記念パレードも組織され、地域ぐるみの大きな祭りとなる。アルスター・プロテスタントの歴史伝統を重んじ、イギリス性を保とうとする意向が強いこの地区において、一九七四年の権力分有はカトリック勢力やアイルランド的なものが北アイルランド政治に入り込むことをまねく許しがたい妥協ととらえられたことだろう。ゼネストから三〇年が経ってなお、その事件を紛争におけるプロテスタント側の一つの〈勝利〉とみる語りに、わたしは何度か出会っている。サンディ・ローの女性たちが示した反応にも、同じ政治感情がうかがえる。

しかし、彼女たちがノスタルジックに事件を語った背景には、より複雑な要因があったとも思われる。それは〈平和〉と呼ばれる現況の社会情勢に対する戸惑いであり、第四節のエマの語りに見られたものと同種の感情である。グループ懇談の参加者の何人かは、地区の土地の値段が近年高騰し、子どもたちの家族が近くに家を買うことができなくなってしまったと嘆いていた。では最近、誰があたりに越してきているんですかとわたしが尋ねると、女性たちは、イングランドや南部アイルランド、あるいはアメリカの金持ちがどんどん建物を買っていく、と言った。紛争の終結と同時に押し寄せる巨大資本の力によって地区の人間関係が解体しつつあるという不安が、ここには見いだせる。ゼネスト時の炊き出しの思い出は、かつて地区コミュニティがもっていた紐帯の象徴として思い起こされているとも考えられるのだ。

この一九七四年のゼネストを、子ども時代の印象的な思い出としてやはり懐かしく語った人物が前節に登場したリュークである。ただし彼の語りは、本章の冒頭で見た〈現在の自己〉と〈過去の自己〉の隔絶感、およびそこから生じる複雑な歴史意識にかかわって興味深い面を見せる。

僕の一番幼い記憶はアルスター労働者会議のストライキですね。父さんが関わっていたんですよ。あのストライキが最初の権力分有行政を崩壊させたのは知ってるでしょう。当時僕の住んでいた地区全体も大反対でした。大人になった今振り返ってみれば、この土地全体がすごく難しい、危険な状態にあったと思います。だけど子どもにはわからないんだよ。子どもの立場ではワクワクしていましたよ。路上で生活して近所の人と料理してね、バーベキューとか。ガスも電気も止まったからね。それで親父が通りのはしに立っているわけだよ、マスクして。見張りをして、パンの配給チケット配ったりしてね。子どもの目からするとインディアンとカウボーイみたいな理解でしたよ。「おれのおやじはロビン・フッドだ!」ってね。子どものファンタジーだよね。だいぶ後になってからですね、大人になって大学でその頃の歴史を学んで、その記憶をふりかえって、当時がどれだけ危険な時期だったのか、どれだけ国が内戦に近かったのか、はじめてわかったんですよ。

（リューク　二〇〇七年八月）

リュークは三〇代になってから大学に入り、政治学と歴史学を学んだ。そのなかではじめて一九七四年当時に自分が経験したことの歴史背景に自覚的になったという。彼が生まれ育ったプロテスタント地区で支持を集めていた強硬派ユニオニストの姿勢に、現在リュークは批判的であるという。実のところ彼は、北アイルランドがゆくゆくはアイルランド共和国と統合されるべきと考えているのだった。

L（リューク）：僕の政治的態度はおそらくオレンジではなくグリーンなんですよ。つまり、ユニオニストというよりナショナリストですね。この国にとってアイルランド南部との統合が最善だと僕個人が信じているというだけのことですが。僕はあまり強いイギリス人意識を持っていないのです。ですから父さんとは……、もちろん彼はイギリス人意識の非常に強い人間でしたから、かなり議論をしてきましたよね。

酒井：ではあなたはアイルランドにもイギリスにも強い帰属意識を持っていらっしゃらない？

L：強いアイルランド意識を持っているんですよ、奇妙なことに。僕は妻を紛争で亡くしていますからね。ＩＲＡに殺されているんです。

酒井：そうでしたか。

L：なので、当時は強いアイルランド人意識は感じていなかったと思いますけれども。妻を殺した人間たちと似たような政治目的を持っているなんて自分で許せませんでした。だからアイルランド人としての感覚を否認したわけですね。でも後になって強くなってきたと思いますね。

（二〇〇七年八月）

自身をイギリス人というよりはアイルランド人と考え、アイルランドの南北統合を支持する立場は、北アイルランドのプロテスタントとしてはきわめて珍しい。さらに、ここで語られている彼の人生の背景を鑑みれば、それはさらに意外性に満ちた発言である。

リュークの先妻は一九九三年にＩＲＡがプロテスタント地区の個人商店を爆破したさい、その犠牲となって亡くなった。ＩＲＡはもともとロイヤリスト武装グループの集会をねらって爆弾をしかけたのだが、結果としてその爆発によって吹き飛ばされたのは設置したＩＲＡメンバー本人と市民数名であった。その犠牲者のなかに商店主の娘であったリュークの妻が含まれていたのである。彼女は当時リュークとの第二子を妊娠中だった。ＩＲＡが最初の停戦声明を出したのは、そのわずか一年後のことである。

妻を亡くして数年の間、リュークはシン・フェインの事務所の前などで、ＩＲＡとシン・フェインの罪を追求し謝罪を求めるピケを張る活動を繰り返していたという。だが地域福祉関係の仕事を始め、社会人学生として大学で学ぶなか、しだいに彼の活動はシン・フェインに対する糾弾活動から住民間の和解を求めるものへと変化していったのだった。

「自分はユニオニストというよりナショナリスト」と語るリュークは、一九七四年のゼネストの思い出を懐かしげに語りながらも、ゼネストを組織した組合の方針に対しては懐疑的である。「この三〇年間はなんだったのか」という怒りを多くの人びとが抱いていることについて尋ねたとき、彼は自分自身はそうした感情をもたないと言った後に、けれども理解はできる、と付け加えた。

つまり、現在僕たちが得たものというのは、七四年に獲得されていたものと大きく変わらないわけですよ。最初に権力分有議会が成立して、それに反対する労働者会議のストライキが起きたあのときのね。それから三五〇〇人もの人が死んで、数えきれないくらいの若い人たちが刑務所に送られた。投資はまったく来ない、インフラの整備は行われない、貧困は進む一方で、国全体がひどく苦しんだ。それなのにね。

（二〇〇七年八月）

彼はアルスター労働者会議のゼネストのなかに、三〇年の暴力の後に結果的には放棄されざるをえなかったような頑迷な政治態度を見ている。リュークにとって、ゼネストは紛争を長引かせたいくつもの出来事のひとつにすぎなかった。そしてその紛争長期化の中で一九九三年の事件が起こり、彼の妻と子は命を落としたのである。にもかかわらず、彼の一九七四年のゼネストの思い出はノスタルジーすらうかがわせるものである。子どものころの自分の視界に写っていた情景——地域が一体となって巨大な敵に立ち向かい、その戦いに自身の父親もまた勇敢な戦士として参加している情景——を彼は思い起こす。出来事が当時もっていた・ないしその後もつようになる歴史的・社会的文脈を知らないまま、刺激に満ちた幸福な時間としてゼネストを経験したことに対する自戒的な皮肉が、ここにはある。ゆえに彼が語っているのは、自身の生の歴史的・社会的規定性に人が意識的になっていくプロセスについての物語なのである。幼い自分が抱いた「ファンタジー」を、三〇年後の視点から大きな歴史物語の中に組み入れて解釈しなおすとき、小さな男児として彼が抱いた無垢な興奮は消え失せる。それは彼が個人として成長し大人になったからだけではなく、歴史を認識する主体としての変容を経験しているためなのである。

第六節　帰属への切望

それまで気づかなかった自身の生の文脈に意識的になっていく過程において、人は自分の文化的背景にも自覚的になっていく。以下、南ベルファストに住むプロテスタント女性マーガレットの語りを見てみよう。彼女は一九六〇年代前半生まれで、中産階級地区で子ども時代を過ごし、両親の意向もありイングランドで大学生活を送った。ここでみる彼女の記憶は、紛争の激戦地から遠く離れた場所での経験という意味で、他の調査協力者の語りとはやや異なっている。だが北アイルランド出身者が紛争中に〈本国〉イングランドで体験したエピソードは、紛争の記憶として考えるべきものの一側面を見せている。

酒井：こんなことを聞いて失礼というか、奇妙かもしれないんですが、あなたはご自身をアイルランド人と考えますか、それともイギリス人と？

M（マーガレット）：（笑う）たぶん両方と答えられますね。どちらでもいい、とも。どこにいるかによるんです。中等学校から大学に進学するときにロンドンに出たわけですが、ちょっとしたカルチャー・ショックでした。自分はイギリス式教育の中で育ってきたと信じて疑わなかったので。ロンドンに行くのが大層なことだと思っていなかったんです。でもイングランド人たちと一緒にいるとね、違うなまりでしゃべるし、ユーモアのセンスも違うし、とにかく違うんですよ。異世界に来たと思いました。そのときはじめて自分がアイルランド人なんだと考え始めました。面白いんですけど、ロンドンにいるとほかのアイルランド人を探し始めるんですよ。ベルファスト出身だろうがコーク出身だろうが関係ないんです。(1)

酒井：なんと、関係ないんですか。

M：関係ないんです。たぶんユーモアのセンスかな。私たちが「気の利いたやりとり（craic）」と言っているものがあるんですが、ちょっとした楽しみというかおしゃべりというか。それがイングランドの人とは違うんですよ。違う文化で違うユーモアなのね。

そのころ、アイルランド人はあまり敬意を払われていなくてね。歴史のなかでアイルランド人は安い労働力だったでしょう。道路を作ったり、アイルランドに職がなかったから仕事を探しに何年もイングランドに行ったり。だからそのころは人種差別がひどくて、パディ［アイルランド人をさす語、ときに蔑称的］って呼ばれたりしていたんですよ。紛争に関しても「あんたのところの人たちは何が問題なんだ？　おたがい撃ち合ったりして、一つの国がなぜ一緒に暮らせないんだ？」という感じ。だから自意識過剰にもなって。劣等感ね。

冷たい国だなと当時は思いました。人が故郷を離れて成長するにつれて、突然「自分は家にはいないんだ」と気づく段階の一部かもしれませんね。それまで自分の周囲を守ってくれていたものが消えてしまうというか。そんななかで私も自分がアイルランド出身だと感じ始めたのだと思います。そして自分はどこに落ち着きたいのかと考えたとき、私はアイルランドに戻りたいと思ったんです。紛争だからといって帰りたくないという気持ちにはならなかったのね。あそこが私の故郷だから、あそこで子どもを育てたいと思ったんです。

酒井：とてもよくわかります。ええ。

M：そう。だからここにいるときにはね、イギリス人とかアイルランド人とか自分のことを思わないんですよ。思う必要がないの。

（二〇〇七年八月）

アルスター地方のプロテスタントは、一九世紀の終わりにアイルランド自治問題が浮上して以来長らく、自分たちはイギリス人であると主張してきた。「イギリス人性」をあらわす文句や記号は、ユニオニスト政治家の演説からプロテスタント団体の行事、またプロテスタント地区の街頭装飾にいたるまで、現在も彼らの自己表象のいたるところに見受けられる。しかしながら「アイルランド的であること」が、言語、文学、音楽から神話にいたるまで、そのオリジナリティの強調とともに表現されるのに対し、「アルスター・プロテスタントであること」の表現は「イギリスの他地域とのつながり」に集中し、従来アイルランド北部という場所に根ざす文化ならではの特色を十分に打ち出しえてこなかった［尹 2007: 171-173］(2)。「アルスターのイギリス人（Ulster British）」というカテゴリーのあいまいさは、北アイルランドのプロテスタントら自身をも困惑させてきた。その最たる要因は、彼ら自身は自分たちを「イギリス人」と考え、アイルランド人の対極に位置づけているにもかかわらず、イギリス連合王国の他地域の人びとは彼らを「アイルランド人」と見なす、ということである。北アイルランドの人びとが様々な状況下でどのように自身を位置づけているのかについてアンケート調査をおこなった研究は、プロテスタントの社会的アイデンティティは、そのときいる場所、一緒にいる人間などの状況に応じて変化する傾向にあると報告している［Wadell and Cairns 1986: 29］。

マーガレットの語りは、状況によって変化するこの複雑な自己意識が個人の成長過程とも絡みあいながらいかにして育つのかを示している。先の引用から少し後にマーガレットが語ったロンドンでのエピソードがある。あるときバス運賃として一ポンド硬貨を出したとき、運転手がその硬貨を矯めつすがめつ「こいつは爆発しないだろうな?」と言った、というものである。当時は一九八〇年代の初めで、IRAがイギリス本土での武装活動を活発に展開していた時期だった。バスの運賃を支払うためマーガレットが行き先を伝えた短い言葉のなかに、運転手は北部アイルランドなまりを聞き取り、紛争にかこつけた冗談を言ったのであろう。「そういうことを言われた時代だったんですよ」とマーガレットは苦笑した。「IRAと同じ北アイルランド出身である」という事柄をステレオタイプ的に浮き彫りにする冗談のなかに、彼女はアイルランドの民が歴史的に受けてきた扱いと似たものを感じ取っていたのであろう。

安価な労働力として扱われてきたアイルランド人の歴史、そしてイングランド人とアイルランド人のあいだに権力構造を作り上げてきた歴史は、彼女自身が生活のなかで受けた扱いや視線と結びつくことによって、突如、自身と命あるつながりをもつ問題となっていく。言い換えれば彼女が語ったのは、人が自身の生のスケールをはるかに超えた歴史・社会条件に従属した「何者か」になっていく過程についての物語であり、アイルランド人という主体のありかたを彼女が引き受けていく過程についての物語なのである。

この語りは、自己の像というものが、隔たれた何かに対する切望とあこがれから生じることを示してもいる。ニラ・ユヴァル=デーヴィスは、自己を語ることを通じて自身の帰属を確認していくとき、そこにはつながりに対する欲望がうかがわれると論じる。自己形成の物語は、「個人のものも集団のものも、みな帰属すること、何者かになることへの切望にとらわれている。それは安定した状態にあるアイデンティティに自分を位置づけることではなく、何かを希求することによって満たされるような過程である」[Yuval-Davis 2006: 202]。自己についての物語は、「何者かであることと何者かになること、および帰属していることと帰属することへの切望」という二面性によって特徴づけられている [ibid]。スチュアート・ホールが論じるように、自身を文化的にとらえる自己像とはつねに〈既にそうである〉ものよりは、〈そうなろうとする〉ようなものなのだ [Hall 1990]。そしてマーガレットの語りから引き出すことのできる重要な点とは、個人にとっての民族意識や歴史的記憶の形成が、成長の心理的過程と絡み合った物語としてあるのだということである。

先に見た語りにあるように、マーガレットは自分をアイルランド人とイギリス人の「たぶん両方と考えて」おり、北アイルランドにいるときには「イギリス人とかアイルランド人とか自分のことを思わない」。かつての自分が二重の意味で自己について「知らなかった」ことを認識した後、自分の帰属にまつわる揺らぎなき「核」はすでに彼女から失われている。より正確に言えば、「自分は何者であるのか」は、その欠落からしか認識されえないものになったのである。これと同時に、彼女の自己認識はより状況と文脈に依存したものとなり、内部に撞着を抱えこむ。しかしそれゆえに、彼女は北アイルランドに生きる人びとの経験と背後のマクロな社会状況・歴史状況の複雑な結びつきとを見る視点を獲得したのだといえよう。

第七節　生きられた物語の意味をめぐって

本章では、辛苦の経験として紛争期を思い返す語りの枠組みに入りきらないような記憶のありようを検討してきた。本章第二・三節で見てきたのは、和平プロセスにおいて政治的妥協が重ねられるなかで紛争中にこうむった辛苦から意味が奪われるという事態、あるいは過去の事件についての真実が白日のもとにさらされることによって、辛苦自体の文脈やそれまで育んできた人間関係への理解が一変してしまうという事態である。こうした記憶の困難において、人びとが生きる苦しみと悼みの物語からは「行き着く地点」すなわちテロスが失われる。そのテロスとは、自らの身にふりかかったことに何らかの解釈を見いだすことによって、悲嘆の底や渦巻く怒りから脱出するすべを与えるものであったはずなのである。政治的・社会的移行によって「起こったこと」に対する人の認識・理解が断絶し、解釈の着地点であるテロスが見つからないとき、紛争の時代が公的には終わったはずであるのに紛争経験の終わりが訪れない、という事態が生じることとなる。

すなわち、紛争経験に関わって生じる乗り越えがたき傷とは、必ずしも紛争中の出来事自体がもたらすものとは限らない。まさしく紛争の記憶における事後性のあらわれの一例といえようが、紛争中の出来事が何かしらの端緒となるものを残したにせよ、それを傷として「開く」のは、逆説的にも「暴力の終結」である場合があるのだ。

過去と現在の社会的自己のあいだに横たわる断絶に対する葛藤と思索の営みは、人生経験の意味を人から奪いさることもあれば、自己を社会のなかに位置づける新しい解釈の視点を人にもたらすこともある。その意味で和平とともに訪れる記憶の困難は、紛争に対するノスタルジーとも共通の根を持っている。第四節でみた語りは、人間の生活がほんらい娯楽や刺激、楽しさと切り離すことができないということを示してもいる。暴力的状況がいかんともしがたく現前している状況で、人はそのただなかにも楽しみや娯楽としての刺激を積極的に作り出していこうとする。こうした記憶はえてして子ども時代の回想として語られた。子どもというものは、進行中の社会的・政治的プロセスに対して大きく働きかけるだけの能力、技術と権威をもたず、状況を一方的に与えられるだけの存在とおおむね了解されている。そのため紛争の中に育った子どもは、被害者性の顕著なる存在としてとらえられもするのだが、社会的・政治的プロセスになんら責任をもたない存在であるからこそ、逆に分断と暴力の構図のなかに純粋に娯楽を見いだしていく。紛争状況を楽しんでいたという告白が、当時子どもであったなら仕方がないものとして受け入れられやすいため、このような語りが表にあらわれやすいという事情もあろう。

しかしこのような記憶は、体験者が成長し、また社会情勢に変化が訪れるにしたがい、二重の意味で異なる視点から再解釈されるようになる。そのとき幼少時の体験や個人の自己像は、大きな歴史的文脈のなかに組み込まれることで意味を変貌させていく。そこで語られるのは、私的な思い出や自意識の背後に横たわっていたが、当初は存在に気づかなかった歴史条件・社会条件に人が事後的に気づいていく物語である。それはみずからの人生物語についての解釈が姿を変えていく過程についての物語という、一種の入れ子構造をもつ物語である。ここにおいて自己の物語は集合的記憶や民族意識と緊密に絡み合うものとして再形成されていく。

本章を通して浮かび上がってきたのは、紛争時代への葛藤に満ちた態度と、〈失われた故郷〉に対する執着との複雑な結びつきでもある。たとえば第四節でみた紛争時代を「幸せな幼少時代」とするエマの語りである。生まれ育った場所と同じ土地に住み続けながらも、社会情勢の変化のために、故郷が有していたはずの温かい人間的紐帯は彼女にとってすでに失われている。その意味では〈時代としての故郷〉への執着がここにはうかがえる。また第六節で引用したマーガレットは、ロンドンという異郷の地において、アイルランドの民の歴史と自身のあいだに同一性を見いだすようになる。けれども彼女が子どもを故郷で育てたいと考えたとき、彼女は故郷ベルファストでの日常生活の実態を想像できていなかった。当時はまだＩＲＡの停戦表明の前で、イングランドから戻ってきた彼女を迎えた北アイルランド情勢は、いまだ穏やかで平和的なものではなかったのである。

「向こうにいるとね、紛争はもう終わったような印象でいるんですよ。でも帰ってきてみたら全然違いました」とマーガレットは苦笑する。「わたしたちはそれでここに囲い込まれてしまってね。誰もベルファストの土地を買おうとはしない。でも、この家と土地を売らなくては紛争のないほかの場所には引っ越せない。難しいものね」。帰りたいと思って戻ってきた土地に逆に〈閉じ込められる〉という経緯をへて、彼女の故郷への想いはいっそう複雑なものになっていく。

故郷への愛憎なかばする執着のありようは、先夫の死にまつわる新事実を知ることになった第三節のリタの事例に、おそらくもっとも明瞭にあらわれているだろう。歴史調査委員会から再調査結果の報告を受けた直後の二〇一一年、彼女は生まれて以来七〇年以上暮らしてきた地区を離れることも考えていた。近隣住民や地区コミュニティへの信頼に大きくひびが入った以上、そのまま暮らしつづけるのは辛いと彼女は言った。しかし、地区への思い入れは深い。ベルファストから少し離れた海際の町に住む息子たちから同居しようという誘いを受けながらも、やはりその気にはなれない、と二〇一四年の春に彼女は言うのだった。「やっぱりここにいようかと思うんですよ。息子や奥さんが出歩いて、家事をやって、私は台所のテーブルで座っているだけというのも飽きてしまいそうだから。それに私はここで生まれ育ったし」。

克服しつつあった古傷をえぐられ、七〇年あまりにわたって生活を営んできた地域社会への信頼が大きく損なわれてなお、彼女は同じ地区で暮らすことにこだわりつづけている。いかに自分を「裏切った」と感じている社会であろうとも、彼女の故郷なのだ。あるいは紛争後の〈和解〉とは、カトリックとプロテスタントという二つの宗派＝民族集団の間の問題だけでなく、まさにこのような〈故郷〉への葛藤と愛着のなかに、その可能性を見いだされるものなのかもしれない。

第七章　時間を旅する歴史経験——間世代的な記憶

第一節　本章の視座——遠い昔の戦争の記憶

1・1　〈集合的記憶〉という概念への疑義

ある時代に生きる人びとが、自分が生まれるずっと以前の遠く離れた過去の記憶をもつということが、果たしてありうるのだろうか。この問いは記憶をめぐる研究のなかで中心的な位置を占めているものだ。第五章でもわずかに触れたトピックであるが、この問いに対しわたしは「ありうる」、ただし一定の条件下においてであると答えたい。この「一定の条件」とはどのようなものなのかを本章を通じて示していくことになる。

これまでの章で焦点を当ててきたのは、一九六〇年代に始まる紛争についての証言であり記憶であった。対して本章では、アイルランドにおいてそれよりはるか以前に起きた戦争、紛争、そして争いについての物語を見ていく。一九一〇年代の第一次世界大戦、一九二〇年ごろの独立戦争・内戦前後の社会混乱、そして一九四〇年代の第二次世界大戦についての語りが本章には登場する。二〇〇〇年代、二〇一〇年代の北アイルランド社会に生きる人びとが、死んだ親や祖父母の世代から聞いた物語である。こうした物語をのちの世代の〈記憶〉と見なすことができるのは、いったいどのような意味においてであろうか。

本章の問題意識の背景には、これまで集合的記憶について交わされてきた議論がある。社会的・政治的な視点を重視する近年の記憶研究を牽引してきた〈国民の記憶〉論のなかでは、現在を生きる人びとが自身の生まれるはるか以前の出来事について有するイメージや認識も、議論の対象となる〈記憶〉のカテゴリーに含められていた。国家の成り立ちや興隆の経緯といった国民国家の〈一生〉を語るような歴史物語は、当然のことながら数百年単位の長さをもちうるものであり、ゆえに素朴な意味での出来事の記憶――すなわち〈生き証人〉による語り――からのみ構成されるわけではない。そのためでもあろう、〈国民の記憶〉ないし〈戦争の記憶〉研究の一つの主流をなしたのは、過去の出来事や戦争についての公的な文書や声明、ないし芸術作品や商業作品などのテクスト分析だった［Mosse 1990 = 2002; Morris-Suzuki 2004］。だがそうした傾向には疑問も寄せられている。それは上記のようなテクスト分析の重要性に対する疑いではなく、それらのテクスト〈の集合体〉を〈記憶〉と呼ぶことに対する疑問である。

たとえばスーザン・ソンタグは写真論『他者の苦痛へのまなざし』のなかでこの疑問を提起する。戦争や災禍の様子をとった写真が社会的に知られるようになるにつれ、過去についてのイメージを社会的に形成していく様子を批判的に俯瞰したこの著書のなかで、ソンタグは記憶の集合性を論じることそのものに対して批判的な立場をとる。

> 厳密に言うなら集合的記憶というようなものはない。集合的記憶は集合的罪と同様、虚偽の概念に属するものだ。だが集合的な教示は存在する。
> あらゆる記憶は個人的なもので複製不可能であり、それぞれの人とともに死ぬ。集合的記憶と呼ばれているものは、

想起ではなく規定である。つまり、これが大事なのだ、それはこういうふうにして起こったのだ、というふうな規定だ。[Sontag 2003: 76]

個人が自身の経験について有する記憶と、現代世界のメディア技術によって繰り返し複製され、際限なく拡散していく絵や写真や文章との間には、なんらかの区別がつけられるべきという意識をソンタグは持っていた。それはある種の倫理観、誠意と言ってもよい。断っておくならば、ここで彼女が「規定」の語をもって言わんとしているのは、まさに〈記憶の政治学〉の関心の中心にあったものだ。つまり過去に対する視線や過去を描き出す技法の規範化のことである。「過去に起きた重要な出来事はこれこれである」「それはどのようにして起きた」というような言明・イメージ・認識が、民族であれ国民であれ、なにがしかの集団にとっての規範として立ちあらわれたとき、それは集団内の秩序の確立をめざす統治の手法と絡み合う。けれどもソンタグは、歴史や過去を「規定」していくおこないに批判的な視線を注ぎつつも――すなわち多くの〈記憶の政治学〉の論者と立場を一にしながらも――、その行いも、そこで生み出される表象も、あくまで記憶とは区別した。どのようなイメージと物語を通じても、人はけっして他者の記憶を他者が想起するように「知る」ことはできない。そしてその不可能性の前では、ステレオタイプのイメージと言葉を――あるいはいくばくかの蔑みをもって――記憶と呼び、批判分析する態度はただ沈黙するほかない。

『二〇世紀における戦争と想起』[Winter and Sivan 1999] の編者である歴史家ジェイ・ウィンターとエマヌエル・シヴァンの議論にも類似の立場を見いだすことができる。この著作において、彼らは可能なかぎり「記憶〈memory〉」ではなく「想起〈remembrance〉」という語をもって議論を構成しようとする。背景にあるのは、議論されるべきは人びとが集合的におこなう行為であり実践である、との態度である。彼らが関心を向けるのは

「戦争をトラウマとして生き、また圧倒的な持続する集合経験として戦争を理解」した人びとの活動——具体的には遺族団体を形成したり、回想録を出版するなどして「公的な場で活動をおこなった」男女である。こうして彼らは、「私的な記憶、家族の記憶、そして集合的な記憶が交わる場」を描き出そうと試みる［ibid: 9］

注意を向けるべきは、この著作が過去の戦争を集合的に想起する行為を分析するにあたって、「戦争をトラウマとして生きた人びと」（傍点筆者）に焦点を当てる、としている点である。つまり戦争を直接体験していない人間は、集合的な想起にたずさわる中心的な行為主体（エージェント）ではないことが仄めかされている。あるいはそれは、明言されない前提となっているのだ。

出来事の直接の経験者とそうでない者とが区別されるべきという主張を、よりはっきりと打ち出す議論もある。ウィンターとシヴァンの議論に影響を受けた政治思想史家のダンカン・ベルは、従来の集合的記憶研究のなかでしばしば見られた混乱、とくにナショナリズム研究の分野で見られた混乱を指摘し批判する。こうした研究の一部は、「多種多様な社会的・認知的プロセスを一緒くたにし、それらすべてを『集合的記憶』の一語で塗りつぶしてしまう」ために、「複数の個人のあいだで起こる間主体的な現象としての集合的想起」と「国家の『統治の神話』」とを同一視してしまっている、という［Bell 2003: 65］。

> 想起の行為をともなう記憶は、出来事が起ったその場にいた者たちの間にしか共有されない。記憶は共通の経験のなかにつなぎとめられている。〔…〕集団的アイデンティティの形成にとって一般的に肝要だと考えられているような、過去の出来事についての共有の理解、概念化、表象——つまり「集合的記憶」が通常用いられるところの意味あいであるが——それらが重要でないと言っているわけではない。そうではなくて、真の意味での記憶に分類されるべきでないと主張しているのだ。それらは神話的なものと考えられるべきなのである。［ibid: 70］

記憶という語で示される対象が何であるのか・何であるべきなのかを曖昧にしたまま、〈戦争の集合的記憶〉についての研究領域が肥大しつづけてきたことは確かだろう。ソンタグやベルが論じるように、過去に起きた出来事にまつわる公的な情報、書籍や教育は、しばしばその出来事がどのように起こり・展開し、またその出来事のどの点がなぜ重要なのかという教訓めいたメッセージを伝えてくる。そのなかには社会の構成員がもつべき知識・認識であると支配勢力や国家によって規定されたものも多いだろう。それらの情報は、「規定」や「神話」のような語を用いるにせよそうでないにせよ、ある出来事が起きたときにその場にいた人間がもつ出来事の記憶とは区別されるべきものなのかもしれない。

しかし問題は、「ある出来事が起きたときにその場にいた人間がもつもの」のみが記憶であると断じてしまうことにある。記憶とそれ以外のものをわかつラインはどこにあるのかと問われれば、答えは簡単ではない。上の規定にしたがえば、戦争の記憶と呼ばれるべきは体験者がまだ生きているような近い戦争についてのものに限られるということになる。そしてその集合的記憶とは、当該の戦争のときに生きていた古い世代のみが持ちうるものということになる。だが当時生きていた人間と言ってみたところで、その経験は多様ではないだろうか。戦場から遠く離れた場所にいて、メディアや人づての話で事態を追っていたような人間はどのように考えられるべきなのか。それとも戦争の記憶とは戦場にいた人間でなければ持ちえないようなものなのか。ならば戦場とはいったいどこなのか。

記憶とそれ以外の知識・理解・情報をわかつ区分として想定可能なものは、以上のように際限なく浮かんでくる。つまるところ集合的記憶のなかの「直接体験をしているか否か」「その場にいたかどうか」という問題は、つねに相対的なものとしてしか示しえないのだ。(1)

そもそも集合的記憶についての関心とは、人の自己像を形づくり、行動指針や原動力ともなる記憶というものが、ただ個人の閉ざされた心理内部で形成されるのではなく、社会に生きるなかで成立していくことに向けられていたはずである。そして第五章で見たように、個々の人間が生きてきた〈場〉――関係性としての〈場〉、あるいは空間的な〈場〉――と不可分の形で想起されるイメージや物語は、他者の経験であり同時に自身の体験でもある記憶として、個々の人間の人生史のなかに位置づいていく。

本章が着目する間世代的な物語は、自身では体験していない遠い過去が、人間関係と身体経験としての〈場〉に結びついた記憶になりえる事例である。第五章においてあつかったものが、たとえば地区コミュニティ内のような、共時的に生きる人間間での集団経験の構築であったとすれば、本章で問題にするのは通時的な集合的記憶の形成、すなわち後の時代に伝えられ、後の世代の歴史経験のありかたに影響を与えていく記憶とも言える。

1・2 家族の記憶と自己像

人が自己というものを思い浮かべるとき、それはこれまで自分が経験してきた事柄を、時間軸に沿って、現在の自分にとっての重要性に応じ、現在に連なるものとして配置する自伝的な想起である、ということは第二章でも確認した。人は「自己の物語」を編みながら「わたしは誰であるか」を認識し確認していくのである。

> わたしたちは過去をひとつの劇のように想起する。その劇のなかでは、一人の主人公が筋の焦点に位置し、物語の行き先を定めていく。物語構成のなかでみずから行為する者であろうと、どうにもならない運命の歯車としての受動的な経験であろうと、自己は物語構造の軸としてあるのだ。[Wang and Brockmeier 2002: 47-48]

しかしながら、われわれの物語を形作るのは自分の経験についてのエピソードだけではない。より正しく言えば、われわれの経験の多くはわれわれ以外の他人にも関わっている。たとえば家族である。多くの人の幼少期の記憶は、両親やきょうだい、祖父母やその他の近しい親戚と過ごした時間の思い出に占められているだろう。さらに両親との関係が——平和的なものであれ葛藤に満ちたものであれ——後の人生や自己像に大きな影響を及ぼしうることについては疑問の余地がない。であるからこそ、多くの人が「自分が誰であるか、そして何者になりうるのか」を探し求めようとするなかで、家族の歴史をたどっていく。

両親のライフストーリーを追うなかで人が自身の人生を基礎づくっていた集合的な歴史経験に気づくこともある。過去の世代が戦争や政治動乱をいかに経験し、あるいはいかに移民として国を渡り歩いてきたのかを知るなかで、それまで抱いていた家族環境についてのイメージが大きく変わることがありうるのだ。たとえば家族史研究者のルース・フィネガンは、自分の母親への聞き取りを通じてはじめて、アイルランド人の北米移民の歴史を自分自身にとって意味あるものと感じるようになったと記す。幼少時から親しんできた生活様式がいかに「自分の世界の経験のありかたを形作っていたのかを、母親が語る自伝的物語に接してはじめて実感した」と彼女は書く［Finnegan 1994/2006: 178］。

また、家族と暮らしを営むということは、親やきょうだいの生きざまを間近で見ていくことでもある。自己を中心とした物語の形成が「わたしは誰か」という問いに対する応答であるのだとすれば、他者を中心とした物語を想像することは、その人間の経験と視野を追体験しようという試みである。第四章第六節で、家族をつぎつぎと亡くし、自身も衰弱して命を落とした母の物語を語った女性の事例を見たが、一つの典型的な例であろう。家族とすごす日常の時間を通じて、人は近しい他者の人生経験の証人となる。このとき、他者の物語は入れ子構造をなして語り手本人のライフストーリーのなかに組み入れられていく。

当然のことながら、他人の自伝的記憶のなかに組みこまれ、その一部となっていったライフ・ストーリーは、ソンタグの言う厳密な意味での「複製された」記憶ではない。元の個人が自身の経験を見るときとは視点や重点の置き方、文脈が少なからず変化しており、ゆえに物語としての意味も変貌している。ある人の語りの中で過去の世代の人生経験が言及されたとしても、それをもって過去の世代の人びと自身の経験を明確に「知る」ことはできない。不透明なヴェールとして垂れ下がる語り手本人の解釈の向こうに、過去の世代の経験はぼんやりとその存在をうかがうことができるばかりである。

しかし本章にとってこの間接性や不確かさは大きな障害とはならない。そもそも本章の目的は、過去の世代の経験を、それが当時生きられたように描き出すことではないからである。関心の中心にあるのは、二〇世紀を通じていくつもの戦争や紛争、内乱を経験してきたアイルランドという土地に現在生きる人びとが、過去の世代の経験と対話をおこなう様子である。それは時には語り手自身のなかにある記憶との内的対話である。あるいは政治状況や社会状況が過去に新しい光を当てるなか、それまで知らなかった事柄となかば強制的に対面させられる経験である。いずれにせよこの過去との対話は、自身の出自と社会のありかたについて、新しい歴史的解釈を生み出していく。

人類学者ヴィエダ・スカルタンズは、ソヴィエト連邦の全体主義のもとでやはり激動の二〇世紀を経験したラトヴィアの家族史を検討し、以下のように述べている。「両親の子どもであるかぎりにおいて、私たちは彼らの人生の読者であると同時に自分たちの人生の作者であるのだ」［Skultans 2000: 81］。両親の物語とはわれわれの人生のなかで過去からのこだまとして響く［Gadamar 1975＝1986］。このこだまはわれわれの歴史意識に流れる基底音のひとつとなっていく。家族の経験を解釈する行いを通じて、人が歴史を生きる主体として再形成されていく様子を、本章の語りにはうかがうことができるだろう。それは人が〈国民／民族の歴史〉というマクロな集合的記憶の枠組みに従属していく過程であると同時に、歴史を編む行為の主体となっていく過程でもある。

第二節　「歴史は繰り返す」

第四章において、一九七一年の特別拘禁制度発効について回想したキャロルは、その後に以下のように続けている。

悲しいことがたくさんありました。通りを下ったところにある家なんて、二人の息子が両方とも撃たれて死んでるんですよ。父親を助けに行って撃たれたんです。母親は二人の死を乗り越えられなくて、六年後に死にました。父親の命は無事だったんだけど。

恐ろしいことがね、本当にひどいことが起こっていたんです。前向きに生きようとするけれども忘れられませんよ。私の父親が言っていたんですが、一九三〇年代も同じだったそうですよ。でも私たちの紛争はもっと進んでいたというか、爆弾も銃もたくさんあって。三〇年代には銃がそんなにありませんでしたからね。〔…〕

あの人たち〔軍・警察〕は夜にやってきたんだそうです。父には六人の兄弟と三人の姉妹がいました。それで軍がやってくるとみんな通りごしに石を投げるんですけどね、父の兄弟が一人、それで捕まったそうです。旧ＩＲＡと呼ばれる人たちだったんですね。(2) そして軍は、捕まえた人間全員を並ばせて次々と撃っていきました。このあたりには兵士が駐屯していて、しょっちゅう人を呼び止めて尋問してはいたんです。でもその夜は捕まった全員が殺されたんです。〔…〕父の兄弟を撃った後、軍は父の兄弟をもう一人捕まえていきました。ドアのすぐそこで。父の母は一部始終を見ていたそうです。

（二〇〇七年二月）

一九三〇年代は、北アイルランドにおいては比較的争いや宗派間緊張の少ない時期であるが、IRAの活動が活発になった時期がないわけではない。上の語りは、この時期における父母やおじの経験を語っているのであろうと思われる。あるいはIRAと軍・警察の衝突が激しく繰り広げられた内戦前後の時期、すなわち一九二〇年代前半が、語り手の記憶のなかで一九三〇年代と混同されていた可能性もある。歴史の専門家ではない一般の人びとは、出来事の起きた年代を必ずしも厳密に記憶しない。重要なのは、父親の時代も彼女自身の生きた時代と「同じだった」ということを、この語り手が鮮明に覚えているということだ。

この引用のなかで、語り手キャロルはまず隣人女性が紛争のなかで息子二人を亡くし、そのショックで死んだと述べる。ついで彼女の一つ前の世代においても、父親の兄弟が何人もIRAと関わりをもち――あるいは関わりをもっていると疑われ――軍・警察の手で殺されていること、そしてそれを彼らの母、つまり祖母が直接「見ていた」と語る。キャロルにとって、紛争のなかで起きた「ひどいこと」とは、歴史のなかでいくども繰り返されてきた事柄なのだ。それゆえに北部アイルランドの人びとは、「前向きに生きよう」としながらも暴力とともにあった生活を忘れることができない、と彼女は述べる。

アードインに住む女性アイリーンも同様に、父母から聞いた歴史経験を通じて近年の紛争を解釈する。彼女の母親はアイルランド南西部の出身であるという。一九一六年にダブリンでアイルランド共和主義者がイギリス支配に抗して起こしたイースター蜂起についての話、そしてその後つづいた抗争についての話を、アイリーンは母や祖母から聞かされたという。「一九二六年生まれの母親は一九一六年のことは覚えていなかったけど、母親自身が親や祖父母から話を聞いているんですよ。ここでは何年も続いてきたことだから」。

アイリーンは二〇世紀初期の独立戦争の経験についても多くを祖母から聞いたという。当時、イギリスは独立運動鎮圧のために特別部隊ブラック・アンド・タンズをアイルランドに派遣しており、ゲリラ戦を繰り広げるI

RAと交戦状態にあった（第三章5・3参照）。

私が小さな子どもだったとき、祖母が一九二〇年代のことについて話をしてくれました。ブラック・アンド・タンズとか、ガサ入れのこととか……。宗派主義的な理由で殺された人のこととか。襲撃があってドアが打ち壊されて、家のなかが荒らされる話。〔…〕でも私にも同じことが起きましたからね。まわりの人が撃たれて死んでいったり家が襲撃されたり。そんな時代に生きるなんて怖くてたまらないと、子どものころにそう言ったのを覚えています。でも私たちが生きたのはもっとひどい時代でした。〔…〕みんなそういう［歴史の］話を聞いて育って、自分の目でも見ているということです。つらい歴史だと言うかもしれませんけどね、何年も何年もさかのぼれるようなことなんです。あらゆる世代に何かがあるんです。私たちはここに生まれ育っているけれど、ここではそういう話を聞くんです。〔…〕生活の一部なんですよ。

（二〇〇七年四月）

幼い頃に聞いていた物語は、一九六〇年代になって紛争が激化するにつれ、より重要なものとして思い出されるようになる。語り手自身の紛争経験と四〇年以上前の祖母の経験とが、何世代にもわたって生きられてきた苦しみと暴力の長い物語の一部であったことが発見されていく。この発見とともに、彼女が生きる土地ではその苦しみが「生活の一部」であることも、また再認識されている。重要なのは、この発見と再認が「苦しみ」「戦争」といった抽象的な語からのみ成るわけではなく、具体的なエピソードのイメージとともにあるということだ。息子が逮捕・銃殺されるのを見ていた祖母の話を語ったキャロルと同様、アイリーンも彼女の祖母の遭遇したエピソードを語る。

おばあちゃんは目の前で人が撃たれるのを見たことがあるんだそうです。一四歳の誕生日だったそうです。そのときおばあちゃんは家のドアのすぐ横の階段に立っていたんですが、兵隊がやってきて銃を撃って、弾が彼女のすぐ横にいた男の子に当たったんですって。その子は一二歳か一四歳だったそうです。名前を今でも覚えていますよ、マイケル・ハッペニー（Michael Ha'penny）。半ペニーのハッペニーね。おかしな名前だと思ったから覚えているの。昔そういうお金があったんですよ。小さな丸い硬貨ね。その名前の子がおばあちゃんの隣で死んだのよ。

私は言ったんです、「なんてひどい、そんななか私なら生きられない。怖くて死んじゃうわ」とね。でも私自身、人が目の前で撃ち殺されるのを見ましたからね。そんなこと自分に起きるなんて思ってもみなかったけどね。私言いましたからね、「おばあちゃん、どうやったらそんななか生きていけるの？」そしたらおばあちゃんは、それがそのころの生活だったのよ、ってね。当時も外で遊ぶことなんてできなかったのね。道をスキップしていたら、すぐにブラック・アンド・タンズがやってきて、皆、子ども達を中に入れなくてはならないの。まったく同じですよ。あなた戦争のなかで生きたことがある？　ひどいものですよ。

（二〇〇七年四月）

銃撃戦に巻き込まれ、十代前半で死んだ「おかしな名前」の少年のお話――子どものころに「おばあちゃんの昔の話」として想像したこの恐怖は、自分が結婚し子どもをもった後になって、現実の経験として回帰する。歴史上の異なる時代についての複数の物語が相互に結びつけられ、歴史全体をめぐる一つの理解を個人の中に形成する様子をここに見てとることができるだろう。自分が生きる土地においてはどの世代も必ず暴力的な争いを経験するのだという、歴史の一つの法則性のようなものが、ここでは語られている。さらに過去の世代の物語と自らの生の経験の双方から形成される歴史意識は、語り手アイリーンの未来のビジョンへも投影されていく。「歴史は繰り返すんですよ。どの世代も同じことが続くんです。これは歴史の一部なんですよ」と彼女は言う。

どの世代においても争いがあるという感覚は、宗派を問わず聞かれたものでもある。たとえばシャンキル通りで生まれ育ったアンは、大おじが第一次大戦中に海軍兵として戦死したこと、一九二〇年代に祖父母が経験した宗派間抗争のこと、および第二次大戦での祖母の経験について語った。第二次大戦中、多くの男性が戦争に行ってしまった時、地区は「外からの攻撃」（おそらくここで彼女が想定していたのはカトリックやレパブリカンからの攻撃である）に対して脆弱になった。ゆえに銃後の女性たちは地区を守るため、働いていた軍需工場で製造した弾薬をかすめとって結った髪の中に隠し、自宅に持ち帰るということをしていたという。「そういうときには女も地区を守るために何かしなくちゃならないんですよ。当時も今も同じです、歴史は繰り返しますから」。

「歴史は繰り返す」というこのフレーズを、私は二〇〇六年からの聞き取りのなかで、アイリーン、アンのほか六名の個人からそれぞれ別の状況下で聞いた。一言一句同じフレーズではないにせよ、先に引用したキャロルの語りにも同様の世界観が見てとれる。戦争・紛争があらゆる世代において必ず経験されるというこの歴史観は、現代の北アイルランド社会において一定数の人びとに共有された感覚と考えられる。すなわちこの地における二〇世紀の歴史のなかで形成されていった、地域的な歴史意識とも呼びうるものなのである。

第三節　忘却されたカトリック・アイルランド兵

3・1　アイルランドにおける世界大戦の記憶の政治学

北アイルランドにおいて、歴史的出来事を記念する行いの多くが強い政治性を有していることはこれまでにも確認してきた。どの出来事が・どのように・誰によって記念されるのかによって、それらの記念行為は連合継続主義（ユニオニズム）かアイルランド民族主義（ナショナリズム）という二つのイデオロギー的陣営の「どちらか」に位置づけられてきたのである。このように、重要な歴史的事件として想起し記念すべきとされる出来事が住民集団間で異なっているということは、両集団間の歴史観に大きな隔たりが見られてきたということでもある。ゆえに近年の和平プロセスの中では司法や社会制度の改革と平行して歴史認識における和解の可能性も模索されている。

この潮流の中で近年注目を集めているのが、二つの世界大戦、とりわけ一九一四年から一九一八年の第一次大戦である。第三章5・2でも見たように、アイルランドの自治独立をめぐる争いと複雑に交錯して起きた第一次大戦には、アイルランド全土から宗派を問わず多数の人間が参戦した。しかし南北分割後において、この参戦経験はユニオニスト社会内部のみで記念され、称揚されていくこととなる（図7・1）。大戦はアルスター出身のプロテスタント兵士が、イギリスという国家のために「命を賭した」ことによって「イギリス人であること」を証明した歴史的出来事として語られていく [Loughlin 2002]。

一方で南部アイルランド社会では、アイルランド人カトリックの元イギリス軍兵士は自分の民族出自について葛藤を抱え込むことになった [Leonard 1997]。まず一九一九年から一九二一年にかけての独立戦争中には、彼らは軍隊経験でえた知識や技術をもとに反イギリス分子であるＩＲＡの訓練をおこなっているのではないかとイギリス軍に疑われていた。いっぽう独立後のアイルランド社会では、彼らは「アイルランド祖国のために戦った勇士」のなかに含まれて考えられることがなく、社会的な敬意が払われなかった。彼らを「さげすんで指さす」公的な風潮は、その後何十年も変わることがなかったという [Ibid: 62]。

戦後長く継続したこのような傾向が変化するのが一九九〇年代のことである。イギリス軍に従軍したアイルランド人カトリック兵士についての研究が、まず急速に蓄積されはじめる [cf. Denman 1992; Johnstone 1992]。アカデミズムの外でも変化が起き、第一次大戦はイギリス人とアイルランド人、および北アイルランドのプロテスタントとカトリックがともに戦った歴史的出来事として、和解の可能性を象徴する過去と見なされるようになっていく。たとえば一九九四年にベルファスト郊外でオープンした戦争博物館、ソンム会戦継承センターは、カトリックとプロテスタントのアイルランド師団にバランスよく焦点をあてた展示をおこなっている。国際政治のレベルでは、アイルランド平和塔と名づけられた記念碑が一九九八年にベルギーの戦跡に建設された。この記念碑もアイルランドのカトリック兵とプロテスタント兵をそれぞれ主要な構成員とする二つの師団、第一六師団と第三六師団に捧げられている。この平和塔建設の狙いとは、現在北アイルランドとなっている地域と南部アイルランド共和国、およびプロテスタントとカトリックという二つの集団、その双方が共有できる記念碑の建設というものだった。除幕式には、イギリスの国家元首であるエリザベス二世と、当時のアイルランド共和国大統領のメアリ・マカリースが出席し、平和塔の前で握手を交わしている。それはアイルランド独立以来緊張関係にあった二つの国民国家の歴史的和解のパフォーマンスといえるものだった［Orr 2002］[3]。

図 7.1　南ベルファストの市街地の壁画。北部アイルランドのプロテスタントから構成された第36（アルスター）師団を記念するもの。2003年。

時事問題としてのこのような性格もあってか、聞き取りにおいて家族史に話題が及んださい、多くの人がまず思い当たるのは世界大戦だった。もちろん、中にはより近年の第二次大戦も含まれている。北ベルファスト出身のクレアは、母親がプロテスタント出身、父親がカトリック出身の家庭で育ったが、母親が結婚と同時にカトリックに改宗したという。「だから私は完全にカトリックとして育っているんですけどね」。

でも大戦で戦った家族の写真はたくさん家にありましたね。軍服を着た大おじとか。だから第一次大戦や第二次大戦に行った人が自分の家族にいたんだということは小さい頃からわかっていました。そういう意味では両方の歴史にふれてきました。

（二〇〇七年五月）

何人かの語り手にとって、世界大戦を経験した家族や親族の記憶は、自分自身の民族意識とも絡みあって複雑な感情を惹起するものとなっていた。戦争の終結から約九〇年以上が経過した時期にあってなお、大戦という過去に対する国家の態度の変化、ならびに従軍兵士に対する社会的な視線・評価の変容は、個人の人生観や自己意識を大きく揺るがし、深い葛藤や救いの感覚を与えうるものであり続けていたのである。そうしたことが、なぜ、いかなる文脈と仕組みのなかで起こりえたのか、以下、特に二人の語りに着目して見ていきたい。

3・2　戦争の物語に投影される紛争経験

現在の北アイルランドに生きる人の大半は両親の世代も第一次大戦を経験していない。だが、五〇代以上の世代であれば、親やおじ・おばが第二次大戦で従軍したり、動員されたりしているケースが多い。

そもそも日本においては第一次・第二次大戦はそれぞれまったく別の出来事であるという印象が強いが、イギリス・アイルランドにおいては、両大戦のイメージと記憶は大衆的な記念行為のなかで時に重なりあう。たとえばイギリスでは第一次大戦後、多くの市町村に戦争記念碑が建造された。第二次大戦後は、同じ戦争記念碑に「一九一四年─一九一八年ならびに一九三九年─一九四五年の戦争で命を落とした人びとのために」などの献辞が新しく上書きされる。すなわち一つの記念碑が第一次・第二次大戦を同時に記念する形となっている。また当初は第一次大戦の戦死者の象徴だった赤いヒナゲシは、現在のイギリスでは第二次大戦の戦死者ならびに軍務のなかで命を落とした人びと全般への悼み・想起にも用いられるようになっている。すなわち第一次大戦を想起させる場や記号が、その第一次大戦への固有の結びつきを保持したまま、軍隊、ないし〈国家のための殉死〉全体をさしうるものへと象徴性を広げているのが今日の状況といえる（図7・2）。

以上の状況は北アイルランドのカトリック社会のなかに複雑な関係性や感情を生起させた。第二次大戦においては、イギリスの他地域と同様、北アイルランドからも多くの人びとがイギリス軍兵士として戦地に赴いているが、その多くがアイルランド人を自認するカトリック社会の中で、〈イギリス国家のため〉に親族が戦ったということは意味づけがたい出来事となったのである。

前節でも語りを見たアイリーンの父親も第二次大戦でイギリス軍に従軍したという。彼女は両大戦が自分の家族の歴史の一部だと感じているが、他方で大戦の公的記念行事から自分の家族が「排除されている」ようにも感じてきたという。

私たちは自分の歴史が許されていないんですよ。カトリック社会からもたくさんの人が命を捧げ……、大戦で死んだんですよ。でも私たちはそういう人を認知してこなかったのね。たとえば終戦記念日だとか芥子だとか、そういうものを私たちは認めていないんですよ。それはもう片方のコミュニティのものだから。私たちはあそこにはいないわけだし。（二〇〇七年三月）

紛争の文化史の入り組んだ経緯のために、赤いヒナゲシは北アイルランドにおいては、「イギリス人であること」の象徴であるだけでなくプロテスタント主義の象徴ともなり、さらにはプロテスタント系武装グループによる政治シンボルとしても使用されてきた。であるからこそこの語り手アイリーンにとって、公的な大戦記念で使われる赤いヒナゲシは、カトリックが無視されてきた歴史の象徴なのである。世界大戦の記憶が彼女の家族をふくむカトリックすべてに「許されていなかった」のはもちろん、そもそもカトリック兵は戦時中イギリス軍内でひどい扱いを受けたと彼女は主張する。

図7.2　ベルファスト市庁舎にある戦争記念碑。イギリス軍の戦死者に捧げられる赤い芥子が飾られている。2011年。

第二次大戦で死んだ人たちは……、いいえ第一次大戦もそうね。ソンム会戦ですらたくさんのアイルランド人が戦っているから。あの人たち［イギリス軍］はカトリックを前線に追いやったからね。私の父親もそうでした。ソンムで死んだのだって、アイルランド兵のほうがイングランド兵より多いんですよ。〔…〕もしアイルランド人が結集してイングランドを助けたら、南北アイルランドは統一されるだろうとかいうことを誰かが言ったのよ。それでたくさんの人が入隊したわけね。〔…〕仕事がなかったから軍に入ったんですよ。それで第二次大戦のときも同じような取り決めがなされたのね。一六歳かそこらの子がいっぱいいたのよ。軍に入って家にお金を送っていたの。「女王と国のため」とかそんなことじゃないんですよ。私の父もイギリス軍に入りました。ここでは仕事がなかったからね。だけど父の兄弟はアイルランド共和主義者だったんですよ。兄弟としてはつらいことですよ。たった二人の兄弟なのに、片方がイギリス軍にいて、もう片方が共和主義者というわけ。カトリックの側にはそういう家族がたくさんあったんです。ここに暮らしていると二つの歴史に同時に触れているんですよ。

（二〇〇七年三月）

「裏切られたアイルランド人」をめぐるこの物語は、アイルランドが自国の独立や南北統一を求めて闘っているそのさなかに、なぜ多くのアイルランド人が「イギリスの戦争」に行ったのかを語るものである。アイルランド人は両大戦において「女王と国のため」に戦ったのではない、とアイリーンは主張する。彼らはアイルランド統一の希望をもってイギリス軍に入隊した。だが、そのようにイギリスを「助けた」にもかかわらず、アイルランド人たちは危険な前線に配備され、多くの死傷者を出すことになった[4]。そして統一アイルランドの約束はそのつど破られてきた、というのである。従軍は貧困や仕事不足のためだったとアイリーンは強調するが、そこには自分の父やその他のアイルランド兵を祖国アイルランドに対する裏切り者として描き出したくないという思いがあらわれているのだろう。

アイリーンの語りにおいて、第一次大戦と第二次大戦のエピソードはときに融合し、一つの物語を形成していく。「アイルランド人が結集してイングランドを助けたら、南北アイルランドは統一される」という取り決めがなされ、そして破られるという経緯が、二たび起きたと理解されているのだ。

彼女は父親から、戦争体験のことを何度も聞かされてきたという。「そうやって歴史を学んでいくのよ」と彼女は言う。「もちろん学校でも色々なことを習ったかもしれませんけれど、父の話を直接聞けたのはすばらしいことでした。彼は直接戦争を経験しているわけですからね」。父親は彼女に、自分が貧しい家庭に生まれ育ったこと、そして命の危険にさらされながら前線を生き抜いたことを語ったという。その子であるアイリーンは、第二次大戦にまつわる父親の話を通して第一次大戦の歴史を想像する。また逆に、第一次大戦やソンム会戦についての知識に支えられて、父親の第二次大戦経験のマクロな背景を思い描くのである。

カトリック兵がジョージ勲章やヴィクトリア勲章を受けたこともほとんど無視されてきたと彼女は語る。

今になってはじめて私たちはそういう人を認め始めているけれど〔…〕、でも本人が死んでずいぶん後になってからですよ。カトリックだから数に入らないんです。今だって、勇敢なことをしたのに二級市民だという理由で認知されない人がたくさんいるんです。数に入らないんですよ。それが歴史のすべてなんです。

（二〇〇七年三月）

ここにおいてアイリーンの語りは不明瞭になっていく。アイルランド人カトリック兵を認知しなかったのは、いったい誰であるのだろうか。「今になってはじめて私たちはそういう人を認め始めているけれど」と彼女が言うとき、それはアイルランド共和主義の影響のもと、イギリス軍兵士として受けた勲章を誇るべきものとして認めてこなかったカトリック社会のこととも見える。けれどもすぐ後で彼女がカトリックの「二級市民」としての立場に言及するとき、彼女やその家族を「数に入れ」てこなかったのは、あきらかにイギリス政府であり、ユニオニスト党が支配する北アイルランド政府であり、プロテスタントが優遇される社会である。このように、彼女らを「認知してこなかった」主体は、一つの語りのなかで様々に移り変わる。

したがってこの語りは、歴史プロセスを一つの観点から一貫性を持って語るようなものではなく、怒り、失望と憤懣によって物語としての構造が乱されているような歴史語りなのである。両大戦について物語るなかでこの語り手が伝えようとするのは、自分と家族、そして同様の経験をしてきた北部アイルランドのカトリックが、「誰にも」認められてこなかったということなのである。

3・3　誇りと恥のメカニズム

アイリーンが激しい失望と憤懣をもって大戦の歴史を語るのは、実のところ彼女自身の紛争経験ゆえのものでもある。多少長くはなるが、ここで彼女自身のライフストーリーに分け入っていきたい。その検討を通じて、歴史と私的な人生のあいだに形成される共鳴関係の様子が浮かび上がるのである。

「私はいま五〇歳をすぎていますけれど〔…〕いつも自分は『違う』んだと感じていました。あちら側の人たちに自分が誰なのかわかってしまうことが、いつも怖かったんです」とアイリーンは語る。毎年「一二日祭」が近づくたび、彼女は自分が「頭を下げて、消え失せ」てしまわなければならないように感じたという。

ここは昔は混住地区でした。プロテスタントがたくさん住んでいて、ユニオン・ジャックを掲げていたし、七月には大きなかがり火を燃やしていました。〔…〕ここが自分の国だ、ここにいていいんだと感じたことがないんですよ。だってユニオン・ジャックは私にとっては外国の国旗です。あれはイギリスの国旗です。そして一二日祭が近づくと町全体がユニオン・ジャックだらけになるの。でも私はイギリス人ではなくアイルランド人なんです。

大人になって結婚して子どもをもつでしょう。〔…〕そして子どもたちをつれて町に出るとき、プロテスタント地区を通り抜けないとならないんですよ。そういうとき、本当の名前で呼ばないの。アイルランド人だって名前でわかってしまうから。だからプロテスタントの名前で子どもを呼ぶんです。私たちはそういうふうに、自分自身の名前さえ許されてこなかったんです。だって、もしカトリックでアイルランド人だとわかってしまうと怖いですから。

(二〇〇七年三月)

ベルファストという都市において、こうした恐怖を感じてきたのがカトリック住民のみだったとは必ずしも言えない。宗派間の緊張が高まっていた時期にはプロテスタント住民も同様の恐怖を感じていただろう。しかしカトリックが軍・警察と良好な関係をもってこなかったという事情もあり、アイリーンはカトリックが民族集団として制度的な暴力の対象であったと感じている。イギリス軍による暴力的な家宅捜索・所持品検査にいくども遭ってきた彼女は、イギリス軍が自分や隣人にいっさいの敬意を払ってこなかったという怒りを隠さない。興味深いことに、アイルランド人としての民族意識は、こうした恥辱、憤懣と怒りのなかから姿をあらわす。

私はアイルランド人であることを誇りに思えたことがありませんでした。〔…〕何もかもが侮辱的でした。自分の地域で育っていて、誰も傷つけたことがないのに、あの人たち［イギリス軍］はそういう扱い方をしてくるんですよ。〔…〕あなたがたはイングランドから来ていて、ここにいるべき人間ではないのに、どうしてここに住んでいる私をこんなふうに扱うの、とそう思っていました。検査なんて受けずに自分の地域を歩く権利が私にはあるはずだったんです。ここに住む人たちみんながそうですよ。

半分は理解できるんです。警察や兵士を殺しているＩＲＡと同じ舟に私たちは乗っているわけで。だからあの人たちもこのあたりをパトロールしながらぎりぎりの状況にあったんでしょう。でも、もう半分では、どうしてこんな扱いを受けなくてはならないんだと思いましたよ。

（二〇〇七年三月）

イギリスの社会学者トマス・シェフは、自尊心が社会的自己を構成する重要な感情要素であるとし、それが誇りと恥の二つのバランスのなかで成り立っていると論じる［Scheff 1994］。この「恥」という語は、恥辱、屈辱、失敗や力不足の認識など、広い範囲の感情をさすものである。シェフはこの誇りと恥の感情のメカニズムについて、興味深い論を展開する。

［傷ついたり嘲られたと感じたとき］人は頭のなかでその場面を繰り返し再生し、何を言うことができ、何をなすことができたのかを考えつづける。幾度も同じ場面を再生するなかで、問題は知的には解決されたように思われるかも

しれないが、感情は静まらない。人はその場面に取り憑かれ支配されてしまう。[Scheff 1994: 289]

恥という感情は必ずしもそれ自体の姿として表現されない。なぜなら自尊心が傷つけられたと意識することそのものが、人を傷つきやすい状態におくからである。ゆえに恥は怒りや他者に向けた攻撃的態度として表出する。民族紛争が終わりなく続く状態の背後には、しばしばこの恥のメカニズムが横たわっている、とシェフは論じていく。

二〇〇七年、わたしはアイリーンへの聞き取りを二度にわたっておこなっているが、彼女の語りは双方ともに軍・警察による屈辱的な家宅捜査と身体・所持品検査の経験についての記憶で占められていた。おそらく彼女は、その場面を何度も頭のなかで思い描き、その想像から離れることができなかったのだと思われる。前章第六節で見たように、文化的な帰属の意識というものは時として、与えられないもの、あるいは今・ここにないものに対する切望の思いとともにある。アイルランドに生まれ育ちながら、アイルランド人であるがために屈辱的な扱いを受けるという経験を通じて傷ついた自尊心を、ここでアイリーンは怒りや憤懣として表明するのだ。自分がイングランド人兵士に屈辱を与えられた場面を、そしてその兵士らに言い放つことができたかもしれない言葉を想像のなかで繰り返し再生することは、アイリーンにとって傷ついた自尊心と自己像の回復のこころみであるのだが、逆説的にもそのなかで彼女は過去の怒りと憤懣の出口のない渦のなかにとらわれていく。

この「何かになろう」とする自己認識のありかたは、アイリーンが地元のアイルランド共和主義者たちと距離をとっていることによって、より複雑なものとなる。「だって一人の兵士が[ＩＲＡに]撃ち殺されると、二人か三人の無実の人たちが報復のために殺されるんですよ」。

アイルランドの三色旗はＩＲＡの政治活動のために使われてきました。〔…〕私はここでは絶対に三色旗を掲げません。見るのもあまり好きではないんです。〔…〕アメリカや、でなければ世界のどこでも三色旗はアイルランドを象徴するものですよね。でもここでは政治なんです。戦争とか血とかそういうもの。紛争が自分の国と結びついてしまっているんです。ここではアイルランド人であることはできないんです。

（二〇〇七年三月）

アイリーンはかつてイギリス政府の助成を受けた地域の教育・訓練プログラムの組織に関わったことがあるという。地域の未来を作り出すためには、なんらかの形で政府に頼らざるをえないというのが彼女個人の考えだった。「だって、あらゆるものが紛争でダメになってしまっているんですからね」。けれども地区ではイギリス政府の援助を受けた活動に対し批判的な立場をとる人も多く、彼女自身も強く非難されたという。こうした事情のなか、アイリーンは自分の活動が適切な評価を受けていないという鬱憤をも抱えこむことになった。

こうしたライフストーリーは、彼女の世界大戦の語りと深く共鳴している。彼女が語る戦争の物語において、アイルランド兵は家族を経済的に助けるためにイギリス軍に入隊する。その行いがアイルランド統一に少しでも貢献すればという願いもそこにはある。しかしイギリスは彼らを危険な前線に送り込んだにもかかわらず、彼らの尽力を無視し、さらにアイルランドにおいては彼らは国に対する裏切り者として非難される。一方、彼女自身のライフストーリーにおいて、彼女はイギリス政府の手を借り、地域の未来と子どもたちのために力を尽くそうとする。しかし、イギリス政府とのつながりのために彼女の働きは地元民から非難される。またアイルランド人であろうとするかぎり、彼女はイギリス軍からまっとうな市民としての敬意を払われない。これら二つの物語からは、個人としての自己とマクロな歴史意識とが、たがいの鏡像として同時に形成されている様子がうかがえるのである。

一九九八年におこなわれたベルギーの第一次大戦古戦場におけるアイルランド平和塔の除幕式を、アイリーンはテレビのニュース報道で見ていたという。彼女はエリザベス女王とアイルランド共和国大統領マカリースが「イギリスとアイルランドの兵がたがいに協力して戦った」過去を並んで記念する儀式の様子を覚えていると言い、「すばらしいと思った」と語る。マカリースは実のところ北アイルランド出身で、かつ彼女の地区で生まれ育っているのだという。

あの除幕式は私に誇りの感覚を与えてくれました。私はアイルランド人だって、そう言って許される気がしたのです。ここに生まれ育って、そしてアイルランド人だと言ってもかまわないんだって。だってここの地区の出身の人間がアイルランド大統領になっているんですからね。皮肉なことですよ。〔…〕アイルランド大統領が、実は北アイルランドの出身なんですよ。北アイルランドはアイルランドの領土だと認められてもいないのに。（二〇〇七年三月）

ある一人の個人が戦争にまつわる国民的物語に統合（回収）される瞬間を、彼女の語りに見いだすことは難しくない。なぜなら彼女は大戦に従軍した彼女自身の父親にアイルランドの国家的な認知が与えられるのを、誇りの感覚とともに歓迎したとも言えるからだ。だがそれは、北アイルランド和平とヨーロッパ統合というマクロな政治上の動きの中でもくろまれていたであろう、イギリスとアイルランドの歴史的和解とヨーロッパの共通経験の重視、という記念行事の公的メッセージとはかけ離れた文脈においてである。

これまで見てきたように、アイリーンの語りはいくつもの両義性に満ちている。彼女の「アイルランド人としての誇り」は屈辱の記憶と切り離すことができない。また、彼女は北アイルランドにおいてアイルランド人の声を代表すると見なされてきたシン・フェインやＩＲＡにも同調することができない。民族的に「何者にもなりえない」という思いを彼女は抱えてきたのである。一九九八年の除幕式を見て彼女が感じた「誇り」は、そうした文脈で読まれなくてはならない。それは、個人の尊厳、安全な生活、および市民としての認知が保証された上で、自分の住む地域が強力な政治家を輩出したことを誇りに思う単純なローカル・アイデンティティのようなものではない。たがいに対等な国家の代表として女王と並んで立つ大統領マカリースの姿は、アイリーンがその人生を通じて抱えてきた深い屈辱感や失望、劣等感からの解放の感覚を、一瞬であれもたらすものだったのだろう。

ここで見てきた事例において、〈戦争の記憶〉は個人のペシミズムと深く関連している。わたしが語り手アイリーンを再訪した二〇一一年においても、彼女の語りは二〇〇七年時点とほとんど変わらないものだった。今日の北アイルランドにおいて、こうした記憶をもつ人は必ずしも多数派ではないかもしれない。紛争〈後〉の社会にポジティブな未来を見いだす人びとも多い。だが人生の多くを紛争の時代に生き、そこでの恐怖や怒りをいまだ拭い去ることのできないアイリーンのような個人は、いわば歴史の吹きだまりのなかに半身を置いている――あるいは、置かざるをえない。その吹きだまりの地点から、「大戦」はいまも思い起こされ、生きられている。

3・4　隠された家族史との出会い

次の事例の語り手は五〇歳代の男性であるショーンである。彼は北アイルランド第二の都市、デリー市の労働者階級地区に生まれ育ち、現在はカトリック住民とプロテスタント住民の間の和解構築をめざすNGOで職員として働いている。ショーンの生まれ育った地区も紛争の影響を強く受けた場所である。彼自身も一九七二年の〈血の日曜日〉事件をはじめとして、多くの出来事の目撃者・関係者となっている。

二〇〇六年におこなった聞き取りのなかで、ショーンは、住民間の分断と敵意のみなもとは社会を長らく支配してきた「二つの物語」であると繰り返した。それはカトリック側とプロテスタント側の双方においてそれぞれ語られ、聞かれている物語で、どちらも相手を加害者、自分たちを一方的な被害者とする見方によって作られているという。そして多くの人々は、他方の住民集団のなかで語られている物語に、ほとんど触れてこなかったというのである。すなわち北アイルランド社会で宗派区分に沿って蓄積されてきた偏見や恐怖は、他者への理解の欠落と、相互対話の欠如が生み出してきたものだと見ているのである。「僕の仕事は、その二つの物語の間に橋渡しをすることだと思うんですよ」。

だが、長期間の政治暴力を経験した土地に生まれ育った一人の個人として、自分自身もまた中立ではありえないことをショーンは認識している。彼自身はカトリックの生まれで、アイルランド共和主義やIRAを熱心に支持する家庭で育った。家族の政治傾向について、ショーンは複雑な距離感を抱いている様子であった。彼にとって「古くさいアイルランド共和主義」は、イギリス連合継続主義と同程度に偏向したものに感じられたからである。聞きとり中一貫して明瞭な口調で話をしていたショーンではあったが、自身の父親に話が及ぶとやや言葉を濁し、父は反イギリス的ではあったけれども、けしてプロテスタントの人びとに敵愾心を抱いていたわけではない、と言った。

ショーンは聞き取りの前年に、第一次大戦をめぐって印象的な経験をしたという。双方の居住区の人びとが互いの歴史を学ぶプロジェクトに携わっていたショーンは、プロテスタント側の参加者から、現在ベルギー領となっているソンム会戦の戦跡に一緒に行かないかと誘われたのだという。北アイルランドのプロテスタント社会にあって、ソンム会戦跡訪問は長い間、歴史のなかに散った友人や血縁者の死を悼み、かつ自身のルーツを確認するための巡礼としての意味を持っていた［Orr 1987］。そうした巡礼旅行にカトリックである自分が誘われたということに、最初ショーンは驚いたが、同行することに決めたのだという。

戦跡に行く一ヶ月前に、僕はそのことを父に話したんです。父は去年［二〇〇五年］の四月に死んだのですが、僕は同じ月にソンム戦跡に行くことになっていました。だから去年の三月に話したんですね。偶然話したんだと思います。「父さん、ぼくはソンムに行くことになったよ」とね。それから「うちの家族の中では誰もソンム会戦で死んだ人はいないだろうけど」と。それで、僕は今年五九歳になるんですね。だからそのとき五八歳だったわけです。そうしたら父が「実はいるんだ」と言うんですね。僕は「なんだって？」と聞き返しました。そうしたら父の大おじがイギリス軍に加わっていて、ソンムで戦死しているというのですね。父の家族は、イギリス軍に入ったという理由で、その大おじを完全に絶縁してしまったようなのです。話題にすることすら禁じてきたのですね。「だけど、そんな話は今までしてくれなかったのに」と、ぼくは言ったわけです。すると父は「おまえが聞かなかったからだ」と。そりゃあ当然、僕は父にイギリス軍の話などふりませんよ。とにかく、結局その父の大おじの死体は見つからなかったそうです。

（二〇〇六年一二月）

父方の家族が熱心なアイルランド共和主義者であると信じていたショーンにとって、その家族の一員が、アイルランド共和主義の天敵と言ってもよいイギリス軍に志願し大戦に行ったという事実は大きな驚きだった。そしてこの驚くべき発見は、ショーン自身の生き方に対しても重要な意味をもつものだった。大おじの存在は「イギリス国家のために死んだプロテスタントの英雄」「イギリスに抵抗する戦いのなかで散っていったアイルランド人」を称えるイギリス愛国主義の物語と、「イギリスに抵抗する戦いのなかで散っていったアイルランド人」を称えるアイルランド共和主義の英雄物語のどちらにも当てはまらない。そしてそれは、北アイルランドを支配する二つの物語がともに大きく偏向しており、住民の和解をはばんでいている、という彼の信条を裏づけるものとなったのである。この経験は、ショーンがその身を投じてきた住民間の橋渡しの仕事が、正しい方向に向かっているとの信念を支えるものとなった。言い換えれば、自分の行動指針の正しさを示す事例として、彼はこの第一次大戦の物語を聞き手であるわたしに語って聞かせたのであろう。

この発見にまつわる偶然性もショーンにとって印象的だった。たまたまソンム戦跡への旅行のことを父親に向かって話したことで、大おじの存在はショーンの知るところとなった。この会話の一ヶ月後、父親は亡くなっている。言い換えれば、この偶然の会話がなければ大戦に行った大おじについて知る者は誰一人としていなくなっていたかもしれないということである。すなわちショーンにとってこの件は、住民集団間の和解を考えるきっかけとなるかもしれない一人の青年についての記憶が、ぎりぎりのところでその完全なる忘却を免れ受け継がれたという、一つの劇的な出来事として経験されたのである。

ソンム戦跡から帰ってきた後、ショーンはデリー市の中心部にある戦死者記念碑に大おじの名前が記されていたことを知る。五八年間デリー市に暮らしながら、彼はそのことをまったく知らなかった。また彼は、その大おじが戦死したとき一六歳の若さであったことを知り感銘を受ける。若くして戦争に行き、遠い地でそのまま戦死し、死体も発見されず、その後家族の中ですら話題にすることを避けられてきた大おじに深く同情したショーンは、彼に献げた詩を書き、許しを請う。そしてショーンは、自分たちの肉親を「意識的に忘れ去ろうとする」行為にともなっていたはずの苦痛に思いを馳せ、それほどまでに一つの家族をかたくなにさせたのはいったい何だったのか、と問う。その答えを、彼は大きな歴史の流れのなかに探していこうとする。

ショーンは、アイルランドの独立運動に対するイギリス政府の過酷な弾圧が独立主義者をかたくなにさせていったのだと語る。さらに南北分断にさいしては、のちにアイルランド政府となる組織も北アイルランド住民を見捨てたのだと言う。「アイルランド政府は何が起こっているか知っていた。イギリス政府も何が起こっているか知っていた。そして双方の政府が、何もしないことに決めたんですよ」。ゆえに連合王国の中に取り残されたカトリックは、過激な反イギリス主義に走っていかざるをえなかったと彼は解釈する。

何世代も前の会ったこともない大おじは、親密な家族とは言いがたい存在かもしれない。しかし彼がその大おじのエピソードを通じて「出会った」ものとは、大おじ個人の存在だけでなく、大おじの親・きょうだい世代から九〇年にわたって連綿と連なり、さらには彼自身の父親をも含む大きな家族史の、これまで知らなかった側面だったのである。

第一次大戦の記憶をめぐるショーンのこの経験は、住民集団の橋渡しをする動きがさかんになった、こんにちの「和解」の流れのなかではじめて起こりえたことであろう。しかし彼がこの経験のなかに見いだそうとするのは、広く報道されたアイルランド平和塔除幕式で演出されていたような、イギリスとアイルランドの国家的和解ではない。むしろイギリスとアイルランドの二つの国家政治に翻弄された一つの家族の姿である。それは自身の家族を理解したいという、きわめてミクロな日常的社会関係から導かれた、一つの歴史の解釈といえよう。

第四節　間世代的な記憶

本章においては、まず「歴史は繰り返す」というフレーズに着目し、この観念が北アイルランドにおいて一定程度共有された歴史認識となっていることを確認した。そこで浮かび上がってきたのは、親や祖父母世代の戦争体験が、語り手のくぐり抜けた近年の紛争、ないし語り手自身のライフ・ストーリーと同じ構造をもつ物語として構成されている様子だった。これを通じて、遠い過去の出来事が、自身の紛争経験を予知・寓意していたものとして読まれうるのである。

両親や祖父母から語り伝えられる歴史経験は、語り手本人が自分で経験した事柄ではなく、本質的には〈他人の経験〉である。こうした類の記憶は、語り手本人が体験した事柄に比べて、具体性に欠き、内容も薄く、それゆえ個人にとっての心理的重要性も薄いものと想像されるかもしれない。けれども本章で見てきた事例においては、いずれも遠く離れた歴史上の出来事が、語り手本人の生における現実の状況のなかで出会い直され、そのライフストーリーにとって重要な位置を占めるにいたっていた。

その理由は、第一に、親・祖父母の体験とは自身のルーツにかかわるものであるために自分自身の物語でもあるからだ。さらに親・祖父母の人生は、自身が見つづけ、その証人となった物語でもある。親・祖父母といった近しい家族や親族の歴史経験とは、本人と同じ形でその出来事の記憶をもつことはできないとしても、「他人の経験」として距離を置くこともできないものなのである。それは親子の複雑な関係性を通じて、語り手本人の過去の不可欠な一部となっていく。両親と子、祖父母と孫という異なる世代間のやりとりのなかで物語が伝達されてゆくとき、人は人生史の中で意味をもつ出来事として、そして自分をとりまく人間関係のなかで自身の生まれるはるか以前の過去の出来事に出会い、それを我がこととして経験するのだ。

そうであるからこそ、個人の人生史・家族史と〈国民の戦争の記憶〉とのあいだの関係性は、けして単純なものではありえない。世界大戦についてのアイリーンとショーンの語りからは、内政上・外交上の政治的要請を反映した歴史的出来事の再評価や捉え直しが、社会に生きる個人個人に大きな影響を及ぼしていることが確かにうかがえる。けれどもその影響が深ければ深いほど、私的なレベルで再編される過去の記憶は、国家が発信する公的メッセージからかけ離れたものになっていく。ある歴史的出来事に対する国家レベルでの評価の変容が家族史・人生史に劇的な展開を生みうるのは、その事件が家族史や人生史の中で複雑で錯綜した意味を持っているからこそなのである。大戦についての記憶を語った二人のどちらも、最終的に到達したのは、大戦をイギリス・アイルランド両国家の和解の可能性を示す歴史的出来事と見るような認識ではなく、自身の家族が両国家の政策に翻弄される中で戦争と関わりを持ったことの再認であった。

家族とは、小規模な単位での共有の記憶や文化の容れ物となる集団であり、集合的記憶をはこぶ最も小さな単位と考えることができるものである。だがそれは、本章で見てきたような間世代的な記憶をもふくむことで長い時間的視野を持ちうるものでもある。子・孫世代が親や祖父母から伝え聞いた過去についての認識は、当然ながら出来事が起きた当時にその場にいた親、祖父母自身の認識や記憶とは大きく異なっているだろう。しかしそれは、集合的記憶に対する批判がしばしば想定するような、経験に根ざさないがゆえに無数に複製可能な知識やイメージとも異なっている。自分では体験しなかった遠い昔の出来事を、人は両親や祖父母の記憶を通じて、自らの記憶として「思い出す」のである。

第八章　対抗的物語と対抗的語りの行為

第一節　移行期社会における支配的物語と対抗的物語

この章では、紛争経験を語るおこないを、「対抗的物語」ないし「対抗的な語りの行為」という視点から眺めてみたい。「対抗的物語」とは、社会において支配力を有する考え方や価値観を揺るがし、転覆する潜在性をもつ物語のことである。「対抗的語りの行為」とは、そのような物語を編み、語ろうとするおこないのこととひとまず定義しておきたい。なおこれまでの章においても、同様の性質をもつ語りを検討している。結局のところ、暴力的な経験について証言するいかなるおこないも、この観点を無視して分析することはできないからだ。

長期の政治暴力の後や大規模な政治体制の変化の後の移行社会においては、過去についての支配的な考え方やイメージに大きな変容が起きる。このプロセスは、名の知られた知識人や政治家による発言や著作によって牽引されるとは限らず、ごく一般の無数の人びとが、個人の経験や家族史、あるいはより大きな歴史の過程を多様なレベルでとらえなおし、語り直すおこないによって動いていくものだ。これら一般人の語りは個々としては大きな社会的な影響力をもつような性質のものではない。しかしそこには歴史を解釈し再構成していこうとする個々人の行為主体性（エージェンシー）をうかがうことができるのであって、集合的記憶の再編が進行する様子を理解するために重要な素材を提供する。

現実や経験が物語の形態をとって認識され理解されることは、第二章で確認したとおりである。そしてそれぞれの社会は特定の歴史的経緯の中で、いかなる〈筋〉が物語や経験に〈有意義な〉意味を作り出すかという価値観を発展させてきた。支配的物語とは社会的に広く受容されるような筋をもつ物語のことであり、「何が規範的な経験と見なされるのかを判断する方針を提供する」［Andrews 2002: 1］。ゆえに支配的物語は、「起こりうる事柄」に対するわれわれの予想や推測の軸ともなる。

しかしながらわれわれの経験は、いつでも支配的な物語に適合的な経緯をたどるわけではない。あらかじめ予期される経緯や理想的経験とされる展開と自分の経験との間には大きな溝が開きうる。そのようなときわれわれは、多くの人が前提とする価値観から自分が疎外されているように感じ、自身の経験を解釈するための別の価値観や枠組みを探し求めはじめる。「対抗的物語」はこのようにして生み出される。それは「社会現実の支配的な構成を拒絶し、それらの支配的な構成、言説、実践のなかにあるひび割れに注意を喚起し、主題に変化を生じさせる」ような物語である［Harris et al. 2001: 6］。対抗的物語は、たとえば日常生活のポリティクスにおいて「順応や客観主義を拒絶し、通常認識されているような現実を揺るがし、理解の亀裂を明るみに出す」ものであり、「政治的煽動の一形態」ともなりうるものととらえられている［ibid: 9; 12］。

言いかえれば社会においては、多数派に受容され、自然な経験・あるべき経験と見なされるような〈筋〉をもった一群の物語が存在する。それら一つひとつは個別具体的なものであり、まったく同じ物語ではありえないが、ある類似の〈筋〉をなぞっているために、一定範囲の、より社会的に受容されやすく理想とも見なされやすい価値や意味付けを産出し訴えるものとなっている。この一定範囲の〈筋〉に適合する物語の集合が、全体として支配的物語と呼ばれるものだ。解釈学的な語を用いれば、ある社会で権威づけられている理想と道徳を、個別具体的な人間経験の形式でミメーティックにあらわしたものが支配的物語である、とも言える。

だが支配的物語は、本来多様であるはずの経験のあり方の一例を示しているものにすぎないため、多くの経験がそこからこぼれ落ちる。そのとき支配的物語を〈あるべきもの〉と見なすような社会権力が問題化され、オルタナティブな視点や価値観の重要性が意識されるのだ。こうして語りだされる対抗的物語は、支配的物語とは根本的に異なる〈筋〉を有している場合もあれば、完成された〈筋〉を明示的に追うことなく、むしろ支配的物語の〈筋〉をゆるがすような結末に向かうこともあるだろう。そして支配的物語と対抗的物語は、つねにたがいに影響しながら、時代の変化とともに変遷していくこととなる。

ではこのような支配的物語・対抗的物語の概念は、北アイルランド紛争の記憶を考えるにあたって、なぜ重要なものとなるのだろうか。第一章でも述べたように、長期の政治暴力や紛争に一区切りがつけられ、新しい社会の再建が目指される時代にあっては、暴力的な過去に向き合おうとする姿勢、すなわち「過去に起きたことはいったいなんであったのか」を問おうとする姿勢が見られるようになる。過去の人権侵害や暴力の内実を明らかにし、公的な場で共有することなくしては、政治暴力や紛争と本当の意味で決別することはできない、という考えがその底流にある。そしてそれは、加害者の断罪のみをもたらすわけではない。被害のありかたを社会的に認知することが、被害を受けた個人、その周囲の社会関係、ひいては社会全体の「治癒」にもつながりうるという考え方である。

こうした問題意識は、一九九〇年代後半以降に政治暴力や紛争を経験した地において世界各地で設立された真実委員会においても見られたものである。真実委員会とは、広く知られているように、過去の人権侵害の事実を、暴力を経験した人びとの個人的証言を可能な限り多く収集することによって調査していこうとする、時に超国家的な組織である［阿部 2007］。元来はオルタナティブな正義と法システムのありかたを模索する取り組みの一つでもあったこの真実委員会は、その実施をみた多くの国々において、個人の記憶を国民レベルで共有された記憶へと変換する機能を果たしていった。おそらくもっとも有名な事例である南アフリカ共和国の真実和解委員会においては、あたかも「犠牲者たちが自分の生を寄せ集め、とりまとめる過程で、国民全体もまたひとつに引き寄せられていく」かのような様子が見られたという［Andrews 2003: 47］。首都ヨハネスブルグのテレビ局は、委員会の場で証言がおこなわれる様子を長時間にわたって生中継で放映した。人びとは自分の家庭にいながらにして、長年にわたって継続したアパルトヘイトの「内実」、そしてアパルトヘイトを打破しようとする運動の過程で起こっていたことが明るみに出されるのを目の当たりにしていった。メディアのなかで語られる物語のなかに自分と同様の経験を見ることを通じ、人びとは自分自身のへた生が、実は社会の多くの人間に共有されたものであったことを確認した。また自分の知らない物語を聞くことを通じて、自分の送った日々のかたわらで生きられた経験について知ったのである。このような過去についての共有認識の形成の過程で、集合的な「慰撫」の現象も、また見られていったという［ibid］。

大規模な政治暴力が個人にもたらした苦しみを公的に認知し広く知らしめていくことを、社会の集合的な傷を「治癒」するための重要な段階とする見方は、二〇〇〇年代以降に北アイルランド社会にあらわれた様々な社会的・文化的活動の中にもうかがえる。たとえば、二〇〇〇年ごろから活動を開始した、研究者やコミュニティ・ワーカーらによるプロジェクト「Healing through Remembering（思いだそう、回復のために）」が一例である。異なる宗派・民族集団間の関係向上をはかるチャリティ組織である北アイルランド住民関係委員会とも強い関わりをもつこのプロジェクトは、多様な社会背景をもつ人びとが集い、暴力に関与したり被害を受けた私的経験を語りあう機会を設けることを通じ、歴史や紛争に対する理解、そして他の住民集団についての理解を深めることを目的としていた。
ただし北アイルランドにおいては、証言収集をもって過去の政治暴力の内実に迫ろうとする取り組みが、政府によるものであれ、国際社会からの委託を受けた団体によるものであれ、一つの目的と体制をもつプロジェクトとして組織されるにはいたっていない。真実委員会設立の是非をめぐる議論は政策レベルにおいても学術レベルにおいても重ねられてきているが、「和平合意」の後一五年が経過した現在においても、真実委員会が早急に実現する見込みはない。それは一つに、北アイルランドにおける紛争後体制移行が、真実委員会が一定程度の成功をみた他の社会とは異なる条件をもっているからである。これについて、キリアン・マクグラタンは以下のように述べている。

北アイルランドの和平プロセスは、よく比較される南アフリカの事例よりもずっと不明瞭なものである。アパルトヘイトにおける「不正義」への回答が民主主義にあったのに対し、北アイルランドにおいては民主主義そのものが問題をふくんでいた。言いかえれば、南アフリカの社会移行は体制変化をともなったのに対し、北アイルランドの場合、暴力から平和への移行においてどの側も負けを認めることを要求されず、また暴力や破壊の主要な担い手（共和派のテロリスト、イギリス帰属派のテロリスト、軍・警察）の根本的な内省をも促さなかったのである。[McGrattan 2012: 24、カッコ内注記ママ]

第六章で見てきたように、北アイルランドに生きる人びとは、たしかに価値・道徳・日常性の変化に直面し、自身の紛争経験の意味を模索しつづけている。けれどもその価値の変化は和平プロセスが進行する中でゆるやかに起こっていったものであり、南アフリカ共和国で見られたような、それまで圧倒的な支配と権力を握っていた体制・党派の瓦解によって疑う余地なくもたらされたものではなかった。端的に言えば、紛争のなかで対立していたユニオニズム（ないしロイヤリズム）とアイリッシュ・ナショナリズム（ないしレパブリカニズム）は、どちらもそれぞれの正当性を完全に否定されることがなかった。イギリス連合王国が北アイルランドを支配し続けていることも、未来におけるアイルランド南北統一の可能性も、どちらも否定はされなかった。北アイルランドの和平プロセスは、逆に、「どの側も明確には勝たせない」「どの側も明確には負けさせない」という趣旨のもと、双方の妥協と歩み寄りを促しつつ進んでいったのである。

しかし中道路線をめざすこうした和平のあり方は、対立する主義主張の集団・人びとを軟化はさせるが、自身の経験・認識・正当性についての根本的な再考を促す契機としては弱い。それは暴力の主たる加害者・被害者は誰であったのか、求められている「正義」は誰に対するものなのか、といった根本的な認識が複数の住民集団の間で大きく異なる場合には深刻な問題となりうる。歴史や暴力をこれまでにない視点から見つめる動きが確かにあらわれてきているにせよ、いずれも既存の認識を抜本的に塗りかえ、新しい社会の共有規範となるような歴史観にはなりえていない、とマクグラタンは指摘するのである。ある意味では北アイルランドの和平プロセスで起こっていたこととは、政治的価値観や過去認識の対立を大きな変革なく残しつつ、武力の行使をひとまず停止する、というものだった。つまり和平合意ののち、軍の撤退と各武装勢力の武装解除はかなりの程度で実現したが、民主主義的正義とは何をさすのかという問題をめぐる合意形成は果たされないまま残されたのである。

もちろん、宗派の垣根を超えた相互理解が必要とする意識そのものは少しずつ育まれつつある。そのためには異なる社会経験をもつ住民集団のあいだの対話が——たとえ対話後の合意形成は容易でないにせよ——避けられないものとする立場も広く浸透しつつあると言えるだろう。けれども、〈過去への新しい向き合い方〉の模索のなかで浮かび上がってくるのは、必ずしも従来の党派的なイデオロギーや歴史言説のくびきを逃れた抜本的に

〈新しい過去〉ではなく――あるいはそれだけではなく――、時としてそれまでの過去認識の対立を継承したままに、紛争〈後〉の新しい支配的な過去認識となることをねらった言説でもある。興味深いのは、この支配的価値観の座をめぐる争いが、個人の体験談という一見ミクロに見える物語を象徴的にぶつけあうことを通じておこなわれる事態であろう。

本章では、わたしが和平合意後の北アイルランドで聞き取ってきた個人の歴史語りや経験語りが、その〈筋〉と背後に流れる価値をもって、いかに言説空間において位置づき、たがいにぶつかりあうのか、そしてそのミクロな解釈と経験の物語の中に、いかに古典的な政党的・民族主義的な対立図式を見て取ることができるのかを分析していきたい。その過程において、紛争認識・歴史認識における従来の対立を引き継ぐのではなく、新しい視点から紛争やアイルランド史を見ようとする語りのこころみも、また姿を見せることだろう。

第二節　対抗的物語の二つの次元

以上の問題意識をふまえて、この節では語りの分析を具体的にどのような観点からおこなっていくのかを確認していこう。社会において広く受容され、当然とされ、あるいは理想と見なされるような経験に対して、新しい経験の可能性（ないしは新しい経験解釈の可能性）を提示する対抗的物語は、われわれの知的関心を強くひきつける。ただし実のところ、ある物語が対抗的であるということは直感的に感知されやすく析出しやすいのに対して、異議を申し立てられる対象である支配的物語は全貌をとらえるのが難しい。

支配的な物語は、時として覆いの下をのぞくようにしなければ見えてこない。支配的な物語は常識というラベルを張られ、それゆえ日常生活においても学術的な議論の中でも目に見えないものとなっている。〔…〕しかし支配的な物語は存在する。その現実生活における存在感や影響力は、支配的物語によって利益もえず、またその語られる対象とならないような人びとによって、特にはっきりと経験される。［Harris et al. 2001: 8］

では、何が支配的物語であり何が対抗的な物語であるのか、どのようにして判断すればよいのだろうか。ハリスらは、ある物語が支配的であるのか対抗的であるのかは「誰が、いかなる時に、誰に向けて語りをおこなっているのかという文脈」によって決まると論じる［ibid: 7］。だが、ここには一つの混乱が見いだされないだろうか。一方では支配的物語は確かに「存在し」、「文化のなかに物質的な影響力をもつ」と論じられ［ibid: 9］、対抗的物語は、既存の社会構造のなかで周辺化され弱い立場におかれた人びとの経験や視点を明るみに出すような内容のものとされる。しかし他方では、対抗的物語を作り出すのは語りの文脈であるとも論じられるのだ。そうであるならば、一つの物語が語られる文脈によって対抗的物語にも支配的物語にもなりうることになる。すると対抗的物語も支配的物語も一つひとつの語りのおこない以前には存在しない、ということはできまいか。

分析を始める前にまず主張しておきたいのは、対抗的物語には複数の、少なくとも二つの異なる次元があるということだ。第一に、社会におけるマクロな言説構造における物語の位置づけである。この次元においては、語り手の意図や、語りが誰に向かっておこなわれているのかといった、それぞれの〈出来事としての語り〉のミクロな文脈はそれほど問題とならず、語られたテクスト自体、すなわちその内容と表現が重要となる。つまり、既に権力的なものとして確立した価値観や言説と語られた物語とがどのように関係するかが焦点となるだろう。

そして第二の次元は、わたしが〈対抗的語りの行為〉とよぶものである。これは、特定の物語を他の物語や言説と対置して〈対抗的〉な位置に置こうと意図しておこなわれる語りのことである。つまり、〈既存の社会構造のなかで周辺化され、弱い立場に置かれた人びとの経験・視点〉という位置そのものを主張する行為がありうる。言いかえれば自身の経験を〈より社会的に認知されるべき経験〉として描き出すことが対抗的語りの行為ということになる。この次元において重要となるのは、語られた物語の内容や表現（テクスト）だけでない。その内容がいかなる状況下で、いかなる対話の流れにおける応答として、誰に向かって語られたのかという、語りの行為ならびに出来事の文脈（コンテクスト）が問題となる。特定の物語を語ることを通じて語り手がいかなる社会的・政治的実践をおこなっているのかという、行為遂行的な次元に焦点が当たる、と言いかえてもよい。

従来の研究のほとんどは、これら二次元のうち第一の次元のみをもって対抗的物語を論じてきた。それらの研究の多くが否定しがたいマイノリティ性・周辺性をもつ人びとの語りに焦点を当ててきたためであろう。言ってみれば社会における〈主流〉と〈傍流〉の価値観、あるいは〈中心的〉〈周辺的〉な経験・言説の位置づけと相互の権力関係が、すでにかなりの程度確立されたケースにおける対抗性が論じられていたのである。しかし移行期社会においては、まさしく複数の言説間ないし物語間の〈主流〉〈傍流〉、〈中心〉〈周辺〉、〈支配的〉〈対抗的〉の関係性そのものが動揺する。紛争の原因や、紛争を広がらせ長引かせた要因、および思い描かれるべき社会の未来像にかんして社会的コンセンサスが成立していない状況では、何が過去の真実であったのかという問題だけでなく、ある特定の主題について何者が「自身の経験をもって語る権威」を有するのかという問題をめぐる言説上の抗争が見られるのだ［Langellier and Peterson 2004: 20］。このような場において、過去の経験についての語りはもっとも戦略的なものとなる。

移行期社会における記憶や物語の再編成を、対抗的物語の二つの次元を明確に意識しながら分析した論文を、わたしは寡聞にして知らない。「対抗的記憶（counter memory）」という語は記憶研究でよく用いられるが、それは国家が裁可した公的な歴史物語など、社会における支配性が顕著な物語にあらがう性質をもつ記憶のことをさして用いられる場合がほとんどで、これは第一の次元における対抗性のみに着目したものである[1]。

歴史や自身の経験を対抗的なものとして語っていくという行為は、社会で共有されている（それゆえに権力的でもありうる）ものに対して抵抗したり、その不当性を示したりする政治的なおこないである。それゆえに、先ほど述べたように、対抗的な語りは行為遂行性（performativity）の次元でとらえられるべきなのだ。行為遂行性という考え方は言葉を発することを通じておこなわれている「何か」に私たちの注意を向けさせる。ジュディス・バトラーは、この側面は「発話内行為」に意識を向けることで明らかになってくると論じる。「発話内行為」とは、「語りながら語ることをおこなう」ものであり、「したがって語っているまさにその瞬間になされる」ような行為である。これに対し「発話媒介行為」とは、「語りの結果としてある行為を産む発話行為であり、何かを語ることによって、ある効果が導きだされる。〔…〕つまり発話内行為では、発話は、効果を生み出す行為そのものであるのに比べ、発話媒介行為では、発話はある効果に導くだけで、その効果は発話行為と同じではない」［Butler 1997 = 2004: 4-6］。言い換えれば、語りの行為における行為遂行性とは、ある特定の物語を語っていくことを通じて、単に「物語り内容を伝える」ことを超えて何かをおこなうことなのだ。それは場の力関係に介入しそれを転覆することであったり、対話者になにがしかの影響を与えることであったり、社会において広く信じられている事柄を是認したり、あるいはそれに疑義を表明することであったりする。あるいは語り手自身を何者かとして――しばしば聞き手がそれまで想像していたのとは別の側面・人格をもつ者として――描き出すような、自己像の交渉である場合もある。したがって、それはどの出来事を語るのか、そして出来事のどの部分を強調し・ないし捨象するのか、そして出来事をいかなる筋で語るのかという物語戦略と関わる。この過程において、〈我々〉と〈彼ら〉という集団の区分への挑戦も、時としてこころみられていくことになる。

このように、個人の物語における私的なものが含蓄するのは、エージェンシーを獲得するための行為遂行的な苦闘であるのだ。それは経験の起源や完成品となるような、既に存在している、自律的で安定した、統合され、安定した自己ではない。行為遂行性は、言説の力、すなわち制度化された権力関係のネットワークのなかに個人的な物語を具現化させ位置づける。〔…〕それによって、主体の位置づけや文脈の規律が構成されていく。パフォーマンスが意図するのは、何かを超えていこうとするエージェンシーと行為の欲望なのだ。［Langellier 1999/2003: 446］

行為遂行性と物語をこのように理解したうえで、本章では、紛争中の経験について語ることを通じ人びとが社会的価値をめぐる言説に対して何をおこなっているのかを見ていきたい。また現実のあり方や実際の経験として語られるものが、社会の言説構造のなかでどのような位置づけを占めるのかということについても同時に注意を向けていこう。和平のなかで言説構造や価値観そのものが変化しつつあるなか、この位置づけは単純に「支配的」「対抗的」の二極で語ることはできない。一つの物語が革新的である面と保守的である面を同時にもつような事例が多いだろう。だが、その革新性・保守性がそれぞれ社会の中でどのように働きうるのかを考えていくことは興味深い検討となるだろう。

以下では、異なる宗派のあいだの人間関係や、北アイルランドに駐屯していたイギリス兵などについての語りに目を向け、誰の・どのような記憶が「対抗的」であるのかという問題そのものが移行期北アイルランド社会において争いの中心になる様子を見ていく。その過程で、紛争の語りにおけるユーモアと笑いの役割が興味深いトピックとして浮かび上がってくることになるだろう。

第三節　コミュニティ間の友情と恋愛

これまでにも述べてきたように、カトリック・プロテスタント間の分住が見られる労働者階級地区では、紛争中、人びとが「相手側」の地区に足を踏み入れることはまれだった。銃で撃たれたり殴打されたり、あるいは誘拐されるような事態に遭うことはまれであったとしても、奇異な目で見られたり、言葉で何かを言われたりするというような居心地の悪い経験をする可能性は高かった。「『相手側』に入ると、自然に体がすうっと緊張するんですよ」と、南ベルファストの比較的大きなカトリック地区に住むモーラは語る。聖金曜日合意の直後の時点でも、カトリック地区アードインと隣接するプロテスタント地区でおこなわれた調査では、双方あわせて八六％の住民が「『相手側の』宗派集団が支配する地区を訪れたり、何らかの形でのコミュニティ間関係をもつことを、意図的に」避けていると答えたという結果になっている [Shirlow 2003: 86]。

また中高年の世代の多くが、若い世代において宗派主義的な傾向は強まっているように感じる、と述べてもいる。「相手側」宗派の人間と距離をとろうとする態度――ないし「相手側」宗派の人間と距離のある現状を打破せず、「自分側」の境界の枠内で生活を完結させてしまう態度――はいまだに社会において支配的だと認識されていると言えるだろう。

人びとはこれが「よくない」状況であり、和平合意後の現在にあっては、「宗派主義的な態度を変えていくために努力する」というのが社会的にも政治的にも「適切な」態度であることを知っている。ゆえにわたしとの聞き取りにおいて、相手側宗派の人びとに対する偏見を明確に言葉にする人はほとんどいなかった。しかし注記しておくべきは、宗派主義的な偏見や分断に批判的な人であっても、分断社会がつくりだす圧力や恐怖から完全に自由であるとは限らなかった、ということである。そうした葛藤は、「相手側」の人と友達関係を作るときには「注意しなくてはならない」という発言に端的に見て取れる。カトリック、プロテスタント双方の調査協力者が、他宗派の友人と交流を続けながらも、紛争継続中にはそれを周囲にふれまわることはせず「黙っていた」と語る。とくに、地区間・宗派間の緊張が高まったときには、家族や隣人に他宗派の人間と会っていることを知られないよう気を使ったという。宗派間の交流を妨げていたのは、必ずしも個人個人が有する民族的・宗派的な敵意、偏見、恐怖だけではない。自分のコミュニティの内部にある圧力への恐怖や懸念でもあったのである。

この恐怖や懸念は、恋愛関係や結婚が問題になったときに、より葛藤をともなってあらわれてきた。プロテスタント労働者地区に育ったリュークは、幼いころに起きたある出来事が、自分が住む社会の宗派主義や社会分断に気づくきっかけになったという。

僕は小さいころ演劇に興味を持っていたんですよ。学校での劇にもたくさん参加しました。その一つに一九七九年のものがあってね、「子どもの国際年」か何かにクロス・コミュニティの演劇パレードがあったんですよ。(2) カトリックの学校も公立学校も参加していましたね。僕はその劇に参加したわけです。「向こう側」からもたくさんの子が来ていたね。それが、カトリックのコミュニティと関わりを持った僕の最初の経験でした。そこで僕はカトリックの女の子と出会って、ちょっとデートしたんです。それで地区では僕は「フィニアン好き（Fenian lover）」なんて呼ばれたりしました。(3)

そのつきあいは長くは続かなかったんですけどね。まあ、成長する過程で自分の地区に住んでいないような人と知り合う機会はあったわけです。でも、あいつらは友達にはなれない人間だと、自分の地区からそういう強烈なメッセージを感じていました。そういったステレオタイプは家庭でどんどん強まっていくんです。なぜかというと、両親と話していてもカトリックをまったく信じていないのがわかりましたからね。
実は僕の姉はカトリックと結婚したんです。彼がはじめて家に来たとき、母は家に入れようとしませんでした。彼がドアのところでずっと立っていたのを覚えています。社会全体に、とくに僕が生まれ育ったプロテスタントの地域では……。僕はナショナリストの地域に育っていないからあちらでどうだったのかはわかりませんが、とにかく強い宗派主義があったんですよ。〔…〕そのあと、姉と姉の夫はオーストラリアに引っ越していきました。そうせざるをえなかったんですね。そのころ、カトリックとプロテスタントが結婚したら、あまり安全ではなかったんですよ。

（二〇〇七年八月）

第三章でみたとおり北アイルランドでは同じ宗派同士の婚姻が圧倒的に多いが、宗派間婚姻がきわめて珍しいものかというと、必ずしもそうではない。調査協力者のなかにも、両親が宗派間婚姻をしていた事例が三例あった。さらには人生のなかで〈相手側〉の人間と恋人関係になったことがある人はさらに多いと推測できる。だからといって、宗派の境界をまたぐ関係性に困難が見られなかったわけではない。分住が進み、教育や娯楽も分断された状況にあっては、住む場所や子どもの教育など日常生活を構成するものすべてが、さまざまな配慮のもとに熟考されなくてはならない事柄となっただろう(4)。

カトリックと友人関係や親密な関係を築くのはリュークが育った地区の価値観に真っ向から反したことだった。カトリックの少女と出かけていたときに向けられた言葉や彼の姉の夫が受けていた仕打ちから、彼はそれを地区に流れる「強烈なメッセージ」として感じていたのである。「フィニアン好き」という言葉を彼に向けた少年たちの後日談は、そうした意味においても興味深い。

酒井：それでは、あなたはお友達から「フィニアン好き」なんて呼ばれていたわけですね……。そういうことがあると、関係を長くつづけるのは難しかったですか。

L（リューク）：いや、正直言うと、そのころは女の子と出かけても二、三週間しか続かないんですよ。でも、そうですね。面白いことに、僕はそれをやって悪口を言われたわけですが、数年たってから地元のやつらの何人か、つまりギャングのリーダー格の何人かがカトリックの子とつきあいはじめてね。でも彼らの時は大丈夫だったんですよ。やつらはリーダーだったからね。今はカトリックと付き合ってもオーケーだという、そういう許可が出たような形になったんです。偽善的な話だけどね、リーダーじゃない人間がやったらフィニアン好きなんて言われるのに、とつぜん自分たちも同じことを始めるわけですよ。話を戻せば、僕のものも元々長く続くような関係ではなかったから、ひどく傷つくこともありませんでしたけどね。

（二〇〇七年八月）

相手側の人間と交流をもってはならないとする地域内の暗黙の規則は、絶対的なものでも、けして破ってはならないものでもなかった。必ずしも権力を握っていない人間がその規則を破ったときには、リュークが叩かれた「悪口」のような、それほど深刻ではないものもふくめ、ある種の制裁がある。けれどもその地元のコミュニティにおいて権力を有する人間が変わると――あるいは権力を有する人間の「気が変わる」と――簡単に覆されてしまうようなものだったのである。

このリュークの語りは、既存の言説構造に対し、その物語内容をもって対抗的物語となっているものだ。日常生活の中で宗派主義の文化が個人に及ぼす影響についてのリアリティを伝えるだけではなく、それが時々の状況や権力のありかたに応じて恣意的に変更される様子をわかりやすく語るエピソードなのである。宗派主義のきわめて強い、強硬派ユニオニズムの本拠地と見なされるような地区においてすらそうであるということは興味深い。

同時にこの語りにおいて、語り手リュークは自分のエピソードを対抗的なものとして示す意図をはっきりともっている。そして対抗的語りの行為においては、ぶつかりあう価値観が相互に対照されながら語りが進んでいくことを、この事例は示してもいる。リュークは彼が「強烈なメッセージ」として感じたものを、地元地区における支配的な価値であったものとして示しながら、その恣意性や「偽善」性を訴えることをもって自身の経験を対抗的なものとおき、メッセージの正当性を揺るがそうとしていくのである。

次の事例は、プロテスタント労働者地区に育ったジーンという名の女性が語ったものである。彼女は一九六〇年代後半の生まれであり、紛争が勃発した後になって思春期から若年期を送った世代である。つまりは紛争時代しか知らないがために「相手側」のコミュニティとほとんど関わりをもったことがなく、それゆえ宗派的な恐怖や偏見をもちやすい、と言われる「若年」世代の最初の一人ということになる。そうした文脈に注意を払うと、彼女の語りはいっそう興味深い。

J（ジーン）：子どもたちが退屈するから厄介ごと（troubles）が起こるんだって聞いたことがあります。相手側の子たちを脅す以外にすることがないからだって。私の友達にもカトリックは大勢いましたけどね。相手側の子ね。住んでいるところの外の。［カトリック・プロテスタントの若者同士の］衝突でね。

酒井：へえ、どうやって知り合うんですか？

J：だから、衝突でよ。衝突の最中に知り合うの。だって一日おきくらいにみんな来るんですから、知り合いにもなりますよ。後でラム酒の瓶一緒に空けたりしてね。

酒井：それは素敵ですねえ（笑う）。

J：私自身はそのために行ったんじゃなかったんですけどね。境界（border）［プロテスタント地区とカトリック地区の境界のこと」のすぐそこで、他の子たちがやりあっているのを見ていたんです。だから楽しめたんだと思います。今考えてみると、紛争の一部だったんでしょうね。私の息子は今一五歳になるけど、あの子は衝突を見たこともないでしょうけどね。

酒井：そうですか、じゃあ二〇年くらい前にはそういう衝突があったわけですね。

J：そう、毎晩のように衝突があったんですよ。おたがいよく知っている間柄になりましたよ（笑う）。〔…〕私の最初の彼氏はカトリックだったんです。それで父には、とにかく気をつけなさい、とそれだけ言われましたね。一緒に出かけるのを誰にも見られるなって。私の父はアルスター防衛部隊で働いていたんだけど、ただそれだけ。

（二〇〇七年七月）

この語りのなかで、ジーンが自分の語るエピソードを何かに対する抵抗・挑戦だと思っていたきざしはうかがえない。そうした意味では、対抗的語りの行為としての性格を明確にはもたない語りである。しかしながら内容面から言えば、この語りは北アイルランド社会において一定程度共有されたものの見方、さらには紛争の「外部」のいわゆる「通常社会」における価値観に対する対抗的物語となりえている。紛争の中で生まれ育ったジーンは、「暴力的」と見える衝突やぶつかり合いが、実のところ「相手側」と知り合い、友人関係をはぐくみ、恋人関係までも生み出す場であったと言うのである。つまり社会的分断によって学校などでは得がたいものになっていた他宗派の人間たちとの関わりを、若年層の青少年らは逆説的にも暴動を通じて発見し、つくり出していたということになる。

もちろん宗派間の暴動や衝突が、つねにジーンの語るような友人関係を創造していったとはかぎらない。しかしながら思春期の少年少女たちは、彼らの年代が必要とするもの――友人関係や恋人関係――を、政治紛争のただなかにあってさえ見つけていくことがある。それは幼い子どもたちが、興奮と遊びとを暴力や分断の中に見つけていくのと同様の現象といえよう(第六章第四節)。

第四節　対抗的物語の座をめぐって

和平合意から一五年が経過した現在なお、北アイルランド社会は多かれ少なかれ過去の暴力をめぐる合意形成の途上にある。イギリス軍の紛争への関わりは論争的なトピックとして筆頭にあがるものの一つであり、過去の暴力にまつわる共有認識の形成をはばんでいるものでもある。現在も多くの個人や団体が、イギリス軍の兵士が関与する形で市民が暴力的な死をむかえた事件について、そして彼らによる権力濫用と加害責任隠匿の可能性について、さらなる捜査がおこなわれることを求め続けている。

イギリス連合王国の他地域においては、北アイルランドにおけるイギリス軍が平和維持軍であるとの見方が一定程度の力を有してきた。それゆえ、軍による武器の使用も、テロリズムを防ぎ市民の命を守るためには少なくとも一定程度正当化されうるもの、仕方のないものとしてとらえられている。北アイルランドにおいても、イギリス軍やイギリス保守主義への親近感が強いプロテスタント社会においては、こうした見方が広範に共有されてきた。だがカトリック社会においては、紛争のかなり初期から上記のような見方は強く疑問視されていた。またプロテスタント社会においても、とくに労働者階級地区ではイギリス軍に対する感情は単純なものではなかった。それは紛争が長期化するにつれて、プロテスタント労働者地区でも軍による暴力的な捜査活動がみられたからである。このような状況から見ても、軍の紛争への関わりについて、安定した単一の支配的物語が存在しないことがわかる。

本節で見ていくのは、支配的物語なき状態でせめぎあう、イギリス軍兵士についての複数の語りである。最初に見る二つは両者ともに、それぞれが社会の支配的な見方とするものを描き出し、それに対して自身の見る現実を対比させる。そこでは支配的な見方として示されるものも、「無視されている現実」として描き出されるものも、たがいに鮮やかな対照をなすものとなっている。

最初の語りは、シャンキル地区出身のアンによるものである。彼女は自分自身をイギリス人であると考えていること、さらにシン・フェインとアイルランド共和主義者をまったく信用していないとはっきり述べている。

酒井：紛争はずいぶん長く続きましたから、時にはイギリス軍が……、つまりイギリス軍はあなたがたの軍だとおっしゃっていましたけど、でもプロテスタントも道ばたで捜査のために止められたりしたんだそうですね。

A（アン）：そのとおりですね。

酒井：つらかったし、いやな経験だったと思うのですが。

A：それはそうですよ。そもそもイギリス軍の部隊を送ってくれと頼んだのは共和主義者たちなんです。それなのにとつぜん敵対し始めたんです。兵士はドアを蹴り開けて入ってきて家宅捜索するでしょう、あの家に銃や弾薬がありそうだと警察が軍に通報すると、どこでもそういうことが起きるわけです。でもそれがテレビでは必ずカトリック寄りの報道なんですよ。ただのプロパガンダですよ。本当はどちらの側にも起きていたことですから。誤解しないでくださいね、イギリス軍であろうと警察であろうと、プロテスタントやカトリックであろうと、良い人間も悪い人間もいるということを私は信じています。必ずいるの。警察とか軍だけ全員悪者だ、などということはないんですよ。報道ではあの人たちはいつも悪いことをしていることになっているけれど、軍にだって警察にだって良い人はいます。デリーで起きた〈血の日曜日〉のときだって……、あの事件のこと知っている？

酒井：ええと、はい、一九……七二年ですよね。

A：そう、そのとおりよ。事実はね、マーティン・マクギネスが全部はじめたことなんですよ。(5) 彼が最初に発砲したのね。〈血の日曜日〉について言われることは、いつも兵士がどこを撃った、誰を撃ったという話だけれど、振り返ってみれば、軍が徒歩でパトロールをしていると街角に銃を持った人がいて、兵士に向かって発砲したり爆弾を投げてきたりすると、そういうわけなんですよ。兵士がやり返そうとするのは自分の命を守ったり仲間を守ったりするためなんだけど、テレビに映ったのを見ていると、「なぜ彼ら（軍）は人殺しをしなくてはならなかったのか」とか、そんな風ですよ。でも銃を持った人間のほうがまず人殺しであるわけでしょう。そういう人間が火炎瓶を投げたりするのを、兵士は単に止めようとしているだけですよ。

（二〇〇七年三月）

ここにおいてアンは、カトリックに対して軍が蛮行をおこなっていると広く信じられているものの、それはメディアにおける描写が作り出したイメージだとしている。彼女はこのタイプの物語を、社会において支配的ではあるが、アイルランド共和主義者のプロパガンダに影響されて歪んだものと主張する。そして彼女が対抗として打ち出すのは、イギリス軍はカトリック住民だけを標的にしたのではない、ということである。プロテスタントも等しく捜査の対象になったのだ。ただし彼女はここにおいて自分自身の捜査経験を詳しく語ることはしない。かわりに彼女が語るのは、〈血の日曜日〉事件を何が引き起こしたのか、という物語である。

一九七二年一月に起きた〈血の日曜日〉事件は、北アイルランド紛争の政治史においても、また紛争後の記憶の政治学を論じる上でも、避けて通ることのできない事件である（図8・1、図8・2）。デリー市でおこなわれた巨大な公民権運動デモが機動隊と衝突したさい、イギリス軍の兵士がデモ隊に向かって発砲し、参加者の多くを死傷させたこの事件は、アイルランドのナショナリストにとって、イギリス軍と政府による武力の濫用、ならび

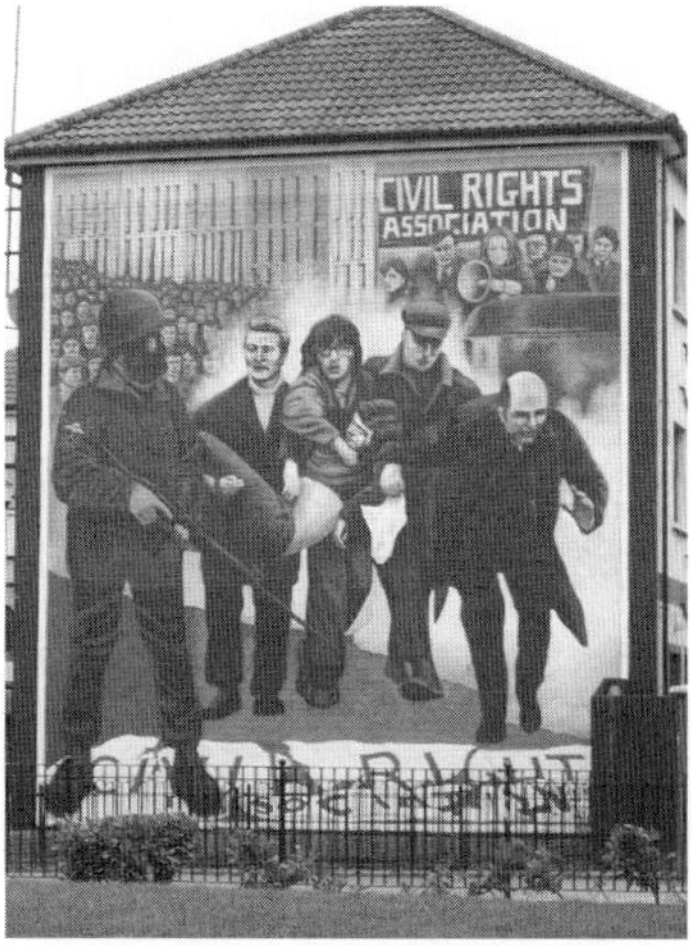

図 8.1 「血の日曜日」事件を描いたデリー市の壁画。2007年。

図 8.2 公民権運動団体ピープルズ・デモクラシーが作成した「血の日曜日」事件のポスター。1974年［Linen Hall Library 2008］。

に市民殺しの隠蔽という不正行為の象徴だった。事件が起きた直後に設立された調査委員会は、発砲したイギリス軍兵士に捜査をおこない、撃たれて死亡したデモ参加者はいずれも武装グループの関係者で銃を持っていたとする彼らの証言をほぼ完全に採用する形をとった。それゆえ兵士の発砲は自衛のためやむをえないものであったとされ、その責は不問とされたのである。けれども現場にいた多くの目撃者は、死亡した人びとがいずれも非武装であったと証言した。以後、事件の真相は論争的トピックとなり、ノンフィクションの書籍やドキュメンタリー映画も作られた[6]。一九九八年のベルファスト合意とともに、この事件についての二度目の捜査委員会が設立されたが、わたしがアンに聞き取りをおこなった当時、捜査はまだ進行中であり、当時の社会では事件の真相をめぐって複数の、ときには正反対の語りがささやかれていた[7]。

　さて、上に見たアンの語りと明確な対照をなすのが、北ベルファストのカトリック地区に生まれ育ったアイリーンによる語りである。アイリーンが社会において支配的なものの見方と見なすものは、アンのそれとは完全に逆のものである。彼女は、カトリックがイギリス軍の兵士に「屑みたいに扱われた」とし、それを「私自身が経験したこと」とする。「そういうのはシン・フェインのプロパガンダだと言われてきたけどね、違いますよ。私はＩＲＡのシンパでは全くないけれど、でも自分自身で経験したんですから」。

アイリーンは、自分の話が「ＩＲＡのプロパガンダ」と見られることは住民間交流の活動の場ですら起こるという。

たとえば家庭内暴力だとか健康だとか教育についてだったら、女の人たちはとてもオープンに話をするんです。でも話が政治にかかると駄目ね。みんな自分の陣営にひき下がってしまって、怒りだす人もいるんですよ。見方が違うんです。一度ある集まりで自分に起きたことを喋ったんですけど、そしたら一人の女の人がね……。まあ最終的にはいい経験ではあったんだけど、その人とは友達になりましたからね。とにかくあれは、女性が政治について学ぶイベントを私たちがやったときのことね。歴史や紛争にも触れて。それで私全部話したんですよ、ここで起きたひどいことをね。警察のこととか、兵士のこととか。そしたらそこに一人の女の人がいて、その人の旦那さんは実は軍隊にいたみたいなんですよ。彼女はずっとイングランドに住んでいて。それで私に非難されているみたいに受けとったんですね。それで、冷たい態度をとられたっていうんじゃないけど、私のことを好きになれなかったみたいなんですよ。〔…〕彼女は私を軽蔑したみたいなんですね。たしか彼女の息子さんが警官で、旦那さんが軍だと思ったわ。わりと上流階級でね。それで私のことをＩＲＡのシンパか何かだと思ったみたいですよ。あったことをそのまま喋っただけなんだけどね。とにかく彼女は私の話が作り事だと思ったみたいなのね。くだらないことを言ってるって。でも、旦那さんにそれを言ったら、旦那さんが、たぶんそれは本当だって言ったんですって。

（二〇〇七年三月）

ここにおいて二人の女性は、双方ともに対抗的語りの行為をおこなっている。語りは双方、社会において支配的な過去認識と見なすものに対し異議をつきつける形で構成されている。しかしそれぞれの語り手が支配的・対抗的と見なす物語は、たがいに大きく異なっており、ちょうど正反対になっていると言ってもよい。アンは一九七二年の〈血の日曜日〉事件について語ることを通じ、国家から裁可された武装集団である軍に糾弾が向けられるのを批判する。軍がカトリックにひどいおこないをしてきた、というのは広範に浸透したアイルランド共和主義者のプロパガンダなのだ。いっぽう、アイリーンの語りのなかにも「アイルランド共和主義者のプロパガンダ」という意味の言葉が登場するが、主張は正反対のところにある。すなわち、許されざるべき軍のおこないについて語ることをプロパガンダだと見なすことこそが、社会で支配的ではあるが誤った認識なのであって、それに対する異議として、共和主義者ではない自分自身の経験を語っていくのである。

興味深いことに、これらの女性は二人とも、軍や警察のなかには多様な人びとがいる、という自身の主張を強調する。たとえば先の引用において、アンは兵士による不必要な暴力の物語の一部は真実であるかもしれないという可能性を残している。またアイリーンは、聞きとりの他の箇所で、あらゆる兵士や警官が「ひどいことをした」わけではないだろう、と言ってもいる。この様子は、解釈や評価のわかれる出来事や問題について、特定の立場を主張していく語りの戦略の複雑さを見せている。

〔一つの社会的トピックについて二つの対立する立場があるとき〕長い物語を語っていく過程で、語り手が一つの筋にのみ固執することはむしろまれである。〔…〕実際の語りにおいては、多くの語り手が各所で双方の筋にふれる。そのありかたは、その語りの瞬間に語り手がどのような相互行為をおこなっているかに左右される。［Jones 2002: 127］

自分の語る内容が十分に社会で理解されていない、という主張をはっきりと持ちつつ、語り手は起こった出来事や事態についてのいくつもの可能性や複雑さに触れていく。これは聞き手が誰であり、どのような状況で語りをおこなっているかという文脈に応じたおこないである。二人の女性は双方ともに、相手側のコミュニティの主張を言下にはねつけるような言動が適切とは見なされないことを知っているからこそ、譲歩の姿勢をあえて取り込むことで、自分の語りをより信憑性あるものとして整形している。このため、「悪い兵士もいたが、良い兵士もいた」(アン)、「良い兵士もいたが、悪い兵士もいた」(アイリーン)と、二人の主張は要約するときわめて類似したものになっている。重要なのはこのどちらに力点が置かれているかという問題である。彼女らの語りが言説構造の上で対立しているのは、必ずしも過去に何が起きたかをめぐる事実の解釈においてではない。多層的な現実のうち、どちらがより社会で受けるべき認知を受けていないのか、したがってまさに何が支配的で何が対抗的な物語なのか、という部分にあるのだ。ゆえに彼女らの語りの争点は、過去に起きた出来事ではなく、その認識をめぐる現在の状況に置かれているということができる。

このように二人の女性は言説政治の権力構造を、それぞれのありかたで描き出し、まさにそれを通じて権力構造を変容させようとしている。カトリック・コミュニティの経験がより認知されるべきなのか、あるいはプロテスタント・コミュニティの社会観がより認知されるべきなのかという、紛争中から継続してきたイデオロギー的な対立を、ここで二人の女性はメタ物語的な対立として引き継いでいる。

第五節　日常と紛争状況の文脈を置き換える

イギリス軍兵士のイメージをめぐる対抗的語りについては、興味深い例がもう一つある。この語りの事例は、先に見たような、コミュニティ間で対立する認識を反映した「どちらの側」にもくみしていない。この語りもやはりイギリス軍兵士と住民との、あるいは暴力的な接触の経験を語るものである。だが物語の主題は先に見た二つの語りとは別の場所にある。語り手マーガレットはカトリックが多い地区に住むプロテスタントである。

M（マーガレット）：一度、娘と郵便局に出かけたんですよ。娘は五歳か六歳でしたかね。それで私は用事を終えて郵便局の外に出ようとしたんです。娘は私のすぐ前にいて、走って外に出ようとしました。そうしたら一人の兵士がね……、ちょうどそこにジープが来ていて、ジープの上にいた別の兵士が、地面にいる彼に急いで車に乗れと口笛で合図したんですね。それでその彼は走っていたわけ。そのとき娘が郵便局から飛び出して、（手を交差するしぐさ）彼の銃が娘にバンっと打ち当たったんですよ。銃の底ね、わかる？　ライフルの木の持ち手の部分。

酒井：あら！

M：でも本当に単なる事故なの。もちろん私の娘は「ウワーッ！」って泣き出してね（笑う）。それで、私はその兵士の顔を思わず見上げてしまったんですね。ふだんは兵士の顔なんてまともに見ないんですよ。ただ軍服だけを見て、下を向いて通り過ぎるの。できるだけ早く。だって銃撃戦がいつ始まるかわからないんだもの。だけどその時には兵士の顔を見上げたのを覚えてるんです。そしたらね、私が見たのはただの子どもだったんですよ。

酒井：うーん。

M：そのときはじめて、軍には一六歳か一七歳で入隊できることに気づいたんです。ただの男の子だったんです、軍服を着ているだけの。そしてその子は、どうしたらいいのかまるでわからないという顔をしていたんです。道ばたで小さな子と衝突したときに何をするべきかなんて訓練、受けていないんですよ。

酒井：（笑う）

M：銃を撃つ訓練なら受けていただろうけど、そんなの町中じゃ役に立たないんですよ。その男の子がおびえていたのをよく覚えていますよ、混乱しちゃってね。だから私は言ったんです、いいから行きなさい、ジープに乗りなさい、早く、早く行きなさい、とね。この地区は兵士にすごく敏感なので、暴動を起こすのに格好の口実になったはずなんです。私だって、もし別の考え方をする人間だったら「このろくでなしやろうが」って言っていただろうし。

（二人、笑う）

そしたら人がみるみる集まってその子を取り囲んだかもしれないし。何が起きてもおかしくなかったんです。私は危険だとわかっていたので、その子に早く立ち去ってほしかったんですね。娘は大丈夫だったし、私が面倒を見られたし。

まあ、でも現実のおかしな記憶なんですね。生活が「いつも通り」進んでいて、でも銃を持った兵士がすぐ周りにいて。一緒にあるべきものじゃないんです。どこか遠くで戦ってくれればいいのにとしょっちゅう思っていました。銃を持っている人間が家の中に入ってきたり、兵士が子どもと正面衝突したり。いい経験ではないですよ。まあ、そういうことはもう終わったんだけど。警官は今でも銃を持っているのかな。昔は警官はみんな軽機関銃を持っていたのよ。

酒井：面白いですね、その瞬間あなたが、その兵士がまだ子どもだと気づいたというのが……

M：そう、いつもは軍服を見ていたので兵士の年齢なんて考えなかったんです。だから、ただ子どもが二人正面衝突しただけなんだよね。（二人、笑う）

酒井：すごく変な状況で……

M：それで、お母さんが「大丈夫よ、大丈夫よ」ってね。（二人、笑う）それだけのことなんです。

（二〇〇七年六月）

この語りを興味深いものにしているのは、登場する兵士が「制服を来た男の子」と表現されていることである。兵士が小さな女の子を銃床で打ってしまったという出来事は、「子どもが二人、正面衝突しただけ」と語られる。起こった出来事を、深刻な戦争状況におけるものからもっとも日常的で世俗的なものの中に移し替えることを通じて、語り手はこのエピソードから「おかしさ」を引き出すのである。

しかしこの語り手は、出来事がまったく違った語られ方をもしうることに意識的であったと思われる。わたしたち二人が何度も笑っていることからわかるように、このエピソードはユーモラスな語り口でもって展開された。けれども幼い娘が武装した兵士と出会い頭にライフル銃に衝突するという出来事は、たとえ兵士の側に娘を傷つける意図のなかった事故だったとしても、ショックを与える経験でもありうるはずである。マーガレット自身がひかえめに口にしているように、「いい経験ではない」のである。また彼女は、街角のそこかしこに武装した兵士がいるような状況と育児とは「一緒にあるべきものじゃない」こと、兵士が北アイルランドの町を離れることを自分が望んでいたことも、はっきりと口にしている。兵士や軍全体を糾弾したり、日常生活の場に軍隊を送り込んだ何がしかを批判するように物語全体が形作られることもできたのである。

しかしながら、彼女は自分と娘を政治暴力の被害者として主張することを避けて出来事を語っていく。編まれていくのは、語り手が予期せずして北アイルランドの政治紛争における社会現実の一つの側面に気がつく過程についての物語である。それによって彼女は、連合継続主義と共和主義の対立の問題の外にある、おそらく社会的にも意識されることの少ないであろう側面へ聞き手の関心を向けようとする。その意味で、この語りは前節で見た二つの語りとはまた異なる意味で対抗的語りの行為となっているのだ。

このエピソードにおいて、語り手であるマーガレットが兵士の顔を見た瞬間は物語の転換点に位置している。軍服を来た人間たちの横をできるだけ早く通り過ぎよう、距離をとろうと足を早めるとき、〈兵士〉は軍という組織や国家という権力の象徴であり、今すぐにも勃発するかもしれない暴力や銃撃戦を思わせる集合的な記号でしかない。けれども彼女が思わず顔を上げ、軍服から兵士の〈顔〉へと視線を移したとき、政治暴力の集合的な象徴であった〈兵士〉は独自の背景と人生史をもっているであろう「小さな男の子」へと姿を変えるのである。

第六節　歴史と戯れるということ

マーガレットの語りのなかでは、対抗的な語りを打ち出していくさいにユーモアが重要な役割を果たしている。オーラルヒストリーにおけるユーモアの役割を検討したニール・ノリックは「ユーモアに対する現代的なアプローチの多くは、不調和や適合性のとれていない感覚を、ユーモアの不可欠な条件としている」と述べる[Norrick 2006: 87]。彼はさらに以下のように続ける。

> ユーモアは通常のコミュニケーションを混乱させ、なんらかの不調和の中に意味を見いだすことを聞き手に強要する。文脈から明白な意味を破棄させ、既存のトピックや活動の外にある漠然とした解釈を探し求めさせるのだ。それをもって、もともとの不調和は適切なものとなり、そこでジョークが理解される。[ibid: 88]

この論はマーガレットが上の語りでおこなっていったことを的確に説明する。兵士を「小さな男の子」であったと強調すること、またエピソード全体を「二人の子どもが正面衝突した」ものとして描き出すことは、紛争状態という文脈の中では、ある種の意外性をともなっている。「それでお母さんが『大丈夫よ、大丈夫よ』ってね」という台詞は、紛争状態とは関係のない日常生活のなかで、遊んでいた幼児二人がぶつかって泣き出したときに大人たちが示すであろう反応を意識したものだろう。

北アイルランドの長期の紛争のなかで、イングランドからやってくる兵士たちは、潜在的加害者・被害者とのイメージをまとっている。彼らは住民の人生に修復しえない暴力を持ち込むかもしれない他者なのだ。けれども、ひとたび一人の兵士の〈顔〉が意識されれば、その兵士が一〇代の若者であり、人生経験も社会経験もないがために、泣き出した幼児への対処にすら困惑し怯えてしまうような〈子ども〉であると認識され、同時に他者としての不気味さも薄れていくこととなる。

多くの人びとは一〇代の若者が軍に入隊できること、そうした若者が北アイルランドに駐屯している部隊のなかにも多数いるであろうことを知識として知ってはいる。だが通常はその可能性に思い当たらない。この語りは、慣れ親しんだ、当たり前の文脈から出来事を切り離し、新しい文脈に落とし込むというユーモアの手法を通じて、地元住民とイギリス軍兵士のあいだにある〈我々〉と〈彼ら〉の区分に揺らぎを生じさせ、〈他者〉を異なる視点で見ることをうながすものなのだ。

ユーモアは歴史語りにおいても重要な位置づけを占める。ベルファスト南東部に住むプロテスタントの男性ジムは、もともとアイルランド共和国の出身であるが、ベルファストで二〇年以上のあいだ反戦・非暴力運動の活動をおこなってきた。彼が自分の家族史について以下のように語ったことがある。


父の家系の遠い親戚の一人が、ときどき連絡してくるんですけどね。〔…〕この前彼がやってきたとき僕は家を留守にしていて、息子が彼と話をしたんですね。そしたらその親戚が、軍は僕の血の中に流れていると言ったそうでね。実は父の家族の多くは第二次大戦で戦っているんですよ。

それで、父の両親の世代は第一次大戦で戦っているんですね。そのさらに両親は、クリミア戦争でイギリスのために戦ってるんですよ。そのさらに両親は半島戦争ですね、ナポレオン時代にね。どの世代も父の家族はイギリス軍で戦っているんです。それはなんというのか、僕のアイデンティティとは違うわけです。〔…〕だけど、何世代にもわたって僕の父の家族はイギリス軍で戦ったんだ、だから僕の血の中にも軍隊が流れているんだと。まあ冗談です。論理的にも歴史的にも、おかしいよね、と。

（二〇〇七年二月）

第七章で見た事例のなかには、古い世代の経験と自身の経験とをたがいの鏡像として語る中で、自身の経験が親の経験の中に予期されていたと解釈するものがあった。繰り返し回帰する争いと苦難の過程として土地の歴史を見るような歴史意識をうかがわせる語りである。それは同様のサイクルが未来においても継続するという予想や厭世観をも構成していた。そこにおいて両親や祖父母から聞かされた物語は、自身の運命を形づくるものととらえられ、深い帰属の感覚と結びついていた。ジムの語りは、それらの物語と対照をなす。彼の家族が何世代にもわたって継続的に軍隊と関わりをもってきた事実は、彼の人生に決定的な影響を与えるものとしてはとらえられていない。ただ、それは彼にとって何ら意味をもたないわけでもない。家族とのつながりの感覚を保ちながらも、彼は古い世代が形作ってきた伝統と自身の経験のあいだのギャップに「おかしさ」を見いだしていく。

歴史を個人の人生のユーモラスな背景として語るおこないは他にも見られている。たとえばマリオンはプロテスタントの家庭に生まれ育った女性だが、カトリックの男性と結婚し改宗した。彼女の父親の家族はイングランド人で、父親もおじも第一次大戦でイギリス軍に従軍しているという。一方、夫はもともと南部アイルランドの出身で、その家族は二〇世紀初頭にはアイルランド共和主義運動に深く関わっていたという。したがって二人の結婚は、二つの異なる伝統が興味深い歴史的邂逅を果たしたものである、と彼女は言う。

酒井：それでは、お父さんから第一次大戦の話をけっこう聞いているのではないですか。

M（マリオン）：聞いていますね。父はフランスで戦っているし、彼の兄弟も同じです。だから父はアイルランド独立闘争にはいっさい関心を持っていなかったわけですね。でも私の夫はね……、実は彼の母親はマイケル・コリンズの親戚なんですよ。

酒井：なんと！

M：義母はケリー州［アイルランド南西部の州］の出身で、そのいとこがマイケル・コリンズと関係があってね。ですから夫はマイケル・コリンズの遠い親戚ということになるんです。たしか義母がコリンズのはとこか何かになるんです。詳しいことは忘れてしまいましたけど。

二人：（笑う）

M：ですからいつも夫は冗談を言うんですけど、私の家族がイギリス軍で戦っている間、夫の家族は彼らを狙撃していたんだってね（笑う）。ごめんなさい、ただの冗談です。夫は平和を愛する人ですから、（マイケル・コリンズやその他武装闘争路線の共和主義者の）血を濃くひいているわけではないんでしょうね。

（二〇〇七年七月）

マイケル・コリンズはアイルランド民族運動のカリスマ的指導者で、一九一〇年代から一九二〇年代にかけて活躍した。アイルランド独立戦争でも指導的役割を果たし、巧妙なゲリラ戦法でイギリス軍を苦しめた。マリオンの語りは、アイルランド民族運動の武闘派指導者の子孫が、その敵対者であったイギリス軍の兵士の子孫と結婚したという歴史の偶然を強調し、そこから「おかしさ」を引き出している。

ここでマリオンは二つの異なる歴史が交錯することを冗談として語るが、とはいえ二つの家族の歴史背景を否定するわけではなく、無意味であるとも見ていない。ここに見られるのは複雑な出自の背景を「おかしさ」として組み入れながら、その出自に完全に支配されることなく独自の歴史と世界とを描き出そうとするおこないである。語り手はここでアイルランドのマクロな歴史を書きかえようとしているわけではない。その意味では、上の事例は既存の歴史物語にまっこうから挑戦していこうとするものではない。そうではなく、ここで示されていくのは個人の歴史との関わり方を示す日常的実践の一例なのである。

南部アイルランドとの国境近くの小さな町で調査をおこなった人類学者のウィリアム・ケレハーは、その著作のなかで、地元住民二人が町のパブで話していた会話の一つを紹介している。その町は見晴らしがよく耕作に向いた高台がプロテスタント地区、水はけの悪い粘土質の低地がカトリック地区となっていて、高台の丘にはイギリス軍の地元部隊・アルスター防衛部隊の監視塔が立っている。町には、イングランドのアイルランド支配拡大に抵抗して地元ゲール豪族が一七世紀初頭に蜂起を起こしたさい、ゲール豪族が地下の抜け道を通ってイングランド軍を背面攻撃しようとしたという伝説がある。そして近年の紛争期になって、その地下の抜け道が低地から軍の監視塔につながっているのをＩＲＡが発見し、イギリス軍を攻撃するための秘密トンネルとして整備しているという話なのだ。

興味深いのは、会話をおこなっていた二人が、歴史に関わるこの小話を、必ずしも真正直に信じている訳ではないということである。それは彼らの自己像の核をなす歴史記憶でもない。二人はビール・マグを片手に、この話をアメリカ合州国の実業家に売ったらそれなりの金になるのではないかと話しあっていたのだ。この会話についてケレハーは、歴史的に「劣悪な土地」と見なされた場所に今も暮らし、紛争時には高台の塔から見下ろすように監視されてきたカトリック住民が、土地の歴史を冗談めかして転覆するおこないであると見なしている。そこで住民たちは、自分の土地の歴史を語ることを通じて「社会関係を交渉すると同時に歴史を作り出」している[Kelleher 2003: 9]。住民たちにとって歴史の記憶とは、自分たちをとりまく空間と時間とを意味づけていくための素材を提供する文化的な貯蔵庫である。この意味づけの作業をもって、人びとは日常的な社会関係を解釈すると同時に新しく構成していこうとするのだ。

本節で見てきたユーモアと歴史の語りにも、同様の実践が見て取れる。歴史が個人の生にあまりにも深く影響を及ぼしているかのように思える北アイルランドという土地で、人びとはその影響力になかば身をまかせ、なかばゆるやかに抗しながら自身の経験と背景とを語っていく。その日常的な語りの行いにおけるユーモアを通じて、歴史は人びとを領有し、かつ人びとによって領有されていくのである。

第九章　長期紛争の記憶を語るということ

本書では、三〇年にわたって継続した北アイルランド紛争の記憶が、和平合意後一〇～一五年という時期にいかに語られるのかを検討してきた。とくにあきらかにしてきたのは、紛争の記憶が日常的な身体経験や人間関係のなかで形成され、伝えられ、また集合的な歴史認識を形成していく様子である。また、そのような日常感覚に根ざした暴力の記憶とともに「和解」の時代に向き合う困難や可能性をも描き出してきた。この終章では、前章までの議論で浮かび上がったいくつかの重要な主題について、さらに考察を加えていくこととしたい。

第一節　「紛争という日常」の筋なき物語

本書が展開してきた日常性と記憶との関わりについての議論は、大まかに二種類に分けられる。第一には、紛争進行中にも営まれ続ける日常生活の記憶のあり方である。第二には、出来事の記憶を集合的なものにする媒体ないし土台としての日常生活である。この視点が、暴力の影響を強く受けた人びとの経験を考えるさいにも、紛争の直接的な当事者と一般的に見なされにくい人びととの経験を考えるさいにも双方きわめて重要となってくることは、本書を通じて確認されただろう。近しい家族を紛争の中で失うような経験も、あくまで長期継続する日常のなかで人生史における特有の意味をもつようになっている。家族との死別は、その後に語り手や家族に訪れる、紛争との関わりがより明確でない苦しみや経験、ないし地区コミュニティにおける長期的な人間関係の中に位置づけられるものだった。それによって、なんらかの行動指針と結びついたり、あるいは記憶として乗りこえがたいものとなったのである。

またベルファストの労働者階級地区では、起こるかもしれない最悪の事態にたいして物的・心理的に備えをしつつ、〈恐怖の星座〉の中で長期の生活を送った人びとは多い。〈恐怖の星座〉の語りが示すように、長期継続する紛争の日常経験は、明確な筋を有する物語として構成しにくいものだ。これに関連して、一八〇八年にスペインに侵入したナポレオン軍のおこないを八三枚の銅版画によって記録したフランシス・ゴヤの作品群『戦争の惨禍』についてのソンタグの記述は示唆深い。

ゴヤの作品のイメージは見る者を恐怖に接近させる。スペクタクル的な仕掛けは消去されている。風景はほとんど描かれず、ただ雰囲気として、暗黒として存在している。戦争はここではスペクタクルではなく、ゴヤの版画シリーズは物語ではない。それぞれのイメージは、邪悪な侵入者のおこないを嘆く、短いフレーズのキャプションを付されており、彼らが与えた巨大な苦しみは一枚ずつ独立してそこにある。そうした連作の集積的効果は圧倒的である。〔…〕スペインでフランス軍兵士がおこなった残虐行為の数々は、絵に描かれたとおりに起こったわけではない。犠牲者はそんなふうには見えなかっただろうし、そんな位置に木があったわけでもないだろう。だがそのことは『戦争の惨禍』の価値を減じはしない。ゴヤの絵は総合である。主張されているのは、これに似た何かが起こったのだ、ということである。［Sontag 2003: 44-46］

ゴヤが描き出したものは、奇しくも本書でみてきたような紛争下の日常経験の記憶にも通ずるものである。それは一連のスペクタクルではなく、それぞれが必ずしも因果関係をもたない暗黒のイメージなのだ。

長期紛争の経験は反復的であり継続的である。そこでは複数の出来事がいくつも積み重なって一つの全体としての重みを持つようになる。暴力的な出来事が身近な場所で、あるいは身近な個人に起こる経験を重ねていくなかで、日常における心理状態として〈恐怖の星座〉が構成されていく様子を、本書第四章では見ていった。続く第五章で確認したように、そこでは人びとが自ら体験した出来事と、近しい他者から伝え聞いた出来事とが混じりあう。時には自身が見た何かしらのイメージが、地区コミュニティでの生活において獲得した背景知識のなかで解釈され、特定の政治的意味をもつ記憶となった。人びとにとって日常的に見聞きする暴力のイメージとエピソードは、近い未来の自分の姿を写しているかもしれない予兆でもあった。ここにおける日常性とは、〈今日〉と多かれ少なかれ似たような〈明日〉が訪れるであろうという継続のイメージによってたつことのできないものだったのである。

いずれにせよ、その〈恐怖の星座〉をなす個々の記憶は、相互に独立しており、発展性をもつ物語として構成されていない。また、各々のエピソードやイメージの記憶が実際に起きたことにどれだけ忠実であるかも、また一様でない。ただその「集積的効果」の圧倒性から、わたしたちは語り手にとっての紛争の記憶の重苦しさを想像する。

本書で見てきた多数の語りから浮かび上がるのは、北アイルランドにおけるイギリス国家の行動方針がテロリズム対策と市民の人権保護という二つの——時には相対立する——理念の柱の間でつねに揺れ続けていた様子でもある。たとえばアイルランド系カトリックのゲットーに住む住民は、人権を尊重されるべき「イギリス連合王国市民」としての立場をもちながらも潜在的なテロリストとして扱われるという二重性のなかで数十年の生活を重ねてきた。この日常の記憶は、地区コミュニティの中で政治経験が共有されているという意識と密接な関わりをもち、かつ、個々人の民族意識の核を形成するものともなっていった。だがそれは、積み重ねられていく日常経験が人びとに思考の確固とした地盤を与えたからでは、必ずしもない。「紛争という日常」のなかで記憶されていったのは、「自分が誰であるのか」という感覚を揺るがすような経験だった。それは時として「まっとうな市民」として扱われない屈辱であったし、また自分が帰属するはずの集団のイデオロギーに同化できないという苦悩だった。自分が文化的に親近感をもち、帰属意識をも持っている集団に、自身の家族を殺されたことからくる葛藤である場合もあった。加えて紛争下の日常の不安は自分や子ども、家族が被害者のみならず加害者になることを恐れるものでもあった。なぜならある場所におり、ある歴史的事件を「見て」しまうことにより、武装闘争に身を投じていく選択肢を選ばざるをえないという、歴史経験と記憶に対する一種の受動性をもつものとして政治的主体化をとらえる見方が、彼らの生きる地区では一つの集合的な価値観として存在したからである。それは長年にわたって民族の境界線上に立ち、一日一日の出来事と向かい合いながら暴力と非‐暴力を選びつづける経験だったのである。

第二節　関係性と身体知を土台とする記憶の伝達・共有

2・1　記憶の伝達と〈場所にいつづけること〉の身体性

本書第五章で、ある人類学者が提示した「個人的な体験がいかにして集合的記憶へと融合していき、またその逆反射がいかに起こるのか」という問題意識に言及したが［Kenny 1999: 421］、これは本書において追求してきた主要な問いの一つでもある。これに関連して重要と思われるのが、先にふれた第二の論点、すなわち集合的記憶の媒体ないし土台としての日常生活である。この視点は、たとえば排外主義的ないし自民族中心主義的な〈民族の物語〉の横行について、そのしくみをより深く考察するためにも、またその中に突破口を見出していくためにも役立つだろう。

前章までの議論でもふれてきたように、集合的記憶や共同体の記憶という概念を語ることに強い懸念が見られるのも確かなことである。たとえば批判心理学者のマーク・フリーマンは、個人と共同体をアナロジカルに重ねあわせて記憶の問題を議論する傾向に対し、以下のような疑問を向ける。ここには第七章第一節でみたソンタグの論と通ずるものが見いだせる。

このアナロジーが正当であると見なされる境界はどこにあるのか。〔…〕たとえある次元においては正当であったとしても、〔…〕新しい世代が――たとえば生存者が死に絶えてしまったあとに――やってきたとき、過去を二次的に翻訳したものしかその手に残されなかったとしたら？　そこにおいていかなる「記憶」が残されているのか？

[Freeman 2002: 196]

この懸念は暴力の記憶をめぐっておそらくもっとも先鋭化する。フリーマンの言葉を借りれば、それは個人的なものと集合的なもののあいだのアナロジーの正当性が問われるべき領域ということになるだろう。冨山一郎が指摘するように、戦場とはまずもって「殺しあいの場であり、言説の消滅した暴力の現場」である。「戦場のそして暴力の問題の根幹は、この物理性にある。身体が物理的なものである以上、戦場そして暴力によりこの身体は変容する」[冨山 1995: 19]。暴力が身体におよぼすこの物理的影響は、集合的記憶論でしばしば議論されるような帰属意識の共有の問題と容易に同次元に語りえるものではない。つまるところ、身体が暴力にさらされるさいの知覚は究極的には他者と共有されえないからだ。

しかし数十年にわたってゲリラ戦が継続するような紛争を考えるとき、身体をもって〈戦場にいる〉ことの体験は、必ずしも身体が暴力によって直接に損傷していくことのみをさすわけではない。集団が〈共有経験〉〈共有の記憶〉として有する過去のイメージのなかには、本書で見てきた事例の多くがそうであったように、「過去を二次的に翻訳した」ものも含まれているかもしれない。だが、二次的記憶としての側面を有しながらもなお強い身体性をもった記憶というものがありうると主張したい。

本書の結論としていま一度確認しておきたいのは、紛争の記憶の形成・伝達における日常的かつ長期的な人間関係と場所・空間の身体経験の重要性である。これらは、自分ではない他者に起きた出来事や、遠い過去に起きた出来事が、真実味と感情的なうったえかけをもつ記憶となる重要な条件である。〈自分ではない誰か〉の体験であったとしても、自身の空間知やライフストーリーのなかに組み入れられた記憶は、ある種の〈近しさ〉、つまり〈我がこと〉らしさをもつ。それはエピソードの中の要素ゆえの場合もあれば〈よく知っている場所・人〉、エピソードの物語構造が自身の経験に共鳴するがゆえの場合もある〈過去の出来事の寓意性〉。誤解をおそれず言えば、それぞれ自己との換喩的・隠喩的な同一化である。こうした同一化を通じて、過去は身体経験のイメージを鮮やかに喚起しつつ、自分自身の明日に起きるかもしれない出来事としての具体性と切実さをもつのである。

長期の日常経験と場所の身体経験とは、われわれが身体性をもつことと深く関連しており、またそうであるがゆえに、この位相における〈コミュニティの記憶〉は、個人なり集団なりが特定の意図と目的をもって容易にコントロールできるようなツールではなくなる。人間関係のなかで、あるいは人が特定の場所に〈ある〉ことで、記憶は喚起されよみがえるものなのである。

ゆえにここでの議論は、たがいに顔見知りであり、生活空間を一定程度共有しているような小規模なコミュニティのなかでの〈記憶の共有〉にしか当てはまらない議論であることに注意しなくてはならない。個人の体験と国民国家という巨大な想像の共同体の公的記憶との相克・確執という議論のなかでは、個人が身近な人間社会、ならびに空間としての世界と身体をもって関わっているという側面が見落とされてしまう。けれども身体的な社会・世界との関わりを通じて、人は何かを記憶し、また自身の体験を他者と共有されたものと見なしていくのではないか。必要なのは、人間関係にせよ場所にせよ、ある種の〈しがらみ〉をもって人を包み、育むようなミクロなコミュニティ、いわば中間集団への着目であり、その〈しがらみ〉を通じ、個人の意思や理念を超えて個人に作用してくるような記憶への着目なのである。この中間項の媒介をへてはじめて、民族や国民のような巨大集団を主体とする政治経験・歴史経験が、個人のライフストーリーのなかに現実味をもって位置づきうるのである。その意味でも、「記憶とは事物でなく過程」なのである［Olick and Robbins 1998: 122］。

2・2　移行期社会において辛苦の記憶を語るということ

本書が検討してきた紛争の記憶の語りは、第二章でも論じたように、紛争経験者という立場を引き受けた人びとと〈よそ者〉であるわたしとの相互行為のなかではじめて浮かび上がったものである。分断された住民集団間の緊張に満ちた関係性や、暴力や差別的待遇の経験など、そこで語られたトピックはおおむねデリケートなものだった。〈よそ者〉であるわたしを前にしてそのようなトピックを語ることについては、難しさもあれば、逆に気安さもあっただろう。「あなたが地球の反対側から来ているからこの話をするんだけどね」との断りの後に近隣住民との確執のエピソードが語られたこともあった。

それと同時に聞き取りの場は、人生経験を語ることをつうじて自身の政治的・倫理的な立場性を「診断」されると語り手が感じざるをえない性質をもっていた。そのような圧力は、個々人の努力によって完全に払拭できるものではなく、過去の暴力の経験について聞き・話すという関係性のなかから不可避にあらわれてしまうものである。したがって調査協力者の人びとは、必ずしも自身が事実と信じていたことをそのままに語ることができたわけではなく、語やフレーズ、物語の道筋をつねに注意深く選びながら語りを構成していた。その背景には、本書でたびたび触れてきたように、移行期社会において〈和解〉と〈相互理解〉のために要求される倫理の問題がある。

けれども、このような慎重さは、暴力についての彼ら・彼女らの語りをよりいっそう痛々しいものにしていた。たとえば一七歳の弟と親族の何名かをイギリス兵によって殺されているブリジットは、聞き取り中いくども「すべての事件でイギリス兵に責任があるわけではもちろんありません」という言葉を繰り返した。紛争がもたらした苦しみ全体の原因を当局に帰することを避けた彼女のこの配慮は、北アイルランド紛争のなかで起きた暴力の複雑な構造を考えるに、節度ある態度といえるものだ。「でも」とわたしは彼女の語りを聞きながら考えていた。「あなたの私的で主観的な世界のなかでは、家族生活を粉々に壊してしまったのはイギリス兵であったのではないですか」。紛争の暴力の帰結を、もっとも直接的な形で何度も受けてきた彼女のような人物が、〈社会的にバランスのとれた〉視点から紛争を語らなければならないという圧力を感じていること自体が、彼女に加えられ続けている新しい形態の暴力であるようにも感じられた。強硬な民族主義者、ないし宗派的偏見を有する人間といったラベルを避けるためには、自身の感情を押し殺し、自身の記憶を一時的に「消毒」さえしなくてはならない——北アイルランドの現在を生きる人びとはそう感じているのではないか。われわれは、何らの抑圧なしに進行する〈和解〉というものを想定するのがいかに難しいかということを、もう一度確認せざるをえないのである。

2・3　語りを通じて歴史の主体になるということ

ここは七〇年代は本当に大変だったけれどね、でもこんな話もありますよ。X通りのはしにキアランという人が住んでいて、反対側のはしにはマイケルという人が住んでいたのね。そのころは毎晩のように暴動があったので、二人のあいだで、何かあるといけないから俺たちも銃でも準備しておこうという話になったわけ。それでキアランが知り合いに頼んで銃を手に入れてきたんだけど、一丁しかないわけよ。仕方ないから「よし、俺が銃本体を持つ。お前は弾を持て」「いいアイディアだ、それで二人とも安心だ」ってな具合で、二人で銃と弾を別々に持ってたらしいですよ（笑う）。どこまで本当の話か知らないけどね。

（二〇一二年二月）

本書の多くの章で見てきたように、紛争体験の語りは辛苦の経験をめぐるもので、語りが描き出す全体としての色調は重苦しいものでもあった。けれどもそうした語りのあいまに、一瞬の笑いをさそいだす逸話を人びとは時おり挟むのだった。「暗いことばかりを考えているわけじゃないのよ、それればかりじゃ生きて行けていけないもの」と、この銃の逸話を語ったショート・ストランドのカレンは言った。「笑っていないと泣いてしまったからね」と言った人もいる。こうしたユーモアの存在は、紛争の長期継続のため、暴力と分断の構図のなかに日常性が入り込んでいく一つの側面を見せている。だが同時に、あくまで苦しみである経験、けして繰り返されてはならない経験を自分たちがへてきたことを単なる悲劇とするのではなく、その経験をもつ自己と自己のコミュニティに何かしらの創造性と尊厳を見いだそうとするおこないでもあるのではないか。〈犠牲者〉と認知されることによって物的・非物的な社会的支援を受けられるという意識は、確かに現在の北アイルランド社会に見られるものであろう。であるからこそ、第八章で見たように、対抗的物語の座をめぐる政治学が生じてくるのである。しかし〈犠牲者〉の括りに甘んじることは、自身の生の過程と力そのものを否定することにもつながりかねない。

ユーモアと笑いは、そのような袋小路に小さな出口を見つけるものであるとも考えることができる。イギリス兵士を「未熟な子ども」ととらえなおすことによって、紛争の日常のなかにひそんでいた、予期せぬ——かつ滑稽でもある——リアリティを強調する語りを、第八章第五節で見た。この語りによって揺るがされているのは、地元民として人間的にイメージされている「わたしたち」と、外来者であり暴力をもたらす・引き起こす象徴や記号としての「彼ら」の区分であった。この語りにおける笑いが明るみに出したのは、集合的な記号として「彼ら」と認識されていた兵士の人間的側面だったのである。旧来のイデオロギー対立を修正しながらも再生産する形ではなく、その対立構図自体をずらそうとすることは、加害者となること・ならないこと、生・死の圧倒的な選択肢をも「ずらす」ことだった。そのおこないはしばしば日常が必然的に有する「非文脈性」、およびそれゆえの「滑稽さ」に目を向けることで遂行される。人間経験の中にある不調和性や首尾一貫性のなさに焦点をあてることによって、ユーモアはエピソードやトピックと、通常であればそれらが位置づけられるところの背景との関係性を切り離し、背後に隠れて気付かれなかった文脈に光をあてていく。それによってあらわになるのは、現実や経験についての新しい角度からの理解である。

H・G・ガダマーは、主著『真理と方法』のなかで、歴史は内省的態度と自伝的記憶によって、再度私的なものになると論じた。「実のところ、私たちが歴史をもつのではなく、私たちが歴史の一部なのだ」［Gadamer 1975＝1986］。本書で見てきた紛争の記憶の多くは、同じ時代を同じ場で生きた他者と、あるいは同じ土地の長い歴史を生きてきた他者と、なんらかの形で共有されたものとして語られている。けれどもその記憶のどれもが、あくまで徹底して私的な意味と感情に満ちたものであった。「あらゆる記憶は個人的なものであり、個人とともに死ぬ」（第七章第一節参照）とのソンタグの言葉にあるように、これらの記憶はすべて、それぞれの語り手がこの世を去るときに失われていくだろう。これらの記憶はみな、語り手個人個人の自伝的な物語のなかで特異な色彩と姿を獲得しており、彼らの自伝の外において複製することはできない性質のものである。こうした記憶は、社会的記憶であると同時にもっとも個人的な記憶ということができる。「集合的記憶が有する象徴的な力」［Irwin-Zarecka 1994: 67］とは、まさしくこのような場所に宿るのだろう。

注

第一章

（1）本書では調査協力者の名前をすべて仮名としている。

（2）たとえば一九八五年にはイギリス政府とアイルランド政府のあいだでイギリス－アイルランド合意が結ばれ、北アイルランドの帰属については聖金曜日合意とほぼ同内容の確認をおこなっている。だが北アイルランドの各政党の頭越しに結ばれたこの合意は、現地住民の多くの反発をもまねいた。

（3）北アイルランドにおけるイギリス軍の活動は、一九九〇年代前半に始まる和平プロセスの中で次第にその規模を縮小していき、二〇〇七年七月に最終的な撤退が完了した［BBC.com, 31/7/2007］。

（4）口承史、儀礼、自伝などへの着目によって、過去認識のありかたや過去を想起する個人的・集合的行為について論じた重要な研究は一九八〇年代以前にもある。エヴァンス・プリチャードは人間の歴史意識や時間観、人生史などに大きな関心を寄せていたし［Eavns-Pritchard 1940］、エドマンド・リーチの時間論も今なお頻繁に参照される議論である［Leach 1961］。

（5）その大きな契機のひとつは、アイルランド歴史学と文芸批評の間で繰り広げられた歴史修正主義論争である。アイルランド民族の自治独立のための闘争を物語るだけではない新しい歴史の可能性を論じていった歴史家らの著作が、イギリス植民地主義の史的擁護にもつながるとして批判されたものである。この反論として一部の歴史家らは、過去の出来事や人物を過度に英雄視する歴史語りは、北部のアイルランド共和主義者らの進行形の暴力を正当化していると主張した［Boyce and O'Day eds. 1996］。

（6）例として、北ベルファストのカトリック地区アードインのオーラルヒストリー・プロジェクトや［Ardoyne

Commemoration Project 2003]、労働者階級地区住民の紛争経験や社会経験についての証言を収集、編集し一〇〇冊以上のパンフレットにまとめているファーセット・プロジェクト（Farset Community Think Tanks Project）が挙げられる。

第二章

（1）フィオナは聞き取りのなかで友人の死にまつわる事件について一度語ろうと試みたが、結局口を開いたまま沈黙し、その後言葉を紡ぐことができなかった。したがって、彼女の友人が正確にいつ他界したのかは定かでない。

（2）むろん、これらの現象も、とくに政治暴力の経験を考えるにあたって避けて通れない論点であることに疑いはない。前者については、たとえばキャシー・カルースの議論を参照されたい［Caruth 1995］。後者については、たとえばナチス強制収容所で起きた一連の出来事の表象可能性をめぐる歴史家・思想家らの論争の記録を参照［Friedlander ed. 1992＝1994］。

（3）この語が北アイルランドで独自の学術的・社会的な意味を獲得していく経緯については、佐藤亨の著作にくわしい［佐藤 2014］。

第三章

（1）なおカトリック人口の割合は少しずつ上昇している。一九七一年のセンサスでは全人口の三六・八％とされていた。増加の理由は通常、避妊を認めず、より多くの子どもをもつよう推奨するカトリック教会の影響と説明される。加えてブリテン島やアイルランド共和国に移住するカトリックの数が減少していることも理由として挙げられる［Hennessey 1997: 242］。

（2）独立戦争につづく一〇年ほどの間、南部では、アイルランド共和主義者同士の対立が内戦化していったが、北アイルランドではプロテスタントとカトリックの緊張が高まった。そのひとつのピークがベルファスト・ポグロムとも呼ばれる一九二〇～二二年の都市部暴動である。この二年間でベルファストでは四〇〇人から五〇〇人の死者が出たと言われ、八割が武装組織や警察・軍と関わりをもたない非武装市民であったと推測されている［Lynch 2008: 375］。主に狙われたのが混住地区に住むカトリックであったため、その後に分住傾向が非常に強まった。

（3）ＩＲＡの背景や組織構成、その活動や政治姿勢の詳細については本書ではとくにとりあげない。多くの書物で詳細に記述されているので参照されたい［cf. 鈴木 1999; English 2003］。

（4）和平合意後に警察機構は北アイルランド警察（Police Services of Northern Ireland, PSNI）として再構成され、宗派偏向はしだいに是正されつつある。

（5）邦語文献では佐藤亨が多数の写真とともに政治壁画を詳しく解説し、壁画文化の現状にもふれている［佐藤 2011］。

（6）二〇一二年一二月、北アイルランドの成立以来ベルファスト市庁舎に恒常的に掲揚されていたイギリス国旗を、毎日ではなく特定の祝日のみに掲げることがベルファスト市議会で決定された。この議決はプロテスタント住民の大きな反発を招き、以後約半年にわたって大規模なデモや抗議行動が続いた。

（7）どこからどこまでを「紛争に関連した死」ととらえるかは調査をおこなう団体や研究チームによって異なるが、死者数は通常三二〇〇名から三八〇〇名のあいだをとる。

（8）ただし所持品検査の検問所は、カトリック地区にのみ設けられていたわけではない。たとえば一九七〇〜八〇年代にかけては、ベルファストの中心街にもいくつも検問所があり、買い物や市役所への用事等で中心街に出入りする人間は誰であれ検査の対象となった。

（9）オレンジ会は一七九五年にアルスター地方アーマー州で結成された団体で、その名はオレンジ公ウィリアムすなわちウィリアム三世に由来する。アイルランドのプロテスタント支配と強い結びつきをもつ団体であり、一九二一年の北アイルランド議会成立から一九七二年の自治政府停止まで、北アイルランド歴代首相七名全員がオレンジ会員であった。北アイルランドが「オレンジ国家」と呼ばれるゆえんである［Farrell 1976］。

第四章

（1）名誉革命期の〈デリー包囲・解放〉を記念するプロテスタント団体、アプレンティス・ボーイズのパレードがカトリック地区ボグサイドを通過するのに抗議するボグサイド住民と、プロテスタント住民および王立アルスター警察隊RUCとの間の衝突が暴力的な展開となり、混乱が三日間継続した事件である。

（2）デリーでも同様の大規模な人口移動があった［Bardon 1992: 684］。

（3）武装グループは、町や村、地区をそれぞれのテリトリーとしており、自分たちのテリトリーに他の武装グループが入り込んでこないよう警備活動をおこなっていた。マリオンとその家族はプロテスタント地区に住んでおり、彼らの住んでいた地区はUDAのテリトリーであった。よってここで彼女の弟はいわば〈敵方〉の武装勢力の襲撃に遭ったことになる。

（4）「シャンキルの肉屋」は、プロテスタント数名からなるギャング・グループの通称で、彼らの多くはロイヤリスト武装グループUVFのメンバーであった。一九七〇年代なかばから一九八〇年代初頭まで、カトリック住民に対する無差別殺人をおこない、犠牲者をきわめて残虐な形で死に至らしめたことで悪名高い。

（5）「フィニアン」はもともと一九世紀に主にアメリカ合衆国で活動を展開したアイルランド共和主義者らの団体をさす言葉だが、二〇世紀後半の北アイルランドでは、アイルランド人やカトリック住民の蔑称として用いられていた。

第五章

（1）主要な地元紙のうち *Belfast Newsletter* および *Belfast Telegraph* はユニオニストより、*Irish News* はナショナリストよりの傾向をもつ。

（2）マクブライドの議論の中心は、北部アイルランドのプロテスタントのなかで長らく記念されてきている一七世紀の〈デリー包囲〉がこの〈包囲の心理〉を隠喩的に物語化したものであったという点である。これについて、邦語では尹慧瑛が詳しく解説している［尹 2000］。

第六章

（1）コークはアイルランド島南西の州、およびその州都で、独立前後のアイルランド・ナショナリズム運動の中心となった土地である。したがって「イギリス式教育のなかで育ち」、自分がイギリス人であることを疑ってみたこともなかったマーガレットが、コーク出身者を「同じ文化をもつ人間」として見始めたとき、そこには自身の民族性に関する彼女の認識の変化がうかがえるのである。

（2）ただし近年は、アルスター地方で独自に発達させたスコットランド由来の文化を活発化させる行事や集まりが活発化してきている。

第七章

（1）これはわたしたちの身近な事例からも想像しやすいことだろう。二〇一一年の東日本大震災において甚大な津波被害を受けた市町村に住んでいた人間であっても、たとえば自宅が浸水線より上方にあった場合、あるいは迫りくる大波を自分の目で見ていない場合には、自分を震災の「直接体験者」と見なさないことがある。

（2）一九六九年に武装闘争路線のＩＲＡ暫定派が分岐する以前のＩＲＡが、旧ＩＲＡと呼ばれる場合がある。

（3）この歴史的和解のパフォーマンスは、ヨーロッパ統合の流れの中で、アイルランドとイギリスのみならず広くヨーロッパ全土にわたる「共通の歴史経験」を探し出そうとする風潮も、また背景に有していたと考えられる。

（4）注記しておけば、四ヶ月のソンム会戦を通して見れば、必ずしもアイルランド出身兵の戦死者がイギリスの他地方の戦死者に比べて数が多かったとは言えない。アルスター出身兵を集めた第三六師団は開戦後二日間で五〇〇〇名前後の死者を出した。また、アイルランドのカトリック兵が多くいた第一六師団は、戦闘の後半において、一〇〇〇名前後の死者を出している［Denman 1992: 101］。しかしイギリス軍全体がこの戦闘では甚大な数の戦死者・負傷者を出している。戦闘初日で実に六万、戦闘全体として見れば四〇万名以上である［Loughlin 2002: 135］。

第八章

（1）レベッカ・Ｌ・ジョーンズの論文は、高齢者の性生活という若干本書の関心とは離れたトピックに関してではあるが、ある語りが対抗的物語となる次元の複層性について論じている。ジョーンズは社会の伝統的な価値観からみれば対抗的物語となる語りも、レズビアン・コミュニティの内部という文脈で語られるときには、必ずしも対抗的な語りの行為とはならない様子を論じていく [Jones 2002]。

（2）多様な民族・宗派の人びと、とくにカトリックとプロテスタント双方の住民がかかわるイベントや行事を「クロス・コミュニティ」と呼ぶ。

（3）「フィニアン」という語については、第四章の注（5）参照。

（4）二〇〇〇年代後半にベルファストの一〇代後半の若者たちにおこなわれた調査でも、多くは宗派間結婚は避けると答えている。その理由は、相手側の宗派に対する典型的なステレオタイプであるというよりは、分住状態があるなかで住む場所を確保するのが難しい、上の世代の家族・親戚の理解がえられにくい、結婚式のスタイルや子どもの教育方針を決めるのが難しい、などのものであった [Leonard 2009]。

（5）マーティン・マクギネスはかつてのＩＲＡの幹部であり、現在はシン・フェイン党の主要なリーダーの一人である。二〇〇七年より北アイルランドの第二大臣をつとめる。

（6）二〇〇二年にグラナダテレビのドラマ番組として製作され、後に劇場公開されてベルリン国際映画賞金熊賞を受賞した「ブラディ・サンデイ」（ポール・グリーングラス監督）が一例である。

（7）二〇一〇年、この調査委員会の最終報告書が提出され、死者らが全員非武装であったこと、およびイギリス軍側の全面的過失が認められた。これを受けて首相デヴィッド・キャメロンが遺族に対し公式謝罪をおこなった。

あとがき

二〇一一年三月に東日本で大地震・大津波・原発事故が起きたとき、わたしはアイルランド調査の帰りで、オックスフォードの友人宅に宿泊していた。帰りの飛行機は三月一二日にロンドンを発つはずだった。一二日の朝、BBCでは福島第一原発爆発の映像がくりかえし流れていた。利用予定のヨーロッパ系航空会社は原発事故のため成田空港行の便をすべてキャンセルした。わたしが乗る関西国際空港行きの飛行機はその日は飛んでいたが、翌日どうなるかはわからなかった。

イギリスやアイルランドに住む友人・知人から、安否を心配する連絡が入った。宿泊先の友人夫婦は、数日様子を見てはどうか、今このタイミングで日本に帰国するメリットは特にないのではないか、と言った。今帰国しないとしばらく家族に会えないかもしれないとわたしは答えた。万一そのような深刻な事態になったなら、むしろわたしがイギリスに残っていることで家族を呼び寄せられるのではないか、そのほうが合理的ではないかと友人は言った。その通りだとわたしは思った。

だがそのとき、帰国しないという選択をわたしは本当の意味で真剣には検討しなかった。思考停止することをわたしは選び、予定通り関西に向けて発った。

わたしと友人がそのとき一つの可能性として思い描いたような事態とはならなかった現実をふまえてなお、わたしは友人の言ったことのほうが理にかなっていたと思う。何が適切であり、賢明であり、自身の考えや立場とも矛盾しない行動であるのかを判断することは、半日先の未来の予測が立てられないとき、非常に困難となる。わたしはその困難にあっさりと敗北したのだった。自分が何者かを選びとる行為は、そのような放棄の感覚とともにあるのではないか。それがあるべき姿と言っているのではない。そうなってしまうことが多くあるのではないか、と言いたいのである。

ヒースロー空港でリタから電話があった。第六章第三節で登場した、夫の死の真相を四〇年の後に知り、コミュニティへの信頼を失うこととなった女性である。どうしても帰るの、うちにしばらく泊まったっていいのに、と彼女は言って、その後に「でもわかるわ」と言った。今にして思うと恥ずかしい。わたしがそのとき置かれていた状況および心理状態は、彼女が長年闘ってきたものと比すれば呆然とするほどのんきなものであったからである。だがリタの台詞は印象に残っている。

震災の一ヶ月後に仙台の職場に赴任した。その後、当事者としても支援者としてもわたしは災害経験の〈渦中〉にいたことはない。津波で壊滅的な被害を受けた土地を訪れたのも数ヶ月後のことである。だが生命にさえ関わるような、生活を一変させる危機が明日訪れてもおかしくないという感覚はあった。同時に、それでも食べて・寝て・働くというごく〈普通の日々〉を滞りなく送りつづける自分を不思議にも思っていた。大学の授業中に、あるいは夜中に布団のなかで余震に気づくたび、「今度のものが〈それ〉かもしれない」と確かに思うが、数分後にはまた通常の生活が戻ってくる。そんななか、ベルファストで出会った人びとのことをよく思い浮かべていた。

異なる歴史経験のあいだの共鳴性を仄めかすことに、わたしたちは注意ぶかくあるべきだ。北アイルランドの民族紛争と東日本大震災という、要因も歴史背景もあまりに違う出来事の場合は言わずもがなである。体験としての細部のありかたも、社会的・政治的な意味においても両者は大きく異なる。けれどもその差異がいかなるものかを考え、断絶の向こうにある「自分ではない誰かの経験と記憶」を想像するためにこそ、わたしたちは自身の歴史経験に立ち戻るのではないか。

本書の内容の大半は、わたしが上記の体験をする前に創案し、調査し、考察した内容にもとづく。けれども〈紛争という日常〉に関わる記述の細部に二〇一一年以降の自身の体験が影響を落としている可能性は否定できない。ここ一・二年、語りを再検討し、分析し、日本語訳する作業にたずさわりながら、わたし自身が〈見返されている〉かのように感じていた。語りからやってくるその視線の記憶は、今のわたしの核の一つを成している。

北アイルランド紛争は、ある意味では〈一段落した〉紛争である。けれどもイギリス連合王国の〈対テロ戦争〉に終わりはなく、その矛先は、聖金曜日合意が結ばれてまもない二〇〇〇年前後を境にアイルランド系からムスリムへと移行した。〈市民の安全〉の標語のもとに、〈見えざる敵〉に対する恐怖がセンセーショナルに語られるような状況は二〇一〇年代に入ってやや沈静化したようにも思うが、今も時おりメディアに回帰する。そのようなか、もう一度かつての長期紛争の記憶と〈ともに考える〉ことが必要であるように思われる。

本書はイギリスのブリストル大学に提出したPh.D論文 "Narrating Memory and Troubled Lives in Northern Ireland" (2010) を翻訳の上、大幅な修正を施したものである。刊行にあたっては、平成二六年度科学研究費補助金（研究成果公開促進費）の助成を受けている。また本書の一部は、二〇一〇・二〇一一年度科学研究費補助金（研究活動スタート支援）およびサントリー文化財団二〇一二年度「若手研究者のためのチャレンジ研究助成」による調査にもとづいている。

多くの方がたの指導があり、サポートがあった。人文書院の井上裕美さんには、たいへんなお世話をおかけした。北アイルランドという遠い土地の話をえんえんと繰り広げる本書のような書物の刊行を引き受けていただいて、内容についても励ましの言葉をいただき、ありがたい限りである。締切を守ることが苦手で申し訳ないばかりである。記して感謝したい。

ブリストル大学社会学部のヴィエダ・スカルタンズには、語り〈について〉のみならず、語り〈とともに〉想像し考える姿勢を教えられた。エスター・ダーモットの論理的なコメントにも大いに助けられた。本書の大もととなる文章を、わたしはブリストルのウッドランド通り沿いにある、一見個人住宅のような古めかしい小さな建物の院生部屋で執筆した。物語・記憶・歴史への関心を共有した他の「Ph.D 書き上げ学生」と並んですごした苦闘の日々である。彼女ら・彼らはわたしがそれまで疑うことのなかった常識とは異なるありかたで学生生活を人生のなかに位置づけていた。その姿勢が今でも印象に残っている。

帰国後に身を寄せることとなった大阪大学グローバルCOEプロジェクト「コンフリクトの人文学」での日々は、幅広い人的ネットワークにふれる貴重な経験となった。また、いつまでたっても専門的ディシプリンの定まらないまま放浪するわたしが、人類学という領域と少しでもつながることができたのも、このプロジェクトで働く機会をえたためである。京都大学農学研究科比較農史学研究室および農学原論研究室の教員・学生との交流は、研究とは何かを思い描くきっかけを与えてくれた。両研究室に出入りしていた院生時代初期に出会ったものは、今でもわたしの知的関心と思考様式の基礎をなしている。そして京都大学人文科学研究所の方がたには、イギリス・アイルランド史、記憶研究、人類学、文化史全般にかかわる助言や、その他諸々の援助を一〇年以上にわたっていただきつづけた。

最後に、執筆にあたって助言や支援、知的刺激をもたらしてくれた現職場の同僚に、そして長年のあいだ励まし続け、導いてくれた家族に感謝したい。

二〇一四年一一月

酒井　朋子

索　引

文献一覧

阿部利洋（2007）『紛争後社会と向き合う——南アフリカ真実和解委員会』京都大学学術出版会。

Amnesty International (1978) *Northern Ireland: Report of an Amnesty International Mission to Northern Ireland (28 November 1977-6 December 1977)*, http://cain.ulst.ac.uk/issues/police/docs/amnesty78.htm, last visited: 13/8/2008.

Anderson, Benedict (1983/1991) *Imagined Communities: Reflections on the Origin and Spread of Nationalism*. Revised edition. London: Verso.（＝1997 白石さや・白石隆訳『想像の共同体——ナショナリズムの起源と流行』増補版，NTT 出版）

Andrews, Molly (2002) 'Introduction: Counter-narratives and the power to oppose,' *Narrative inquiry* 12(1): 1-6.

—— (2003) 'Truth commissions and collective memory,' *Media, Culture and Society* 25 (1): 45-66.

—— (2007) *Shaping History: Narratives of Political Change*. Cambridge: Cambridge University Press.

Appadurai, Arjun (2006) *Fear of Small Numbers: An Essay on the Geography of Anger*. Durham NC: Duke University Press.（＝2010 藤倉達郎訳『グローバリゼーションと暴力——マイノリティーの恐怖』世界思想社）

Apfelbaum, Erika (2001) 'The dread: An essay on communication across cultural boundaries,' *International Journal of Critical Psychology* 4: 19-35.

Ardoyne Commemoration Project (2003) *Ardoyne: the Untold Truth*. Belfast: Beyond the Pale.

Aretxaga, Begoña (1997) *Shattering Silence: Women, Nationalism, and Political Subjectivity in Northern Ireland*. Princeton: Princeton University Press.

Bardon, Jonathan (1992) *A History of Ulster*. Belfast: Blackstaff Press.

Barthes, Roland (1981), 'The discourse of history,' translated by Stephen Bann, *Comparative Criticism* 3: 7-20.

Bartlett, Frederic (1932/1977) *Remembering: A Study in Experimental and Social Psychology*. Reprint. Cambridge: Cambridge University Press.

Bell, Duncan (2003) 'Mythscapes: memory, mythology and national identity,' *British Journal of Sociology* 54(1): 63-81.

Bloomfield, Kenneth (1998a) *We Will Remember Them: Report of the Northern Ireland Victims Commissioner*. Belfast: Northern Ireland Victims Commission.

——— (1998b) 'How should we remember?: The work of the Northern Ireland Victims Commission,' Brandon Hamber ed. *Past Imperfect: Dealing with the Past in Northern Ireland and Societies in Transition*. Belfast: INCORE.

Boal, Frederick W. (1982) 'Segregating and mixing: Space and residence in Belfast,' Frederick W. Boal and J. Neville H. Douglas eds. *Integration and Division: Geographical Perspectives on the Northern Ireland Problem*. London: Academic Press.

Boyce, David G. and Alan O'Day eds. (1996) *The Making of Modern Irish History: Revisionism and the Revisionist Controversy*. London: Routledge.

Brockmeier, Jens (2001) 'From the end to the beginning: Retrospective teleology in autobiography,' Jens Brockmeier and Donal Carbaugh eds. *Narrative and Identity: Study of Autobiography, Self and Culture*. Amsterdam: John Benjamins.

——— (2002) 'Remembering and forgetting: Narrative as cultural memory,' *Culture &Psychology* 8(1): 15-43.

Bruner, Jerome (1991) 'The narrative construction of reality', *Critical Inquiry* 18: 1-21.

Bryan, Dominic (2000) *Orange Parades: The Politics of Ritual, Tradition and Control*. London: Pluto Press.

Butler, Judith (1997) *Excitable Speech: A Politics of Performative*. London: Routledge.（＝2004 竹村和子訳『触発する言葉』岩波書店）

Cappelletto, Francesca (2003) 'Long-term memory of extreme events: From autobiography to history', *Journal of the Royal Anthropological Institute* 9(2): 241-260.

Caruth, Cathy (1995) *Trauma: Explorations in Memory*. Baltimore: JHU Press.

Clifford, James and George Marcus eds. (1986) *Writing Culture: The Poetics and Politics of Ethnography*. Berkeley: University of California Press.（＝1996 春日直樹ほか訳『文化を書く』紀伊國屋書店）

Connerton, Paul (1989) *How Societies Remember*. Cambridge: Cambridge University Press.

Crapanzano, Vincent (1980) *Tuhami: Portrait of a Moroccan*. Chicago: University of Chicago Press.（＝1991 大塚和夫・渡部重行訳『精霊と結婚した男――モロッコ人トゥハーミの肖像』紀伊國屋書店）

——— (1990) 'On self characterization,' James W. Stigler, Richard A. Shweder and Gilbert S. Herdt eds. *Cultural Psychology: Essays on Comparative Human Development*. Cambridge: Cambridge University Press.

Das, Veena (2000) 'The act of witnessing: Violence, poisonous knowledge, and subjectivity,' Veena Das et al. eds. *Violence and Subjectivity*. Berkeley: University of California Press.

——— and Arthur Kleinman (2000) 'Introduction,' Veena Das et al. eds. *Violence and Subjectivity*. Berkeley: University of California Press.

Dawson, Graham (2007) *Making Peace with the Past? Memory, Trauma and the Irish Troubles*. Manchester: Manchester University Press.

Denman, Terence (1992) *Ireland's Unknown Soldiers: The 16th (Irish) Division in the Great War*. Dublin: Irish Academic Press.

Dower, John W. (1999) *Embracing Defeat: Japan in the Wake of World War II*. New York: W. W. Norton & Company.（＝2004 三浦陽一・高杉忠明訳『敗北を抱きしめて――第二次大戦後の日本人』増補版，上下巻，岩波書店）

Dowler, Lorraine (1998) 'And they think I'm just a nice old lady: Women and war in Belfast, Northern Ireland,' *Gender, Place and Culture* 5(2): 159-176.

Ellis, Carolyn and Arthur P. Bochner eds. (1996) *Composing Ethnography: Alternative Forms of Qualitative Writing*. London: Altamira Press.

English, Richard (2003) *Armed Struggle: The History of the IRA*. Oxford: Oxford University Press.

Evans-Pritchard, E. E. (1940) *The Nuer*. Oxford: Oxford University Press.

Ewick, Patricia and Susan S. Silbey (1995) 'Subversive stories and hegemonic tales: Toward a sociology of narrative,' *Law and Society Review* 29（2）: 197-226.

Farrell, Michael (1976) *Northern Ireland: the Orange State*. London: Pluto Press.

Feldman, Allen (1991) *Formations of Violence: The Narrative of the Body and Political Terror in Northern Ireland*. Chicago: University of Chicago Press.

——— (2002) 'X-children and the militarization of everyday life: Comparative comments on the politics of youth, victimage and violence in transitional societies,' *International Journal of Social Welfare* 11: 286-299.

Fentress, James and Chris Wickham (1992) *Social Memory: New Perspectives on the Past*. Oxford: Blackwell.

Field, Sean (2004) 'Interviewing in a culture of violence: Moving memories from Windermere to the Cape Flats,' Kim Lacy Rogers et al. eds. *Trauma: Life Stories of Survivors*. New Jersey: Transaction Publishers.

Finnegan, Ruth (1994/2006) 'Family myths, memories and interviewing,' Robert Perks and Alistair Thomson eds. *Oral History Reader*. Second Edition. London: Routledge.

Freeman, Mark (1993) *Rewriting the Self: History, Memory, Narrative*. London: Routledge.

——— (2002) 'Charting the narrative unconscious: Cultural memory and the challenge of autobiography,' *Narrative Inquiry* 12(1): 193-211.

Friedlander, Saul ed. (1992) *Probing the Limits of Representation: Nazism and the "Final Solution"*. Cambridge, MA: Harvard University Press.（＝1994 上村忠男ほか訳『アウシュヴィッツと表象の限界』未来社）

福岡千珠（2006）「『アイルランド語』に見る文化ナショナリズムの変容」『ソシオロジ』第50巻３号，57-73頁。

Gadamar, Hans-Georg (1975) *Warheit und Methode. Grundzüge einer philosophischen Hermeneutik*. 4. Auflage. Tübingen: J.C.B. Mohr (Paul Siebeck).
（=1975 Translated by Joel Veinsheimer and Donald G. Marshall, *Truth and Method*. New York: Continuum）
（=1986 轡田収ほか訳『真理と方法Ｉ　哲学的解釈学の要綱』法政大学出版局）。
Geertz, Clifford (1973) *The Interpretation of Cultures*. New York: Basic Books.（=1987 吉田禎吾ほか訳『文化の解釈学』上下巻，岩波書店）
Gergen, Kenneth J. and Mary M. Gergen (1983/1997), 'The narrative of the self', Lewis P. Hinchman and Sandra K. Hinchman eds. *Memory, Identity, Community: The Idea of Narrative in the Human Sciences*. New York: State University of New York Press.
Gilligan, Chris (2008) 'Northern Ireland ten years after the agreement,' *Ethnopolitics* 7(1): 1-19.
Hackett, Claire (2004) 'Narratives of political activism from women in West Belfast,' Louise Ryan and Margaret Ward eds. *Irish Women and Nationalism: Soldiers, New Women and Wicked Hags*. Dublin: Irish Academic.
Halbwachs, Maurice (1950) *La mémoire collective*. Paris: Presses universitaires de France.（=1989 小関藤一郎訳『集合的記憶』行路社）
——— (1992) *On Collective Memory*. Edited and translated by Lewis A. Coser. Chicago: University of Chicago Press.
Hall, Stuart (1990) 'Cultural identity and diaspora,' Jonathan Rutherford ed. *Identity: Community, Culture and Difference*. London: Lawrence & Wishart.
Harris, Anita et al. (2001) 'Counter work,' *International Journal of Critical Psychology* 4: 6-18.
Hayes, Bernadette C. et al. (2007) 'Integrated education, intergroup relations, and political identities in Northern Ireland,' *Social Problems* 54(4): 454-482.
Hennessey, Thomas (1997) *A History of Northern Ireland 1920-1966*. Hampshire: Palgrave MacMillan.
Hewstone, Miles et al. (2004) 'Intergroup contact in a divided society: Challenging segregation in Northern Ireland,' Dominic Abrams et al. eds. *The Social Psychology of Inclusion and Exclusion*. Philadelphia, PA: Psychology Press.
Hinchman, Lewis P. and Sandra K. Hinchman eds. (1997) *Memory, Identity, Community: The Idea of Narrative in the Human Sciences*. New York: State University of New York Press.
Hobsbawm, Eric and Terence Ranger eds. (1983) *The Invention of Tradition*. London: Cambridge University Press.（=1992 前川啓治ほか訳『創られた伝統』紀伊國屋書店）
堀越智（1996）『北アイルランド紛争の歴史』論創社。

Jacobson, Ruth (2000) 'Women and peace in Northern Ireland: A complicated relationship,' Susie Jacobs et al. eds. *States of Conflict: Gender, Violence and Resistance*. London: Zed Books.

Jarman, Neil (1997) *Material Conflicts: Parades and Visual Displays in Northern Ireland*. Oxford: Berg.

Jeffery, Keith (2000) *Ireland and the Great War*. Cambridge: Cambridge University Press.

Johnstone, Tom (1992) *Orange, Green and Khaki: The Story of the Irish Regiments in the Great War, 1914-1918*. Dublin: Gill & Macmillan.

Jones, Rebecca (2002) '"That's very rude, I shouldn't be telling you that": Older women talking about sex,' *Narrative Inquiry* 12(1): 121-143.

Kane, Anne (2000) 'Reconstructing culture in historical explanation: Narratives as cultural structure and practice,' *History and Theory* 39(3): 311-330.

河村有教，石田慎一郎（2010）「移行期社会におけるオルタナティブ・ジャスティス——真実委員会と修復的司法」『コンフリクトの人文学』第２号，2-14頁。

Kelleher, William (2003) *The Troubles in Ballybogoin: Memory and Identity in Northern Ireland*. Michigan: The University of Michigan Press.

Kelly, Aaron (2005) 'Geopolitical eclipse,' *Third Text*, 19 (5): 545-553.

Kenny, Michael G. (1999) 'A place for memory: The interface between individual and collective history'. *Comparative Study of Society and History* 41: 420-437.

Kermode, Frank (1979) *The Genesis of Secrecy: On the Interpretation of Narrative*. London: Harvard University Press.

King, Nicola (2000) *Memory, Narrative, Identity: Remembering the Self*. Edinburgh: Edinburgh University Press.

Kirmayer, Laurence J. (2003) 'Failures of imagination: The refugee's narrative in psychiatry'. *Anthropology & Medicine* 10(2): 168-185.

Klein, Kerwin Lee (2000) 'On the emergence of memory in historical discourse'. *Representations* 69: 127-150.

Kleinman, Arthur and Joan Kleinman (1997) 'The appeal of experience; the dismay of images: Cultural appropriations of suffering in our times,' Arthur Kleinman et al. eds., *Social Suffering*. Berkeley and Los Angels: University of California Press.（＝2011 坂川雅子訳「苦しむ人々・衝撃的な映像——現代における苦しみの文化的流用」『他者の苦しみへの責任』みすず書房）。

小関隆（1999）「コメモレイションの文化史のために」阿部安成ほか編『記憶のかたち——コメモレイションの文化史』柏書房。

Lambek, Michael (1996) 'The past imperfect: Remembering as moral practice,' Paul Antze and Michael Lambek eds. *Tense Past: Cultural Essays in Trauma and Memory*. London: Routledge.

Langellier, Kristin M. (1999/2003) 'Personal narrative, performance, performativity: Two or three things I know for sure,' Yvonna S. Lincoln and Norman K. Denzin eds. *Turning Points in Qualitative Research: Tying Knots in a Handkerchief.* Oxford: Altamira Press.

—— and Eric E. Peterson (2004) *Storytelling in Daily Life: Performing Narrative.* Philadelphia: Temple University Press.

Leach, Edmund Ronald (1961) *Rethinking Anthropology*. London: London School of Economics.（＝1974 青木保・井上兼行訳『人類学再考』思索社）

Leonard, Jane (1997) 'Facing "the fingers of scorn": Veterans' memories of Ireland after the Great War,' Martin Evans and Ken Lunn eds. *War and Memory in the Twentieth Century*. Oxford: Berg.

Leonard, Madeleine (2009) '"It's better to stick to your own kind": Teenagers' views on cross-community marriages in Northern Ireland,' *Journal of Ethnic and Migration Studies* 35(1): 97-113.

Linen Hall Library (2008) *Troubled Images: Posters and Images of the Northern Ireland.* Belfast: Linen Hall Library (CD-ROM).

Loughlin, James (2002) 'Mobilising the sacred dead: Ulster Unionism, the Great War and the politics of remembrance,' Adrian Gregory and Senia Paseta eds. *Ireland and the Great War: 'A War to unite us all?'*. Manchester: Manchester University Press.

Lutz, Catherine and Geoffrey White (1986), 'The anthropology of emotions,' *Annual Review of Anthropology* 15: 405-436.

Lynch, Robert (2008) 'The people's protectors? The Irish Republican Army and the "Belfast Pogrom," 1920-1922,' *The Journal of British Studies* 47(2): 375-391.

McBride, Ian (1997) *The Siege of Derry in Ulster Protestant Mythology*. Dublin: Four Courts Press.

McGrattan, Cillian (2012) *Memory, Politics and Identity: Haunted by History*. London: Palgrave Macmillan.

松井清（2008）『北アイルランドのプロテスタント——歴史・紛争・アイデンティティ』彩流社。

Myerhoff, Barbara (1982) 'Life history among the elderly: Performance, visibility and remembering,' Jane Ruby ed. *A Crack in the Mirror; Reflexive Perspectives in Anthropology*. Philadelphia: University of Pennsylvania Press.

Miller, David (1998) 'Colonialism and academic representations of the Troubles,' David Miller ed. *Rethinking Northern Ireland: Culture, Ideology and Colonialism*. London: Longman.

Moloney, Ed (2008) *'Foreward,' Anthony McIntyre, Good Friday: The Death of Irish Republicanism*. New York: Ausubo Press.

Morris-Suzuki, Tessa（2004）『過去は死なない――メディア・記憶・歴史』田代泰子訳, 岩波書店。

Mosse, George (1990) *Fallen Soldiers: Reshaping the Memory of the World Wars*. Oxford: Oxford University Press.（＝2002 宮武実智子訳『英霊――創られた世界大戦の記憶』柏書房）

野家啓一（2003）「物語り行為による世界制作」『思想』No. 954, 54-71頁。

Nora, Pierre ed. (1996) *Realms of Memory: Rethinking the French Past. Vol. 1, Conflicts and Divisions*. Translated by Arthur Goldhammer, edited by Lawrence D. Kritzman. New York: Columbia University Press.

Norrick, Neal R. (2006) 'Humour in oral history interviews', *Oral History* 34(2): 85-94.

Northern Ireland Statistics and Research Agency (2002) *Northern Ireland Census 2001 Population Report and Mid-year Estimates*. Norwich: The Stationery Office.

Ochs, Elinor and Lisa Capps (1996) 'Narrating the self,' *Annual Review of Anthropology* 25: 19-43.

岡真理（2000）『記憶／物語』岩波書店。

Okley, Judith (1992) 'Anthropology and autobiography: Participatory experience and embodied knowledge,' Judith Okley and Helen Callaway eds. *Anthropology and Autobiography*. London: Routledge.

Olick, Jeffrey K. and Joyce Robbins (1998) 'Social memory studies: From "collective memory" to the historical sociology of mnemonic practice,' *Annual Review of Sociology* 24: 105-140.

Orr, Philip (1987) *The Road to the Somme: Men of the Ulster Division Tell Their Story*. London: Blackstaff.

――― (2002) 'The road to Belgrade: The experiences of the 10th (Irish) division in the Balkans, 1915-17,' Adrian Gregory and Senia Paseta eds. *Ireland and the Great War: 'A War to Unite us All'?*. Manchester: Manchester University Press.

Polkinghorne, Donald (1988) *Narrative Knowing and the Human Sciences*. Albany, NY: State University New York Press.

Pratt, Mary Louise (1992) *Imperial Eyes: Travel Writing and Transculturation*. London: Routledge.

プロップ, ウラジーミル（1946＝1983）『魔法昔話の起源』せりか書房, 斎藤君子訳。

Ricœur, Paul (1980) 'Narrative time,' Critical Inquiry 7(1): 169-190.

――― (1983) *Temps et récit, Tome I*, Paris: Éditions du Seuil（＝1987 久米博訳『時間と物語 I　物語と時間制の循環／歴史と物語』新曜社）.

――― (2004) *Memory, History, Forgetting*. Translated by Kathleen Blamey and David Pellauer. Chicago: University of Chicago Press.

Riessman, Catherine Kohler (1993) *Narrative Analysis*. London: Sage.

Rolston, Bill (1991) *Politics and Painting: Murals and Conflict in Northern Ireland*. London: Associated University Press.
Rosaldo, Renato (1980) *Ilongot Headhunting 1883-1974: A Study in Society and History*. Stanford: Stanford University Press.
酒井朋子（2005）「北アイルランド・ユニオニズムにおける第一次大戦の記念と表象——名誉革命ボイン戦との記憶の接合をめぐって」『宗教と社会』第11号，43-62頁。
————（2012）「揺れる日常，変容する記憶：和平プロセス以後の北アイルランド社会」『東北学院大学英語英文学研究所紀要』第37号，1-29頁。
佐藤亨（2011）『北アイルランドとミューラル』水声社。
———（2014）『北アイルランドのインターフェイス』水声社。
Scheff, Thomas (1994) 'Emotions and identity: A theory of ethnic nationalism,' Craig Calhoun ed. *Social Theory and the Politics of Identity*. Oxford: Blackwell.
Schwartz, Barry (1996) 'Introduction: The expanding past,' *Qualitative Sociology* 19(3): 276-282.
Scott, Joan W. (1991) 'The evidence of experience,' *Critical Inquiry* 17: 773-797.
関沢まゆみ（2010）「戦争体験の社会的記憶と語り」関沢まゆみ編『戦争記憶論——忘却，変容そして継承』昭和堂。
Shirlow, Peter (2003) 'Who fears to speak': Fear, mobility and ethno-sectarianism in the two 'Ardoynes,' *The Global Review of Ethnopolitics* 3(1): 76-91.
Shostak, Marjorie (1981) *Nisa: The Life and Words of a !Knug Woman*. Cambrdige, MA: Harvard University Press.
Skultans, Vieda (1998) *The Testimony of Lives: Narrative and Memory in Post-Soviet Latvia*. London: Routledge.
——— (1999) 'Narratives of the body and history: Illness in judgement on the Soviet past,' *Sociology of Health & Illness* 21(3): 310-328.
——— (2000) 'Structure and self in the transmission of family narratives,' *Auto/biography* 8(1&2): 81-87.
Sluka, Jeffrey A. (1989) *Hearts and Minds, Water and Fish: Support for the IRA and INLA in a Northern Ireland Ghetto*. Greenwich, CT: JAI Press.
Smyth, Marie and Jennifer Hamilton (2003) 'The human costs of the Troubles,' Owen Hargie and David Dickson eds. *Researching the Troubles: Social Science Perspectives on the Northern Ireland Conflict*. London: Mainstream Publishing.
Somers, Margaret R. (1994) 'The narrative constitution of identity: A relational and network approach,' *Theory and Society* 23: 605-649.
——— and Gloria Gibson (1994) 'Reclaiming the epistemological other: Narrative and the social constitution of identity,' Craig Calhoun ed. *Social Theory and the Politics of Identity*. Oxford: Blackwell.

Sontag, Susan (2003) *Regarding the Pain of Others*. New York: Farrar, Strauss and Giroux.

Stargardt, Nicholas (2005) *Witnesses of War: Children's Lives under the Nazis*. London: Jonathan Cape.

Stewart, Pamela J. and Andrew Strathern (2004) *Witchcraft, Sorcery, Rumors, and Gossip*. Cambridge: Cambridge University Press.

鈴木良平（1999）『IRA――アイルランドのナショナリズム』新増補版，彩流社。

高橋哲哉（2001）『歴史／修正主義』岩波書店。

田中雅一（2011）「コンタクト・ゾーンの人文学へ」田中雅一編『コンタクト・ゾーンの人文学』晃洋書房。

Taussig, Michael (1987) *Shamanism, Colonialism, and the Wild Man: A Study in Terror and Healing*. Chicago: University of Chicago Press.

——— (1992) 'Culture of terror–space of death: Roger Casement's Putumayo report and the explanation of torture,' Nicholas B. Dirks ed. *Colonialism and Culture*. Ann Arbor: University of Michigan Press.

冨山一郎（1995）『戦場の記憶』日本経済評論社。

Wadell, N and E Cairns (1986) 'Situational perspectives on social identity in Northern Ireland,' *British Journal of Social Psychology* 25(1): 25–31.

Walker, Brian (1996) *Dancing to History's Tune: History, Myth and Politics in Ireland*. Belfast: The Queen's University of Belfast.

Wang, Qi and Jens Brockmeier (2002) 'Autobiographical remembering as cultural practice: Understanding the interplay between memory, self and culture,' *Culture & Psychology* 8(1): 45–64.

White, Geoffrey M. (2000) 'Emotional remembering: The pragmatics of national memory,' *Ethos* 27(4): 505–529.

White, Hayden (1973) *Metahistory: The Historical Imagination in Nineteenth-Century Europe*. Baltimore: Johns Hopkins University Press.

Whyte, John (1990) *Interpreting Northern Ireland*. Oxford: Clarendon.

Winter, Jay and Emmanuel Sivan eds. (1999) 'Setting the framework,' Jay Winter and Emmanuel Sivan eds. *War and Remembrance in the Twentieth Century*. Cambridge: Cambridge University Press.

尹慧瑛（2000）「包囲された「ブリティッシュネス」――北アイルランドのユニオニズムにおける和解と困難」『現代思想』2000年11号，192–205頁。

———（2007）『暴力と和解のあいだ――北アイルランド紛争を生きる人びと』法政大学出版局。

Yuval-Davis, N. (2006) 'Belonging and the politics of belonging,' *Patterns of Prejudice* 40(3): 196–213.

Zenker, Olaf and Karsten Kumoll eds. (2010) *Beyond Writing Culture: Current*

Intersections of Epistemologies and Representational Practices. Oxford: Berghahn Books.

年　表

以下は本書で言及された出来事の年表である。本書の内容の理解を助けるためのものであり、挙げられている出来事・事件の選択は必ずしもアイルランド・北アイルランド史における重要性を示すものではないことを、断っておきたい。

年	事　　項
1169	ノルマン王朝イングランドによるアイルランド征服開始
1609	アルスター植民開始
1688	デリー包囲
1690	ボインの戦い
1798	統一アイルランド人の蜂起
1886	第一次アイルランド自治法案（否決）
1911	反自治法運動激化
1914	第一次大戦開始
1916	ダブリンにてイースター蜂起 西部戦線にてソンム会戦開始
1918	第一次大戦終結
1919	アイルランド独立戦争開始
1920	アイルランド統治法
1921	北アイルランド議会成立
1922	アイルランド南北分離、南部26州はアイルランド自由国となる アイルランド内戦開始
1923	アイルランド内戦終結
1939	第二次大戦開始
1945	第二次大戦終結
1949	アイルランド自由国、イギリス連邦を離脱、アイルランド共和国となる
1963	オニール政権発足
1968	カトリック公民権運動の活発化
1969	住民間衝突の激化 イギリス軍の北アイルランド派兵 IRA が正当派と暫定派に分裂
1971	特別拘禁制度発令 UDA 結成
1972	血の日曜日事件 北アイルランド議会停止、直接統治開始
1973	サニングデール合意
1974	アルスター労働者会議によるゼネスト INLA 結成
1980	IRA と INLA によるハンスト開始（翌年ボビー・サンズ死亡）
1985	イギリス・アイルランド合意
1987	エニスキレン爆弾事件
1994	IRA の停戦宣言
1998	聖金曜日合意 第一次大戦記念碑「アイルランド平和塔」ベルギーで完成
1999	北アイルランド自治政府、第一回目の発足（翌年停止）
2007	北アイルランド自治議会選挙、DUP とシン・フェインの権力分有行政開始

略記一覧

DUP	Democratic Unionist Party	民主ユニオニスト党
INLA	Irish National Liberation Army	アイルランド民族解放軍（レパブリカン武装グループ）
IRA	Irish Republican Army	アイルランド共和軍（レパブリカン武装グループ）
RUC	Royal Ulster Constabulary	王立アルスター警察隊（北アイルランド警察、1922〜2001）
SDLP	Social Democratic and Labour Party	社会民主労働党
UDA	Ulster Defence Association	アルスター防衛同盟（ロイヤリスト武装グループ）
UDR	Ulster Defence Regiment	アルスター防衛部隊（イギリス軍北アイルランド部隊）
UUP	Ulster Unionist Party	アルスター・ユニオニスト党
UVF	Ulster Volunteer Force	アルスター義勇軍（ロイヤリスト武装グループ）

著者略歴

酒井朋子（さかい・ともこ）

1978年　北海道生
2003年　京都大学大学院農学研究科修士課程修了
2010年　ブリストル大学 Ph.D（社会学）
現在　東北学院大学教養学部准教授
主な論文　「長期紛争経験を聞くことの解釈学」『日本オーラル・ヒストリー研究』第9号（2013）；“Storytelling practices and the formation of collective experience: Narratives of the conflict in Northern Ireland”, *Senri Ethnological Studies*, Vol. 81 (2013); “Trans-generational memory: Narratives of World Wars in post-conflict Northern Ireland”, Sociological Journal Online, Vol. 14, Issue 5 (2009)。

紛争という日常
――北アイルランドにおける記憶と語りの民族誌

2015年2月10日　初版第1刷印刷
2015年2月25日　初版第1刷発行

著　者　酒井朋子

発行者　渡辺博史
発行所　人文書院
〒612-8447 京都市伏見区竹田西内畑町9
電話 075-603-1344　振替 01000-8-1103

印刷所　㈱冨山房インターナショナル
製本所　坂井製本所

http://www.jimbunshoin.co.jp
落丁・乱丁本は小社送料負担にてお取替えいたします

ISBN 978-4-409-53048-1 C3036